哲学新课题丛书

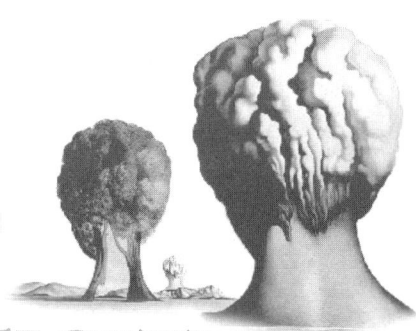

ANALYTICITY
CORY JUHL AND ERIC LOOMIS

〔美〕科里·祖尔　埃里克·卢米斯 著　徐 韬 译

分析性

目 录

前言 ············· 1
致谢 ············· 1

1 分析真理的观念 ············· 1
1.1 导论 ············· 1
1.2 休谟之叉 ············· 1
1.2.1 康德和分析–综合区分 ············· 4
1.2.2 先天综合命题 ············· 9
1.3 博尔扎诺与分析性 ············· 12
1.4 弗雷格的分析性 ············· 14
1.5 罗素悖论和描述语理论 ············· 19
1.6 维也纳学圈 ············· 22
1.7 卡尔纳普和逻辑经验主义 ············· 26
小结 ············· 31
拓展阅读 ············· 34

2 卡尔纳普和蒯因 ············· 35
2.1 导论与综述 ············· 35
2.2 《构造》的终结 ············· 36
2.2.1 作为逻辑句法的哲学 ············· 40
2.2.2 逻辑语言和描述语言 ············· 43
2.2.3 物理语言 ············· 48

2.2.4　《句法》中的分析性 ································· 54
　2.3　卡尔纳普的语义学转向 ································· 58
　2.4　阐释 ··· 67
　2.5　语义情境中的分析性 ··································· 70
　2.6　消除形而上学：卡尔纳普最后的尝试 ····················· 74
　2.7　蒯因：阐释即消除 ····································· 79
　2.8　当然行为主义者 ······································· 86
　2.9　瞄准分析性 ··· 91
　小结 ··· 93
　拓展阅读 ··· 95

3　分析性及其反对者 ··· 97
　3.1　导论与综述 ··· 97
　3.2　质疑分析性 ·· 100
　3.3　蒯因的《经验主义的两个教条》 ························ 102
　3.4　对分析性概念的可理解性的反驳 ························ 103
　3.5　蒯因的一致性论证：卡尔纳普的回应 ···················· 119
　3.6　对一致性反驳的其他回应：格莱斯、斯特劳森论蒯因
　　　 ·· 125
　3.7　经验主义的第二个教条 ································ 135
　3.8　对反驳分析性之存在的回应 ···························· 141
　3.9　约定的分析性 ·· 147
　3.10　蒯因对分析性的修正态度 ····························· 152
　小结 ·· 155
　拓展阅读 ·· 157

4　分析性与本体论 ·· 159
　4.1　导论与综述 ·· 159

4.2　蒯因的"自然化的本体论" ················· 160
   4.3　翻译的不确定性 ······················· 170
   4.4　不确定性论证的影响：本体的相对性与分析性 ······· 176
   4.5　对蒯因不确定性论证的回应 ················ 181
   4.6　卡尔纳普的《经验论、语义学与本体论》·········· 188
   4.7　蒯因主义者以及其他人对《经验论、语义学与本体论》的
　　　回应 ····························· 196
   4.8　最近出现的一些关于"概念真"与本体论之间的新联系
　　　································ 201
   4.9　蒯因的本体论承诺、因果性和"存在"标准 ········ 203
   4.10　伊莱·赫希与特德·赛德论部分—整体原则 ······· 205
   4.11　坎贝拉计划：卡尔纳普《构造》的复活？ ········ 207
   小结 ································ 212
   拓展阅读 ······························ 214

5　分析性与认识论 ···························· 215
   5.1　导论与综述 ························· 215
   5.2　分析真及其在认识论中的作用："经典"观点 ······· 216
   5.3　对经典观点的反驳 ····················· 221
   5.4　邦茹论温和经验论 ····················· 231
   5.5　蒯因的"自然化的认识论" ················ 240
   5.6　蒯因与证据：对循环论证的回应 ·············· 246
   5.7　克里普克论分析性、先天性与必然性 ··········· 252
   小结 ································ 257
   拓展阅读 ······························ 258

6　重新定位分析性 ··························· 260
   6.1　导论与综述 ························· 260

6.2 绝佳案例:规定与数学 ·················· 262
6.3 有一种陈述或可被合理地称为"分析"陈述·········· 263
6.4 摒弃"二维主义"····················· 265
6.5 分析性*与T分析性 ··················· 267
6.6 分析性*如何回避对分析性的常见反驳 ············ 271
6.7 对分析性其他两个进路的简要评论 ············· 291
6.8 作为T分析性的数学主张 ················· 299
6.9 深层应用:纯规定物和非纯规定物 ············· 313
6.10 方法论上的若干评论 ··················· 315
小结 ·························· 321
拓展阅读 ························ 325

术语表 ··························· 327
参考文献 ·························· 346

前　　言

　　本书是对分析性或者分析-综合问题的导论。分析性是当代分析哲学发展的一个关键性概念，对我们的知识来说也是一个关键概念。到目前为止，尚没有一本关于此主题的入门级介绍。实际上，我们知道仅仅有一本讨论分析性的书，而且还是最近出版的。我们希望这本书对于学过一点哲学，或许学过形而上学和认识论课程的哲学本科生有用。然而我们也包含了一些应该对研究生、职业哲学家有吸引力的内容，其中本书提供的诸多论证与当代哲学研究关系密切。

　　在目前哲学中的用法中，一个句子或陈述是分析的当且仅当根据其意义为真。在这个简单的表述背后有深远复杂的历史，这既涉及术语本身的定义，也涉及分析性在哲学理论中的作用，如我们所将展示，诸多当代哲学的版图也为分析性的历史所塑造。

　　尽管如此，分析性还是在过去几十年里被忽略了。为什么呢？其中一个理由在于当代对分析性的态度源自蒯因以及吉尔伯特·哈曼对分析真的决定性否定。他们认为不存在分析真，即使有，在哲学上也没有什么关联。对于这样的哲学家，当我们放弃了第一哲学的想法，分析性就失去了相关性。第一哲学指的是作为一种在根本上不同于甚至在某种有趣的意义上先于自然科学的一种探索方式，它有自己的独特方法、知识的资源、研究的对象。实际上，对于蒯因及其追随者来说，拒斥分析性是拒斥第一哲学的一个部分。如我们所见，对于早期的赞同者，分析性应该是帮助我们解释哲学知识是怎样和由自然科学提供的经验知识区分开来的。

当代思想中还有另外一条线索导致对分析性兴趣的衰落。根据这个思路,意义和同义性概念需要去定义分析性是合法的,哲学家对其有足够的理论。根据这个观点,分析性的哲学相关性是不确定的,这些理由并不来自蒯因及其捍卫者,而是来自索尔克里·普克、希拉里·普特南以及其他人。尤其是克里普克论证先天性和必然性是不同的,而且这种不同不能通过分析性概念来说明。我们在本书讨论的这些论证广为人们接受,它切断了人们对通常归属给逻辑经验主义的分析真的哲学兴趣。在某种程度上,分析性概念与逻辑经验主义的哲学规划是必然联系在一起的。有人可能会很自然地设想这些论证一般性的切断了分析性的意义。我们认为把分析性与逻辑经验主义的联系看得太过紧密是一种错误,在本书中我将为此提供理由。

除了这些忽略,我们怀疑对于许多哲学家来说,依然并不清楚是否有一种与分析性相关的哲学观念可以得到解救。有一些哲学家认为存在这样的哲学概念,但是他们不知道如何去说明。他们可能发现蒯因的反驳是有力的,但是不知道如何去回应他。他们也可能发现在争论的复杂辨证的语境中很难理解分析性这个概念。在各个层面都是辨证的,有些人不得不认为分析性是不可理解的。意义及同义性概念和行为主义、物理主义一样是不可理解的,他们对分析性说明的可能循环感到焦虑。更多的线索不得不处理整体论和关注意义的证实论。近五十年来大部分优秀的哲学家表明了分析性的观念:我们不可能获得整个哲学版图的清晰画面。

我们认为,蒯因的论证并没能成功表明哲学上不存在有益趣的分析性概念。我们并不需要求助于意义或者同义性概念才能获得分析性。这个论断可能让很多读者吃惊,因为大部分对分析–综合区分的论证都是从蒯因反对同义性论证开始的。在我们看来,克里普克的论证仅仅是怀疑了把必然性、先天性、分析性当做彼此关联甚至是分析的等外延的观点。我们从蒯因和其他人那里获得理由,澄清了逻辑经验主义对分析性的说明。我们认为逻辑经验主义充其量面临着严重的困难。然而,我们认为不管是蒯因的论证还是逻辑经验主义的错误抑或后克里普克式的拓展都没有消弱与分析性相关的家族概念的意涵。相反,我们认为与分析性类似的一个概念能够用来阐明当前哲学的纷争。同时,我们发现与那些认为存在着意义和依据意义为真的观点相对蒯因对分析性的反驳应该得到严肃的对待。

以整本书的篇幅处理分析性的书相当之少,本书有两个明显的特点:首先,与一些简略的讨论相比,我们提供了对分析性争论细致入微的历史和哲学的重构。我们追朔这个概念出现在早期现代时期。在维也纳学圈时期,逻辑经验主义将其逐渐提升到一个中心地位。我们将接着考查卡尔纳普和蒯因就分析性所做的细致讨论。大部分关于分析性的讨论,都或多或少来自蒯因的视角,或者接受各种蒯因式的对其论题的刻画。我们深化这个争论,它依赖于细致重构卡尔纳普和蒯因广阔哲学规划的背景,如此我们发现卡尔纳普的观点要比通常所认为的更强,至少在他与蒯因争论分析性的语境中。我们关于分析性的大部分讨论都致力于阐明接受或者拒斥分析性的宽泛的哲学立场。卡尔纳普和蒯因继续占据着中心位置,前者把他的哲学概念作为一个语言工程的过程,叫做阐释(explication)。后者把他的竞争性哲学概念作为与自然科学相连续的事业。但是一批当代哲学家认为他们之间直接或间接地围绕着分析性问题联系在一起。我们要看看这种争论是如何将如此之多的当代哲学家联系在一起的,这些哲学家包括:Jody Azzouni, Mark Colyvan, Laurence Bonjour, David Chalmers, Noam Chomsky, Mark Colyvan, H. Paul Grice, Frank Jackson, Saul Kripke, Gillian Russell ,Stephen Schiffer ,Richard Schuldenfrei, Peter Strawson,等等。

本书第二个特点是为分析性提供了一个正面的表述和发展,并将其观点应用到一些具有约束的定义中,如数学哲学和元本体论的一些争论中。许多与分析性相关的哲学著作与蒯因保持距离,后者表明为什么蒯因的这个或那个论证是失败的。但是他们仅止于此,提不出一个正面刻画分析性的办法。这就导致了一个僵局,作为蒯因的反对者,他们谴责他的论证不合理、是循环的或者是依赖于过时的经验假定,但是却提不出关于分析和综合之区分可行性的建构性说明。由于缺乏正面观点,因此并不清楚是否存在蒯因论证的替代性方案以一种合理的没有循环的方式表明并不存在分析和综合的区分。我们的正面观点提供了一个有利的角度,据此我们可以看到蒯因论证的错误之处,并且把这个概念的可能的应用带回到当前的争论中,例如对数学认识论采取一种非经验的路径。

本书章节大致按照年代顺序,第1-3章主要阐述分析性概念作为一个哲学概念的兴起,以及蒯因卡尔纳普关于其存在与角色的争论。第1章我们给出了分析性争论的历史背景,尤其重点考察了康德、弗雷格和逻辑经验主义的观点。第2章我们阐述了卡尔纳普早期关于分析性的一些关键性论点,卡尔纳普的观点发生了变化,从早期的句法观点转变成语义学观点,我们考察了他的观点的变化。接着我们引入了蒯因哲学的核心观点。依托这个背景,我们在第3章讨论蒯因对分析性的第一个批评。我们也考虑了卡尔纳普的回应,以及其他一些重要的回应,我们以辩证的方式引入讨论。第4章和第5章,我们讨论一些分析性与本体论(第4章)与认识论(第5章)相关联的争论,进一步把这些争论与最近的哲学发展联系起来。最后,在第6章,我们纵览正面的方案,提纲挈领论述一些可能的应用。我们将从一般性的观察中获得结论,这种观察与一个更大的图画相关:在分析性争论中什么才是最关键的。我们希望读者会如我们一样被说服:关于分析性的进一步反思已在日程之中,对于从数学对象及其他抽象对象的认识论到元本体论争议到与哲学本性相关的一般性争议来说,与分析性相关的一些概念仍然充满活力、内涵丰富。

致　　谢

我们要感谢德克萨斯大学奥斯汀分校(科里·祖尔)和南阿拉巴马大学(埃里克·卢米斯)的同事和研究生。我们都很幸运,在很适合从事哲学研究的大学里工作。我们要特别感谢大卫·索萨(David Sosa)、丹·博内瓦克(Dan Bonevac)、乔希·德弗(Josh Dever)、凯文·米克(Kevin Meeker)、特德·波斯顿(Ted Poston)和萨侯奇·萨卡尔(Sahotra Sarkar),在关于分析性及其相关主题的讨论中,他们提供了很有益的帮助。我们也要感谢阿尔·马尔蒂尼(Al Martinich)、托德·斯图尔特(Todd Stewart)和杰克·贾斯特斯(Jack Justus),他们阅读了本书的几个版本的手稿,给出了很有洞察力的评论。几位匿名的审稿人对早期手稿的评价也有帮助。

在本书的写作中,埃里克·卢米斯得到了南阿拉巴马大学艺术与科学暑期研究奖的资助;德克萨斯大学奥斯汀分校人文艺术学院的院长奖学金为科里·祖尔提供了研修假期,使得他能完成部分手稿。在此一并感谢。

最后,我们要感谢我们的妻子林恩(Lynn)和卡伦(Karen),为了她们的爱和支持。

1

分析真理的观念

1.1 导论

本章我们将概览分析－综合区分的出现,分析真理的概念在现代晚期以及当代的诸多核心哲学规划中起着重要的作用,其中包括伊曼努尔·康德、伯纳德·博尔扎诺、戈特洛布·弗雷格、维也纳学圈,鲁道夫·卡尔纳普的著作。哲学家把分析真理当做必然真的典范、先天为真的知识的典范,或绝对确定知识的典范。因此,哲学家对必然真理或先天知识的存在持怀疑态度,这经常连带着对分析性的怀疑性攻击。

本章旨在阐述分析性概念的历史以及分析语句/综合语句之间的相关区别,并且关注分析性概念是如何塑造了一个哲学家关于哲学是什么的观念,以及这些观念又如何使分析性这一概念得到发展。让我们从苏格兰哲学家大卫·休谟的著作开始,针对围绕在分析真理周围的哲学论争做一番探究。

1.2 休谟之叉

大卫·休谟(1711－76)表述了分析－综合的一个重要的原型。

2 分析性

指引本书中主要人物如卡尔纳普和蒯因的主要思想观念都在休谟的著作中获得了最早的阐释。休谟发现大部分形而上学思辨的哲学传统使得他"不仅仅痛苦疲惫"而且也"不可避免地产生了不确定和错误"(1988,11)。两个世纪之后的卡尔纳普和蒯因深有同感。像他们一样,休谟看到了形而上学的明显失误在于形而上学不是作为一门科学受到指引,科学用"心智运作"(13)的切近分析代替了抽象的思辨。休谟认为哲学的合适功能就是"心智的不同运作,使得它们彼此分离,将其安置分类在不同的头脑之下"(13)。为此,休谟接受了知识的经验主义理论,将所有"心智的知觉"区分为更为生动的"印象",即"当我们听到或者看到或者感觉到恋爱、憎恨、欲求、意愿",较少生动的"观念"源自对印象的复制(18-19)。休谟认为,所有的思考、观念源自与其相对应的印象。来自抽象思想的尝试超越了印象,就如先天形而上学所做的,已经牵涉超越了我们所有思想内容之物。休谟争辩说矫正这种形而上学的方法就是将更为清楚、精确的东西引入到哲学推理中来。通过它们组成的印象来分析具有争议的或者晦涩的概念定义:

> 复杂观念或许能够很好通过定义获知,这无非是列举组成复杂观念的简单观念。但是当我们通过定义获得了最简单的观念,但是发现尚存一些含糊晦涩之处,我们还能求助什么呢?……产生印象和原始的情绪,据此观念得以复制。这些印象都是强烈的、可感的,没有任何含混。(1988,62)

休谟使用这个方法去探索传统形而上学概念,最著名的包括因果观念,这是观念之间必然联系的明显案例,以及意志自由观念(cf. 1988 40-55, 60-79, 80-103)。休谟对这些概念研究的最终结论是它们都是值得"怀疑"的。他未能发现这些观念对应的强烈可感的印象,因此认为我们相信这些本应对应于真实的东西(印象)的概念,相反依赖于"心智的风俗和习惯"(43)。传统形而上学认为这些概念对应于真实的对象,这是错误的。

然而,休谟所假定的区分预示了稍后分析-综合的区分。这个区分以"休谟之叉"著称,它将人类推理的对象分成"观念的关系"和"事实":

> 第一种类型是几何学、代数和算术科学,简略来说,每一个断定要么是直观的,要么经论证是确定的(demonstratively certain)……五的三倍等于三十的一半,这表达了这些数之间的一种关系。在思想的活动中就可以发现这种类型的命题,并不依赖于有什么东西存在于外部世界。
>
> 事实就是人类推理的第二种对象,并不以同样的方式获得确认;它也不是我们真理的证据。(1988,25-26)

如同休谟使用的术语,推理关注的观念之间的关系和事实必须牵扯到判断、陈述。因为它们与事物是可知的、可断定的或者可被拒斥的以及相关的蕴含相联系。观念之间的关系通过直观和证明获知,而不依赖于它们的存在,证明推理的而确定后承的否定蕴含矛盾,不能清晰地设想这一点(26)。事实知识仅仅通过证据可知,诸如"我们感官的当下证据或我们记忆的记录",或者来自这些证据的因果推理。它的否定是"可理解的"或者说对其的否定并不蕴含矛盾。[①]

休谟真正的兴趣在于"事实",他显然相信如果像因果、必然联系之类的形而上学概念如果有任何内容,那是因为它们关注事实。休谟并不重视观念之间的关系。他所引入的这对区分就引起了多

---

① 关于休谟这些观点的深入讨论,可参见 Dicker(1998,35-60)和 Meeker(2007)。

种多样有趣的问题,最显著地就是:休谟为什么要承认它们是必然的。休谟认为有一些知识是先天的吗? 而这与他的所有观念源于印象的理论是相反的。果真如此,形而上学能建基于独立于事实关联的领域吗? 尽管休谟没有进一步拓展这种区分,我们可以大概猜测他的答案是否定的。他对哲学概念分析的经验路径确定了道德和理性的基础。批评者认为对观念之间关系的探究缺乏哲学意义。下一个哲学家康德的视角有所不同。

1.2.1 康德和分析-综合区分

当代关于分析判断与综合判断的区分源自康德(1724－1804)。康德第一次阐释了与当代用法相近的分析性。康德把分析性概念作为他更大哲学理论的一个部分,这个部分用于拒斥休谟的怀疑结论。他认为休谟试图在我们的经验之域中发现使经验成为可能的条件(Kant 1965, A760/B788)。但是,康德认为这是错误的,我们不能期待从某个经验中发现这个经验可能的条件。我们应该在经验之外的先天知识领域之中寻找经验的条件(cf. 1965, B1－9)。康德相信哲学能够发现具有实质内容的真命题,这些可以通过先天获知的,他把这类真命题叫做"先天综合知识"。

康德为什么相信先天综合知识呢? 他认为判断的模态是偶然的还是必然的这件事与判断被获知的方式密切关联。① 尤其是所有的必然判断都在原则上是先天可知的,相反所有先天可知的判断都是必然的(A7/B12, A595/B623)。要看清他是如何将先天知识和必然真命题相联系,考虑 7＋5＝12 这个判断。这个判断是真的,更

---

① 和他同时代的人一样,康德所用的"判断"一词在今天的哲学家那里更可能意味着"命题"这类东西。当然,"判断"和"命题"并不是同义词。我们可以说命题是判断的内容。判断可被视作某一行为的结果,而命题不行。不过,这一差别在我们眼下的讨论中并没有多大影响,为了方便地展开历史回顾我们愿把"判断"和"命题"看作是宽泛意义上的同义词。

重要的是它之为真似乎超越了任何经验中的真假。依据这个观念，我们可以做一个简单的思想实验。假设我们希望通过把 7 + 5 = 12 这个判断应用到经验对象上来，来验证其正确性。或许我们可以从有颜色的水滴开始。使用水滴这个例子吧，我们把 7 个小水滴放入一个烧杯，接着再入 5 个小水滴。计算这个结果，我们仅仅发现一个大水滴，而不是 12 个水滴。那为什么我们不在经验上拒斥 7 + 5 = 12 这个判断呢？我们大都不接受如此计算，如何解释我们的这种想法呢？

康德有一个复杂而且晦涩的解释。他的解答依赖于两个重要的策略：首先他把每一个似乎免于经验拒斥的判断当做独立于经验可知的判断。其次，康德通过它们作为必然真理的模态角色来说明一些陈述对于经验的表面上的免疫性。我们将依次考虑这两步策略。

康德认为一些判断的免疫性，例如 7 + 5 = 12 是免于经验检测的（或者 7 + 6 = 12 这个错误的判断，对于任意实验的确证），是先天可知的证据，也是其为必然真理的证据。但是我们如何知道这是先天的？在某些例子中，康德认为先天知识来自一种特别的非感性直观。在康德的术语中，直观可以被认为是一种关于某物心智的直接亲知。康德相信时间和空间都是直观，但不是感性直观，部分原因是因为他相信感性经验是时间和空间的先决条件。如康德所论，算数判断自身仅仅在时间中是可能的。例如数字序列作为在时间中运转的前后相连是可能的。对于康德来说，算数判断源自时间的先天直观。相似的，康德认为几何判断，三角形内角和等于 180°，源自空间的先天直观。他也相信几何判断免于经验检测。康德理解的时空先天直观被认为是先天知识的主要资源，他相信也存在着其他资源。这样的资源是先天的概念："因为这些概念必须是纯粹地、不混杂地从绝对统一体的知性中产生"(A67/B92)。先天知识的另外一种资源就是我们关于规则的知识，它使得经验感觉成为可能

(A177/B218f.)。

康德的第二个策略就是将判断的先天可知性与它们独特的模态地位相联系,也即与它们之必然为真或为假相联系。康德相信一个判断是先天可知的当且仅当它是必然的(cf. A7/B12, A595/B623)。再考虑 7 + 5 = 12 这个例子,它可以为这个想法提供支持。为什么这个判断不能为经验观察所否证,其中一个解释是这个陈述完全不可能是错的,因为它是一个真命题。

康德图像产生了另外一个问题:什么使得一个陈述是必然的,必然判断之为真是如何先天可知的? 这就是康德引入分析判断和综合判断的地方。这两种类型判断的差异提供了对判断是必然的、先天可知的说明。

在那个时候,康德对分析和综合的区分的各种提议都是不清楚的,有些人认为这种区分是可疑的。(如我们后面所述,有人反对进行分析和综合的区分。)我们从康德最为著名的对区分的刻画开始,这就是"蕴含刻画",出现在《纯粹理性批判》的开头:

> 在所有思维主词与谓词之关系的判断中……这种关系以两种不同的方式成为可能:要么谓词 B 属于主词 A 或者包含在概念 A 中;要么 B 虽然与概念 A 有关联,但却完全在它之外。在第一种场合里,我把判断称之为分析的,在第二种场合里我则把它称为综合的。(Kant 1965, B11)

康德自己关于分析判断的例子是"所有的物体都具有广延。"康德把广延作为主词"物体"的谓词。在这个判断中,康德说"为了与主词相关联的广延,我并不要求有跟'物体'相关的概念更多的东西"(ibid.)。相反,康德认为"当我说'所有的物体都有重量',谓词就是相当不同于我仅仅思考物体的概念的时候的东西,任何附加谓词都会产生综合判断"(ibid.)。

这种区分分析和综合两种特征的方式值得一提。首先,蕴含标准仅仅能应用到主谓形式的陈述。但是对于那些不是这种形式或者不是明显是这种形式的陈述呢?诸如合取陈述或者"天在下雨或者天在下雪",条件陈述"天在下雨,地就会湿。"或者存在陈述如"独角兽存在"(康德的著名论述:存在不是谓词)。康德的分析和综合的区分能够把这都包括起来么?在后期著作中,康德认识到十二种基本类型的判断,包含与上述陈述相似的陈述,但并没有断定它们在所有思维主词与谓词之关系的判断中。对于康德来说存在着这样一种可能:不是所有的判断都能分为分析的和综合的。最近的评论者认为这确实是康德要接受的后果(cf. DeJong 1995; Proops 2005)。我们不深究这一论题。

蕴含标准的第二个特征是一个可疑的想法:谓词概念可能隐蔽地包含在主词概念之中。那么在什么意义上,广延的概念包含在物体的概念之中呢?很清楚,这绝对不同于在"黑马是黑的"这个判断中黑这个谓词明确包含在黑马这个主词之中。在康德的例子中蕴含就是转换(convert)。但转换在这里是什么意思呢?

有这样一种可能性,我们不想到确定的谓词概念就不能完完全全想到主词概念,这些谓词就是分析的被包含在主词里。根据这种理解,当我们想到了物体的概念我们就必须想到外延的概念以及任何其他分析地被包含在这个概念中的谓词。这种对康德立场的解释是太强了,因为康德区分了"思考一个概念的杂多(manifold)"和"意识到一个概念的方方面面";在分析判断中为了获知谓词的概念,我仅仅需要意识到我在思考中的主词的概念的方方面面(1965, A7/B11)。也许并不是每次我意识到物体这个概念的时候就意识到了外延的概念,即使物体这个概念的某些方面包含了外延这个概念。另外一种解释是康德可能会用倾向性语汇来理解"思考一个概念"。想到物体的概念仅仅意味着我倾向于以某种方式行动,例如,当被问到:所有的物体都是有外延的吗?我总是倾向于肯定。在这种情形下,不能明确地思考物体的外延,只能在适当的环境下以合适的方式行动。

不管如何,至少有两种不同的蕴含在起作用。逻辑蕴含与心理状态尤其是内省状态没有任何关系。如我们所见,这种蕴含隐喻的不模糊对于康德的解释者来说是有好处的。

看来康德有关于分析性的第二个"标准",这涉及(非)矛盾律。这里有一个独立于蕴含标准存在第二个标准的论证。康德是这么论证的:

> 如果判断是分析的,则不论它是否定的还是肯定的,它的真理性在任何时候都必然可以按照矛盾律得到充分的认识。

并且

> 如果判断是分析的,则不论它是否定的还是肯定的,它的真理性在任何时候都必然能够按照矛盾律得到充分的认识。(B190-191)

考虑一下像"黑马是黑色的"这个简单的判断。我们能够按照矛盾律来认识这个判断的真假,仅仅因为这个判断的反面(一匹黑马不是黑色的)似乎导致了矛盾,一匹马同时既拥有又不拥有一个性质。相应地,一个综合判断"飞龙马是黑色的"不会因为承认其否定式而导致矛盾。在第一个判断中,谓词完全被包含在主词里。但是"物体是有广延的"这个判断承认其否定是否会导致矛盾并不十分清楚,除非我们如康德所理解的那样,物体这个概念已经包含了广延这个概念。就其本身而论分析性的矛盾标准不能独立于蕴含标准。①

1.2.2 先天综合命题

让我们回到上面康德就一些陈述必然为真或者必然能假进行说明的问题上来。在必然真假命题是分析的这个例子上,康德有一个现成的答案:这些陈述的必然性源自一个简单的事实,谓词被包含在主词里面。拒斥这个解释就是违反了矛盾律,这看起来就是一个神圣不可侵犯的必然真理。

如前所述,康德并不认为每一个必然真理都是分析的。$7+5=12$ 这个判断就是综合必然真理的最为著名的例子:

> 虽然人们最初会认为 $7+5=12$ 的命题完全是一个按照矛盾律从 7 与 5 之和的概念中推论出来的分析命题,但是,如果更为仔细地考察一下,人们就会发现,7 与 5 之和的概念除了两个数字结合成为一个数字之外,不包含任何别的东西,而通过这种结合也根本不能设想这个总括两个数字的单一数字是什么东西……算数命题在任何时候都是综合的,采用的数字越大一些,人们就越是清晰地意识到这一点,因为这样一来就清晰地显示出,无论我们怎样任意把自己的概念颠来倒去,若不求助于直观,仅凭分析我们的概念,我们绝不能发现这个和。(B15 – 16)

最后一段中直观这个概念抓住了康德关于数学和几何学既是必然的又是综合判断的说明。这些命题是必然为真的、先天可知的,康德把这叫做"直观的建构"(A720/B748)。康德关于数学和几

---

① 吉莉安·拉塞尔(2008)复活并推广了康德的"包含准则",为此,她提供了一种转换法可以将所有陈述逻辑等价地转换为主谓形式的陈述。

何学例子的观念,就是我们具有关于时空的纯粹的先天直观。在康德的意义上,直观是心智与知识的对象之间的直接关系。这个关系是直接的,心智与知识的对象之间的关系不通过符号、记号或者概念(cf. A19/B33, A25/B40)。康德相信时空的直观不是感知(sensory),而是组成感知经验的基础。他认为时空不是由经验发现的,而是经验必须假设的前提。康德提供了几个论证支持这个论断,其中的一个论证是,我们必须假设空间的存在才能说我们的感知指向外在于我们的事物(cf. B38f.)。

我们关于时空的直观就是感知经验诸种可能的先决条件。康德进一步认为这也是几何学和数学类先天综合命题得以可能的先决条件。

> 几何学是一门综合地却又先天地规定空间属性的科学。为使空间的这样一种知识是可能的,空间的表象究竟必须是什么呢?它必须源始就是直观;因为但从一个概念得不出任何超越概念的命题,但这种情况在几何学中却发生了。不过,这种直观必须先天地……因为几何学的定理全都是无可争辩的,也就是说,是与对它们的必然性的意识结合在一起的。(B41)

康德似乎想说由于我们关于空间的先天直观,我们就拥有一些关于几何学的"获得性命题"(obtained proposition),比如欧几里得几何系统中的公理和定理。既然这个空间直观是诸种经验可能性的条件,几何学命题是必然的,我们能意识到这一点。换句话说,使得经验成为可能的空间纯直观也同样使得几何命题为真。这些命题之为必然在于使得经验成为可能的条件之一(空间直观)。同时,这些判断是综合的,因为它们依据我们的直观,按照康德称之为"概念自身内在的必然性"(B16–17)构造。

康德对数做出了类似的评论:

作为一个知性概念的量的纯粹图型是数,数是对一个又一个(同类的东西)的连续相加进行概括的表象。因此,数无非是一般同类的直观的杂多之综合的统一,因为我是在直观的把握中产生出时间本身的。(A142 – 143, 182)

康德认为数与时间的直观相联系。我们通过把相同的单元整合在一起,在时间中展现成一个序列来形成数。① 数学命题,像几何命题的必然性、先天性,也源自于使得经验成为可能的时间先天直观(A719 – 720/B747 – 748)。

康德认为仍然存在先天综合命题,这并不是通过直观构造,而是根据确定的概念先天地进行综合(cf. A719/B747)。一些先天概念在直观中是可能构造的,比如数的概念,但有一些概念就不行。这就是康德所说的"范畴"或"知性的纯粹概念"。单一、多元、存在、因果、可能都是范畴概念(A80/B106)。康德认为这些概念表达了诸种思想的限制和规则(A87, B120f.)。例如,因果概念是先天概念,它决定了哪种关于原因的判断是可能的。这通过限制我们形成关于原因的思想和判断可以做到,例如要求每一个事件都有一个原因(cf. B233f.)。这个判断是综合的、先天的必然的,因为它来自于一个确定我们如何思考事物的概念如因果序列(B163 – 164)。

康德留下了丰富的遗产。关于分析判断和综合判断的区分昭示了哲学的本性,它激励了康德之后一个多世纪的哲学家。康德对使得我们经验成为可能的条件的兴趣,让他聚焦于先天综合真理作为我们理解经验如何可能的锁钥。他还认为哲学有一个清晰的任务,就是探索真理的知识,而且也揭示了使经验成为可能的条件,它限制了思想的内容,使得传统的形而上学成为可以达致的事业。

---

① 康德似乎也认为数需要空间直观。有关这些想法的进一步展开,读者们可参见 Frideman(1992a)和 Shabel(2003)。

康德哲学钟情于先天直观和知性范畴,这与休谟简单的经验主义恰相对比。康德著作复杂,在关键之处隐藏了含混、模糊,留下了解释的空间。例如,怎样运用时间的直观来"构造"数。空间的先天直观是如何导致我们发现几何命题是绝对确定和必然的?哪些命题具有这个地位?是哪一个内在于概念之中的必然性使得某些综合判断必然为真?能够清楚描述蕴含的隐喻与内在与概念的必然性作一个区分么?在分析判断的例子中,尤其是有些判断并不明显,我们如何知道哪一个谓词概念被包含在主词概念之中?

1.3 博尔扎诺与分析性

哲学家很快注意到康德的分析性概念缺乏清晰性。最早对康德建立区分方法的批评是伯纳德·博尔扎诺(1741 – 1848),他于1837年写道:

> 康德断定分析判断就是谓词以隐蔽的方式包含在主词里……这就一方面存在言语隐喻模式,不能清楚地分析概念;另一方面这种表达产生了太多的可能的阐释。(Bolzano 1973, 201)

博尔扎诺接受一种更为宽泛的分析性定义。他的概念是重要的,因为他所设想的分析性概念可以使得一个命题的组分具有不同的阐释,但命题仍然是真的。博尔扎诺如此描述康德的分析性概念:

> 只有一种合适的分析命题,那就是 A 的形式是:B 就是 B。但真的就没有其他的吗?我们不能把 B 就是 A 和一切要么是 A 要么是 B 作为分析判断吗?通常对我来说,这些阐明都没有

充分强调这些命题为什么就是重要的。我相信这种重要性在于其为真或假都不能完全依赖于它们所组成的概念,但是这种变化依然是无关的,因为其中的一些概念是作为主词的。(ibid.)

博尔扎诺自己的分析性定义是认为在分析性命题中有一些"指称性观念",这些指称性观念任意改变而不影响命题的真假。(Bolzano 1973,198)不包含任何观念的命题,他的组分变化不会影响命题的真假,博尔扎诺称之为综合。因此

> 例如,我把下述命题叫做分析的:"一个堕落的人不值得尊敬"和"一个人堕落了却还沉浸于幸福"。原因在于这两个命题中包含这确定的观念"人",可以用任何其他观念来替换,例如"天使"、"存在物"等等,和替换了前者可以为真,替换了后者就是假的,这规定了它们一直具有指称。(ibid.)

根据博尔扎诺的标准,"上帝是全能的"这个命题是综合的,因为我们"不能找到一个单一的观念可以任意变化",使得这个命题为真。

这里有一个困难。重新考虑博尔扎诺关于分析性的第二个例子,称之为(D):一个人堕落了却还沉浸于幸福。一个人堕落了却还沉浸于幸福必须永远就是错误的吗?即使对人来说这个命题是错误的,但是对于天使来说就必须是错误的吗?对于恶魔、岩石呢?看起来"一个恶魔堕落了却还沉浸于幸福"并不是必然为假的,它蛮可以为真的。

博尔扎诺对这种批评做了回应,他区分了两种分析性:逻辑分析命题诸如"A 就是 A",或者"每一个对象要么是 B 要么非 B";另一种是诸如关于堕落的宽泛意义上的分析性(ibid. 199)。关于第

一种类型,他认为要将其称之为分析的"只有逻辑知识是必然的,因为命题中形成常项的概念都属于逻辑"(ibid.,198)。第二种要求"完全不同类型的知识",因为概念与逻辑是无关的。我们可以把人这个概念当做与逻辑不同的概念。我们不能单单从逻辑中获取理解,因为它要求经验上我们知道什么是一个人。进一步,有了这个理解我们才能认识到一些限定:我们用什么样的事物在给定的命题中进行有意义的替换,这让我们对 D 中的人用一些概念进行有意义的替换,而不是其他概念。博尔扎诺自己提供了一种对于某些命题中概念可以变化的限定(ibid.,196)。但是他并没有发展这个观点,这个限定可能就是个"规定"而已。

博尔扎诺给出了比康德分析性概念更多的也很重要的内容,尤其是他认为分析性陈述应该包含逻辑为真的陈述,比如同一律(A是 A),或排中律(每一个对象要么是 B 要么是 – B)。这些观念在弗雷格著作那里得到了同情的回应。

1.4 弗雷格的分析性

和博尔扎诺一样,戈特洛布·弗雷格(1849 – 1925)也拒斥康德有关分析性的看法,认为它过于含混。同样,弗雷格也看到了分析性概念与逻辑陈述之间的联系。但是他比康德和博尔扎诺走得更远——他发展出一套意义深远的形式逻辑。康德所采用的是经典的亚里士多德逻辑,该逻辑系统倾向于将所有命题(包括含有量词的命题)以及含有"所有"、"一些"、"无一"(none)的通称表达式放入主系谓(subject – copula – predicate)这种形式当中。例如,一般命题,

P:所有的虔诚之人是幸福的

可以被分析为主词"虔诚之人",连接词"是"以及谓词"幸福的"。于是,这个一般命题就被塞入了四个直言命题(categorical proposition)之一,例如,"所有的 F 是 G"。但是,当我们在处理那些并不明显具备上述形式的命题时,亚里士多德的论证分析方法还是出现了问题。比方说,数学方程、涉及多个词项关系的陈述(例如,"x 把 y 给了 z"),或者涉及若干量词的陈述(例如,"所有人都知道某个人")。

借助他的量化谓词逻辑,弗雷格重新考虑了如何对涉及量词的陈述进行逻辑处理。弗雷格的洞见发端于这样一种认识,他认为对诸如 P 这样的一般命题是不能用主系谓词项来进行分析的,而要使用一种条件句:如果某个东西是虔诚之人,那么它就是幸福的。考虑以下陈述"施密特是虔诚之人"和"施密特是幸福的"。弗雷格把它们与数学函数做类比,用一个变元代替主词("施密特"),由此产生了一个函数表达式:"x 是虔诚之人"和"x 是幸福的"。这种把系词"是"和谓词"是虔诚之人"相关联的方式类似于在"2^2 是 4"中的系词与函数表达式"x^2 是 y"的关联方式。在这两个例子中,我们不需要把系词作为额外的成分,相反,我们将其整合到了函数当中。实际上,所谓一个函数就是,对于一个给定的主目(x)能够返回一个唯一、确定的值(y)。由此,弗雷格用命题的函数-主目(function-argument)模式取代了命题的主系谓模式。在更为现代的记法中,弗雷格对 P 这样的陈述给出了如下这种一般的命题形式:

PF:如果 x 是虔诚之人,那么 x 是幸福的。

这里,"x"是一个变元,它指明命题函数"x 是一个虔诚之人"和

"x 是幸福的"中某个名称所占据的位置。①

我们可以把 PF 本身看做对一个概念的指称,这个概念对于某些对象来说是真的,如果该对象既不是一个虔诚之人也不是幸福的。弗雷格认识到,P 言说了这样一个概念,它对于每一个事物皆为真。也就是说,如果 P 是真的,那么对于每一个并非虔诚之人和他是幸福的对象都是真的。量词"所有"在 P 的语境中涉及了对于所有事物皆真在 PF 中表达的概念。弗雷格认为,要将一个"二级"概念应用到"一级"概念 PF 当且仅当 P 为真。用更为现代的术语来说,量词"所有的"就是 PF 所指称概念的辖域(scope)。

弗雷格运用这些逻辑观念去解决数学基础问题。康德认为数学基础依赖于对时间的直观,而弗雷格希望回避这一结论。这个结论是有争议的,因为弗雷格发现为了把握无限的数序列,就得要求无限的直观。相反,弗雷格试图表明算术命题不是先天综合的,而是分析的(1974,99)。然而,弗雷格与康德对分析性的理解大相径庭。就数学而论,弗雷格认为,对分析真理的证明完全依赖于"一般的逻辑规律和定义"(1974,4)。更一般地说:

> 若使用不具有一般逻辑性质的真理(它们属于特殊科学中的真理),一个命题就能予以证明,那么,该命题就是综合命题。(1964,2)

逻辑的一般规律本身是什么呢? 弗雷格为其赋予了一个特殊的身份:"达致真理过程中,用以指引思想的原则"。但是,我们必须区分两种不同意义的"规律":

---

① 弗雷格确实不曾用过变元一词,也未提及在当代逻辑学中常用的"命题函数",他用的是"内容杠"(content strokes)和其他记号。详见 Frege(1972,128f.)。

在一个意义上，一个规律断言其所是；而在另一个意义上，它描述其应该所是。只有在第二个意义上，逻辑规律才能被称为"思想律"：就此而言，它们规定了我们应该如何思考……[它们]是最一般的规律，描述了我们在全面思考时应该如何思考。(1964, 12)

对这段文本的一个大致可信的解释是，弗雷格把逻辑律视作思想的要素。如果我们要彻底地进行思考，那么，我们就必须遵循它们。同样，它们也是普遍的，可以以最一般的方式应用于每一个命题。

弗雷格试图证明，从基本的逻辑规律中可以推导出整个数学。他的"基本洞见"就是重新认识到用新的逻辑方式分析有关数的一些陈述(1964, 5)。弗雷格认为，涉及数的陈述可以和对待量化陈述一样的方式得到处理：在这两种情况下，我们可以这样谈论概念——有一些对象"归于"(fall under)或者"满足"这个概念。所以：

> 如果我说"国王的马车为四匹马所牵引"，那么我就把四这个数赋值给"牵引国王马车的马"这个概念。(1974, 59)

由此，涉及数的陈述将一个数分配给了一个概念。这表明有四个事物满足该概念。① 如前所述，弗雷格的逻辑旨在对事物进行量化调整，使之能够满足相应的概念。因此，他的新逻辑能够轻松地涵盖了涉及数的陈述。例如，在现代逻辑记法中，"有且只有两颗火星的卫星"(there are exactly two Martian moons)这一陈述就可以被

---

① 这样，该定义就不是一个循环定义了，看起来我们是可以以这种自然的方式入手。

表述为:(其中,"Mx"表示"x 是火星的卫星")

$(\exists x)(\exists y)[x \neq y \wedge Mx \wedge My \wedge (z)(Mz \rightarrow (z = x \vee z = y))]$

它表明,存在着某物 x 和 y,这两个东西是火星的卫星,而且任何其他的东西,只要它是火星的卫星,它就与 x 或 y 同一。现在,该陈述就对"火星的卫星"这一概念有所表述,即,有两个个体满足这一概念。那么,对于有关数的"纯"陈述(例如,数学方程式)又如何呢? 因为,它们并不像卫星那样是具体的事物。

弗雷格对这类陈述的分析衍生自他对"是火星的卫星"这类概念的分析。弗雷格意识到,M 所表述的一部分是正好有两个事物归于一个特定的概念。其他陈述也可能表述了有关其他概念的相同事实,例如,"存在两个地极"(there are two poles of earth)这一陈述$((\exists x)(\exists y)(x \neq y \wedge Px \wedge Py \wedge (z)(Pz \rightarrow (z = x \vee z = y)))$,其中,"Px"表示"x 是地球的极点")。这里,M 和 P 这两个概念都满足同样的条件,即,有两个事物归于它们。如果这两个量化陈述为真,那么,我们就能将任何归之于 M 的一个对象与正好归之于 P 的一个对象组成一对。与之类似,对于任何其他的概念 C,也可以正好有两个事物归于它。所有此类概念的"等量性"(equinumerosity)充当了定义"2"的基础,也就是说,2 正好是所有此类概念(即,有两个对象归于这种概念)的集合(Frege 1974, 79 – 80)。

弗雷格将他对数的定义与基本的逻辑规律结合起来,从而得到了算术的基本公理。这项计划以逻辑主义(logicism)著称。只要弗雷格能向我们表明整个算术系统可以从基本的逻辑规律和定义中推导出来,那他就能表明算术系统仅仅包含分析真理。就算术系统而言,先天综合及其相应的时间的先天直观形式都是不必要的。①

1.5 罗素悖论和描述语理论

然而,在弗雷格的逻辑大业中有一个致命的缺陷。结果哲学家伯兰特·罗素(1872 – 1970)发现,其中一个逻辑规律(弗雷格的 Law V)会导致所谓的"罗素悖论"。罗素悖论提请我们考虑这样一个集合 C,它正好包含那些不是其自身元素的集合。罗素注意到,弗雷格的基本公理蕴涵了 C 的存在。让我们来考虑这个问题,C 是不是其自身的一个元素? 如果 C 不是其自身的元素,那么,由于它包含所有且仅仅包含不是其自身元素的集合,它就是其自身的一个元素。相反,如果它是其自身的一个元素,那么,按定义它就必不是其自身的一个元素。所以,对于这个问题,我们既不能做出肯定回答也不能做出否定回答,由此便产生了矛盾。罗素悖论让弗雷格的逻辑伟业毁于一旦。它同样毁坏了弗雷格的想法,即,有关基本逻辑规律的明显真理(obvious truth)能够充当这些规律的指示物。然而,这种"明显真理"却导致了矛盾,它们不是真理。

罗素悖论最终致使弗雷格放弃了逻辑主义。但是,罗素却依然相信,弗雷格的逻辑主义的一个修正版是可靠的。罗素给出的修正版逻辑主义正是他的"类型论"(Theory of Types)(参见 Russell and Whitehead 1977, 161ff.)。这个修正版使后来的一批哲学家,包含维也纳学圈最富盛名的成员开始拥戴逻辑主义的这个新版本。特别是,他们义无反顾地认为数学知识是用分析陈述而不是用先天综

---

① 弗雷格并未对几何学采用同样的进路,因为他认为几何学全部由综合陈述构成。几何公理之所以不是分析的,因为它们和分析真理不同,若不借助那些属于"某个特殊科学"(1964,2)的公理,它们就无法被证明。几何学公理和定理仅限于特定的空间对象。另一方面,这些逻辑具有彻底的一般性,只要数学可从这些逻辑中推导出来,那么,数学命题(不包含几何学命题)就可被视为分析命题。

合陈述来表达的。然而,逻辑主义的这种形式包含了某种类似集合论的东西,因此,许多哲学家质疑集合论是不是该算作逻辑的一部分。事实上,集合论蕴涵了一些存在性断言(例如,存在着空集),这些断言使许多人拒绝将集合论并入到逻辑当中。正是基于这样的理由,当代逻辑主义继承者已不再称自己为"逻辑主义者"。

罗素的另一个贡献对后来的分析性概念影响甚巨。在《论指称》(On Denoting)一文中,罗素发展出一套强大的新理论,他利用弗雷格的新逻辑方法分析限定描述语(例如,"这匹马赢得了上届肯塔基德比大赛")以及非限定描述语(例如,"一个男人")。他认为,像"一个男人"这种非限定描述语不指称任何实体(Russell 1956,42－43)。与此不同,这种表达式在指称时牵连了一个命题的语境,例如,"人都是有死的"这个命题就结合了其他命题的组成部分:"'如果 x 是一个人,那么 x 就是有死的'恒为真"(43)。对于限定描述语,罗素提出了以下分析,限定性描述所在的命题可以被一个语句所替换,这个语句断言了该命题的谓词唯一地满足被谓词指称的性质——无论何种对象拥有该性质。罗素表示:

因此,"查理二世的父亲被处以死刑"变成了:"下句并不恒为假:x 是查理二世的父亲,而且 x 被处以死刑,而且'如果 y 是查理二世的父亲,那么 y 与 x 同一'对 y 恒为真。"(1956,44)①

罗素认为,只要一个人能够亲知一个命题的每一个组成部分,他就能理解这个命题,正是基于这种认识论上的考量,罗素将他关于描述语的新理论和认识论上的观点关联在了一起(56)。他认为,

---

① 采用量词记号可以让这一表达更为清楚:($\exists$x)((x 是查理二世的父亲且 x 被处死)且((y)是查理二世的父亲那么 y = x))。

描述语理论简洁巧妙地补全了这一认识论观点;一个人不需要亲知一个描述语的主词就能理解该描述语涉及的命题。举个例子,一个人也许知道最后一任日耳曼尼亚的罗马统治者丢掉了三支军团,然而他对该统治者并无亲知。通过描述语理论可知,一旦某人知道了有关这位统治者的上述事实并不将他自己纳为其中的一个元素,那他就能知道该描述语所涉及的命题。毋宁说,一个人亲知该命题函数(x 是一位统治者,x 丢掉了三支罗马军团等等)的组成部分,而正是这些命题函数构成了原始命题。因此,

> 对于我们所能把握的每一个命题(即,我们不仅能够判断其真假,还能思考其中所有的组成部分),它的所有组成部分都是实实在在的实体,我们对这些实体有着直接的亲知。(56)

通过将亲知原则和描述语理论的两相结合,罗素发现了一种在逻辑上通过描述语理论以及我们所亲知的元素来"构造"实体的方法。由此,只要实体可以被分析为亲知对象,我们就能避开推论性的实体。确实,我们不仅可以避开不可化约的推论性实体,而且,罗素的"科学理论化的至高原则"还主张:"在任何可能的地方,逻辑构造将会替代这些推论性实体"(Russell, 1932a, 155)。

在《论指称》一文中,罗素只是简单地描画了这样一种分析所要求的亲知对象(1956, 55 – 56)。而于稍后的几篇文章中,他更为细致地刻画了这些对象,并从多个方面将它们与"在感觉中亲知的特定个体"、感觉与料(sense – data)、确定的普遍物、逻辑形式以及逻辑常项等同起来(参见 Russell 1932, 1956a)。即便希望不大,罗素也认为我们至少有可能运用至高原则产生某个对物理学的解释,它将揭示如何通过感觉与料构造出整个物质世界(1932a, 179)。卡尔纳普将不遗余力地发展这些观点。

1.6 维也纳学圈

弗雷格已经表明,原则上,我们不必诉诸康德式的直观就有可以对数学加以分析,紧接着,罗素修正了弗雷格的方法从而回避了罗素悖论。但是,弗雷格的基本想法可以再深入一些吗?弗雷格开创的逻辑分析方法(即,谓词逻辑与数的分析)可以应用于其他的知识领域吗?弗雷格方法的扩展(例如,罗素的限定描述语理论)能否拓展到对一般性经验的分析上去呢?——包括我们关于物理对象所组成的世界的经验。如果可以的话,我们最终就在原则上构筑起一个对康德先天综合的有力拒斥的基础,从而为分析性提供了一个崭新的、更深入的任务。

1928 年到 1936 年间,一批科学家、数学家、哲学家在维也纳相聚,形成了维也纳学圈。他们想把弗雷格、罗素以及其他有哲学头脑的数学家发明的逻辑分析方法与源自物理学家马赫、庞加莱,休谟的实证主义和经验主义世界观统合起来。他们试图重新定位哲学,使之远离思辨的形而上学传统,建立起一个与经验科学尤其是物理更相契合的新传统。

对维也纳学圈最重要的影响之一来自路德维希·维特根斯坦(1889 - 1951)的早期著作。维特根斯坦是罗素和弗雷格的学生,他受维也纳学圈创始人莫里兹·石里克(1882 - 1936)的邀请参加过他们的几次聚会。让石里克和其他成员对维特根斯坦感兴趣的是他的《逻辑哲学论》(Tractatus)。这本书将弗雷格和罗素的逻辑观念系统地进行了扩张,形成了一个关于语言与世界关系的统一图像。对我们来说,尤为重要的是《逻辑哲学论》中对逻辑真理的分析,比如非矛盾律。与弗雷格不同,维特根斯坦并不把逻辑真理作为应用于每一个陈述的普遍规律。事实上,他根本不把逻辑为真的陈述当做陈述或命题。相反,他认为这些真陈述仅仅是"重言式"

(tautologies),"逻辑命题是描述世界的脚手架"(Wittgenstein 1986, 6.124),它们自身并不言说。

这个醒目的主张背后是维特根斯坦关于命题的"图像理论"(见 Wittgenstein 1986, 2.1 – 3.84)。一个真正的命题是一幅图像,之所以像一幅图像,是因为它描述了事物是怎样的,或者(如果这个图像是"虚假的")事物应该怎样而实际上并非如此(4.06[xt1])。一个真正的图像/命题对应事物所是的方式,而一个虚假的图像或命题并不如此对应。但无论真假,一个图像/命题都必须描述事物可能所是或不可能所是之方式。它必须描述可能的事态(state of affairs)(4.01 – 4.05)。一个图像/命题必不能描述那些不可能成为实际情况的事物,因为,在此无可供描述之物。反过来,维特根斯坦认为,一个图像/命题也不能描述必定成为实际情况的事物,即不可能不成为实际情况的事物。任何为这种事态给出一幅"图像"的企图都不可能为假(5.61)。但是,"图像"能告诉我们世界实际所是之方式吗?不能。既然它不可能不为真,那么它也就与任何可能的情况相容,从而也就不能告诉我们世界实际所是之方式(4.063)。维特根斯坦细致地发展了这一理论,但就我们的目的而论,重要的是:必然真或必然假的表述都不是真正的命题。通过恰当的分析,这种陈述可以被揭示为重言式(如果该陈述为真)或者矛盾式(如果该陈述为假)(6.1)。维特根斯坦把这个观点同样拓展到了算术命题,他认为这些命题在严格意义上都只是"伪命题",它们并没有表达思想,尽管它是出于不同的理由从逻辑真理中推导出来的(6.2 – 6.21)

维特根斯坦关于命题的图像理论以及他把逻辑命题和其他必然命题分析为重言式的方法打动了维也纳学圈早期成员。他们在其中发现了一种对康德的先天综合命题可能的分析进路。如果逻辑和数学陈述被当做伪命题,对实在无所述说,那么,我们如何知道这些命题所言何物的问题就即刻消解掉了。我们无需诉诸康德的时空直观,也不需要接受弗雷格的方法,认为逻辑规律最大限度地规定了有关世界的一般性真理。

尽管受到维特根斯坦的深刻影响,但维也纳学圈自己的观点还是与之不同。对于维特根斯坦,一些确定的表达不过是重言式这个事实显示了"世界之中语言的形式逻辑的性质"(6.12)。也就是说描画世界的语言拥有一些形式特征这一事实隐含在一些确定的表达不过是重言式这个事实里边。维也纳学圈并不满意这个观念。维特根斯坦关于"显示世界中的形式化性质"这个说法有点像形而上学,作为经验论者,他们是要回避这个说法的。学圈的成员(尤其是石里克和卡尔纳普)提出来要把逻辑真理作为约束现有语言的约定表达式(参见 Schlick 1985,71)。与维特根斯坦一致,他们认为逻辑真理的功能并不是对世界有所断定,而是给出了各种陈述之间隐含的关系。在一定程度上,他们追随弗雷格和罗素,认为可以将数学还原为逻辑,因此我们对数学陈述也有类似的说明,逻辑真理也表达了各种数学陈述之间的隐含关系。

这就产生了一种新的分析性概念:分析真理就是约束语言的一些约定表达式。这个概念的核心观念之一在石里克的《普通认识论》(General Theory of Knowledge 1985)一书中已经勾勒出来了。石里克接受了数学家希尔伯特在公理论中的发现。希尔伯特已经表明欧几里得几何学中像"点"、"线"这些术语的日常直观的意义对于"纯粹的"或数学几何没有任何作用。希尔伯特认为这样的理论"仅仅是一个概念的框架加上它们之间的必然关系,可以随意选择基本元素"(Hilbert 1971,13)。取消了点、线这类对象,希尔伯特使用已有的纯粹几何证明了一些相当有意义的结果。石里克在希尔伯特的方法中看到了在一个形式公理系统的语境中隐含定义某些概念的可能性:

借助隐含定义产生的真理系统并不依赖任何实在的基础。

相反,它自由地漂浮,就像太阳系自身维持了自身的稳定性。(Schlick 1985, 37)

石里克认为一个真理系统部分通过思辨产生。这里,他没有依靠经验的或综合的真理,而是借助了形式化的、先天的真理。如果我们能够找到公理系统的一致性证明,我们就能保障这个系统的稳定性(ibid., 357)。如此一个规定的一致性系统将是"自由地漂浮"。这并不需要对与经验世界相关联的原初词项有一个"明确的"定义。石里克设想了先天知识是由符号系统所组成的,也因之隐涵地定义了一组概念。

原则上,上述观念让维也纳学圈说明了分析命题的若干特征。首先,维特根斯坦的观念重言式缺乏经验内容获得了解释,但不涉及他的形而上学:作为一种约定限制了语言中表达式的用法,分析真理就是语言用法中的重言式原则,而不是对经验的观察或报告。第二,分析真理作为先天可知的(或者除了要求对语言的理解之外,至少独立于经验可知)规定成为语言中的约定这一点说明了分析真理的先天性。第三,诸如逻辑真理这种分析真理表面上的必然性与某个语言使用中的规则公理是一致的相似的。同样地,这种采纳是必然的,因为它们是言说一种语言的先决条件。最后,当把分析真理作为约定,它的范围就大大扩张了。不仅逻辑规律和数学是分析的,一些科学命题,例如"力"或者"同时性"这种典型的律则表达就都可以是分析的了。

因此,对于维也纳学圈而言,分析真理肩负着重要的解释功能。① 但原则上,康德最先提出的那类先天综合命题似乎还不能被解释为分析真理。唯有形而上学命题依然无法解释,而且这些命

---

① 我们将在第5章更为详尽地讨论维也纳学圈的这一观点。这里,我们仅需注意,并不是所有的维也纳学圈成员都持有这些观点或这些观点的一部分。

题,按维特根斯坦的说法,毫无认知意义。

最后这一点需要额外的论证,因此,维也纳学圈提出了著名的意义可证实性准则。该准则要求,要有意义,综合陈述就必须在经验上可证实。对这一准则的辩护来自可证实性同意义的联动:综合语句的意义与证实它的方式同一(关于这一观点的权威表述见 Carnap 1959)。可证实性准则的精确表述在维也纳学圈内部有着大量的争论,但是,所有这些表述的关键点在于这样一个想法,即,传统形而上学陈述无法满足该准则。

1.7 卡尔纳普和逻辑经验主义

鲁道夫·卡尔纳普于 1928 年所写的《世界的逻辑结构》(*The Logical Structure of the World*, 1967;以下简称《构造》)一书最为细致地填充了上述图景。和罗素一样,卡尔纳普(1891 – 1970)非常关注科学中的认识论问题,但他也同石里克一样,热衷于用《数学原理》(*Principia Mathematica*)中的新逻辑资源建立科学知识的客观性。卡尔纳普分享了罗素的哲学观,将哲学视为对科学陈述之逻辑形式的科学研究。[①] 然而,他只在早年讨论空间的博士论文中使用过空间直观的概念,除此之外,卡尔纳普对罗素这种诉诸特殊的、非经验的直觉的做法感到非常不安。[②] 对于罗素而言,非经验的直觉解释了非观察知识如何为我们已有的正当信念提供了不恰当的知识,例如,普遍物(universals)、命题形式、推理以及数学和逻辑公理等等知识。[③] 与之相反,卡尔纳普认为,引入特殊的、非经验的直觉相当于

---

① 在其《思想自传》中,卡尔纳普写道,他觉得好像罗素在当面指导他,"受过科学训练、有着哲学兴趣的人不要受到过去传统的羁绊"(1963b, 13)。

② 关于卡尔纳普早期对直观的使用以及他后来的拒斥,可参见 Richardson(1998, 153 – 158, 179 – 180)的讨论。

③ 详例见 Russell(1959, 111ff.)以及他在这本书中(1937)的前言,在这些地方这种直觉被说成是"直接亲知"。

退回到了形而上学,并因此逃避了科学的哲学(参见 Carnap 1959,76-77)。

卡尔纳普的替代方案想表明认识论是一种纯粹逻辑的科学。在写于《构造》之后的《哲学中的伪问题》(*Pseudoproblems in Philosophy*)中,卡尔纳普表达了上述想法以及他对传统认识论的不满:

> 对于那些不满意诸如"给定的"、"可还原的"、"基础的"这些表达式的人,或那些在其哲学中想避免使用这些概念的人而言,认识论的目标根本就没有达成。在接下来的研究中,我们将为这一目标给出一个清晰明确的表述。最终,我们将能够明明白白地表达认识论上的分析目的,而不借助传统哲学中的那些个表达式。为此,我们只需返回到涵蕴(implication)这一概念(借"如果-那么"语句表达)。这是一个逻辑上的基础性概念,它无可挑剔,任何人都无法回避这一概念:它在任何哲学中都不可或缺,甚至,在任何科学分支中也同样如此。(1967, 306)

换句话说,这一策略想表明:广义上针对逻辑的恰当解释,或狭义上针对涵蕴关系的恰当解释对于解释我们的数学、逻辑知识,以及许许多多科学的客观性知识而言均是必要且充分的。

在《构造》一书中,卡尔纳普力图表明,"还原"、"结构"或"构造"这类表面上看似是认识论上的概念可以被良好定义了的逻辑或结构性概念所替代。他的目标是,

> 建立一个对象或概念的认识-逻辑(epistemic-logical)系统。这里,我们始终在最宽泛的意义上使用"对象"一词,也就是说,它可以是有关同一个陈述的任何东西。(1967, 5)

通过一个"构造系统"(constitutional system),我们就将到达这种宽泛的对象化,这一过程开始于一些确定的基础概念,藉由这些概念我们就可以构造出更高阶的概念。卡尔纳普认为,通过清晰明确的定义以及来自这些定义的推导项(6-7),这一构造过程将以阶梯式的方式进行。借用罗素的限定描述语概念,卡尔纳普希望提供"纯粹结构性的限定描述语",这种描述语将系统化地刻画人类知识的对象,而无需用直观或亲知来指示任何单一的对象(24-28)。卡尔纳普认为,通过罗素的限定描述语理论,我们就可以将"结构性"对象"还原为"其他对象。换句话说,卡尔纳普认为,"一个对象可以被'还原为'其他对象意味着关于该对象的全部陈述可以被翻译为那些仅仅是言说其他对象的陈述"(60)。举个例子,分数就可以被还原为自然数,因为,关于分数的一个给定的陈述可以被转换为关于自然数的陈述(61)。卡尔纳普说道,概念也可以藉由"翻译规则"被"构造出来"。这里,卡尔纳普的想法是:一个可还原的概念可以被转换为一个共外延的命题函数,而它本身并不出现在这个命题函数当中。这样一种结构的最简单情形会是一个翻译:即,用一个命题函数替换掉另一个命题函数,其中,a 出现在前者当中,而后者仅仅包含 b 和 c(61)。

据此,卡尔纳普提出了一个关于对象和概念的非常通用的理论。但是,他并不打算将其简单地应用于纯粹抽象的运思。我们已经注意到,该理论本该向我们表明,认识论连同它对直观的诉求以及先天综合陈述等等如何被这种崭新的、形式上精确的科学逻辑形式所替代。然而,要做到这一点我们必须将卡尔纳普高度抽象的构造同经验联系起来。例如,他不得不表明"结构性限定描述语"可以描述经验的可能对象。因此,卡尔纳普需要为其还原提供一些基础从而避免任何对特殊的直观原则或实体的诉求。这种基础有两种类型:其一是逻辑的,其一是非逻辑的,而且后者要能够将被构造出来的概念连接至经验。

卡尔纳普的构造体系的逻辑基础可以轻松地由石里克所勾勒的想法建立起来。卡尔纳普声称,"逻辑仅仅由关于符号之用法的诸多约定以及关于这些约定之基础的重言式构成"(ibid., 178)。

卡尔纳普的还原所需的非逻辑基础是什么呢?显而易见,他并不想诉诸"既有"(the given)这种概念,因为这将使其陷入罗素的亲知立场当中。然而,他实际上所接受的立场是什么并不明朗,而且这一点极富争议,因为至少存在着两个相互竞争的对《构造》的解读,它们对这一问题给出了相当不同的回答。首先,我们将描述《构造》的"传统"解读,它至少可以追溯到蒯因(参见 Quine 1953, 39ff., 1969a, 74f.),而且该解读方案在蒯因 - 卡尔纳普之争中扮演着重要的角色。

根据传统解读,卡尔纳普从事的完全是一个经验主义者的计划,它专注于建立"感觉语言"(the language of sensation)并使之具有认识论上的优先性。因此,他的还原旨在将科学语言翻译为这种感觉语言。根本而言,物理学的语言将被还原为对感受质(sensory quality)的分配,例如,颜色就将被还原为用来表示空时坐标的实数的有序四重数(ordered - quadruples)(参见 Quine 1953, 39)。按蒯因的解读,卡尔纳普对传统认识论相当不满,其动机实际上承诺了一种彻底的经验主义。卡尔纳普的构造基础,即这种构造的出发点,是经验的基元,比方说,感受质。[①] 卡尔纳普本人有时似乎认可这种解读,在其《构造》时期,他利用复合物的分析方法将复合物分析为视域的组成物,这种做法

很可能受到马赫和其他现象学哲学家的影响。但在我看来,我是第一个严肃对待这些哲学家的学说的人。我并不满意

---

① 除 Quine(1969, 74f.)外,Nagel(1961, 123)和 Putnam(1981, 181)也给出了类似解读。

他们的惯常说法,例如,"物体 A 是一个视觉、触觉以及其他感觉的复合物",相反,我想实际地构造出这些复合物。(Carnap 1963,16)

如前所述,关于《构造》的解读还存在着与此相竞争的说法,该解读方案在最近几年才出现,它对卡尔纳普著作中的经验主义成份轻描淡写,而且更多地受到了新康德主义的影响。[①] 根据这种解读,卡尔纳普并不是打算为其构造计划提供任何认识论上的特优基础(例如,感觉与料),而是试图给出一个彻底的重构以表明客观知识如何成为可能,尽管如此,在个体的经验中,我们的知识实际上似乎有着一个主观的起源。[②] 按这一解读,卡尔纳普无意捍卫观念论,而是试图通过他的构造计划取代传统的认识论(包括经验主义和观念论)。[③] 据此,真正的问题是,"假定不同的主体拥有各自独特的经验之流,那么,一个科学的陈述到底如何成为客观的?"(Carnap 1967,107)

我们无意对这些相互竞争的解读做出裁判。就我们的目标而论,只要卡尔纳普曾承认某种类似于传统解读的东西就行了,如上边这个问题揭示的那样,我们假定这一解读对于我们关于《构造》的后续讨论已经足够了。

《构造》一书既颇具启发性同时又极富争议。如前所述,它是一部艰深的著作,直到今天,它还源源不断地引发争议。和维也纳学圈的著作一样,它不大可能是一部拥有广泛读者的著作。但无论如何,《构造》一书以及维也纳学圈的很多想法在 A. J. 艾耶尔的诸多

[①] 详例见 Haack(1977)、Coffa(1991)、Friedman(1987,1992)以及 Richardson(1996,1998)。

[②] 详例见 Richardson(1996,311)、Coffa(1991,225f.)。

[③] 这种"对语言的各种哲学形式的中立态度"后来被卡尔纳普说成是某种"贯穿于我一生始终不曾改变的"东西(1963b,18)。

著作,特别是在其广为人知的《语言、真理和逻辑》(Language, Truth and Logic, 1946)一书中得到了更易理解的表述。我们将在第 5 章回到维也纳学圈以及艾耶尔对分析性的解释。

小　结

在这一章,我们回顾了分析－综合之分在西方哲学传统中的起源。我们看到了一些相异而彼此又有所联系的关于分析/综合真理的观念,我们注意到,这些观念塑造了那些持有这些观念的哲学家的哲学。以下是本章的要点。

首先,我们看到,大卫·休谟发现由"观念的关系"所表述的确定陈述(例如,三乘以五等于十五)"仅仅通过思想活动而被揭示,它们并不依赖于宇宙间存在的事物",而其他那些他称之为"事实"陈述的东西,其真假有赖于我们的感觉经验。

休谟的兴趣在于用陈述表达事实。然而,他的后继者伊曼努尔·康德发现确定关系有可能在哲学中扮演一个崭新的角色,即,它们能够"仅仅通过思想活动"被先天地揭示出来。康德勾勒出两个互有交叠的区分来发展这一思想。其中一个区分是"分析"陈述(或判断)与"综合"陈述。对康德而言,分析陈述是这样一些陈述:其谓词的概念以某种方式包含于主词的概念。而综合陈述的谓词概念并不包含于主词。因为分析陈述仅仅表述了那些已经"包含于"主词的东西,所以,它们并没有扩展我们的知识;相应地,康德认为综合陈述扩展了我们的知识。第二个引起康德兴趣的区分是先天可知陈述与后天可知陈述。康德认为,至少有一些先天陈述扩展了我们的知识,例如,数学公理、几何学以及一些形而上学陈述。正因为它们扩展了我们的知识,所以这些陈述不可能是分析陈述。据此,康德推断,一定存在着先天综合陈述。但是,这些陈述的知识如何成为可能呢?要回答这一问题,我们需要借助一些特殊的直观和心智范畴。按康德的观点,对这些直观和范畴以及它们对可设想之物的塑造和限制方式做一番探究正是哲学的任务。

博尔扎诺和弗雷格均发现康德对分析性的研究在包含关系(containment)方面相当含混,他们希望能够以某种方式解释我们有关先天真理的知识,而不诉诸特殊的直观或心智能力。弗雷格发现了这样一种可能性,即,通过其新的谓词逻辑似乎可以用纯粹的逻辑词项来解释一些数学知识,并且可以将这些知识从逻辑真理中推导出来。该理论以逻辑主义著称,它移除了对直观的诉求,至少在算术系统中如此。相应地,弗雷格将分析真理定义为那些对普遍逻辑规律的陈述或可单独由这些逻辑规律推导而来的陈述。尽管逻辑主义的原始版本中存在着缺陷,但它后来被罗素修正了。罗素进一步发展了弗雷格的逻辑分析方法,他发现用一种方式可以为我们的知识给出一个理论,它取决于我们对一个陈述所描述的我们未曾亲知的事项的理解,据此,该陈述所涉及的知识就可以在原则上得到解释,并由我们所亲知的那些事物的知识逻辑地构造出来。

维也纳学圈是一个由科学家和哲学家组成的团体,他们采用了一种对知识的经验主义态度将弗雷格和罗素的逻辑方法结合了起来。上文中,我们讨论了学圈的两位成员——石里克和卡尔纳普,他们想彻底克服康德的这一想法,即,哲学研究中存在着一个特殊的领域,该领域正是先天综合陈述研究以及使之成为可能的条件的领域。弗雷格和罗素已经展示了如何在算术领域开展这种工作,但是该计划在几何、逻辑或形而上学领域的陈述却依然举步维艰。维也纳学圈的成员将维特根斯坦关于命题的图像理论带入到了分析真理,并为其赋予了一个新的角色。分析真理可以被视作"重言式",它们对世界无所言说,但是,它们表达了概念之间或陈述之间的逻辑性质。这些重言式应该被理解为约定性的规定,通过向我们告知一个给定语言的语词的意义或什么样的陈述能够从什么样的陈述中推导出来,这些规定支配了该语言的使用。有关数学、几何学、形而上学真理以及其他被假定是先天综合真理的知识反而被视作分析的"重言"表达式,它们支配了我们对语言的使用。这就使得维也纳学圈的成员可以解释我们关于此类真理的知识,而不必借助直观或其他"神秘的"认知能力。数学和几何学中的真陈述的确是必然的,而且它们是先天可知的,这仅是因为它们表达了语言的各种约定。它们本身对世界无所言说;但为了获知有关世界的事实,我们必须转而求助经验。因此,维也纳学圈给出了一个有关分析真理的理论,他们相信,该理论与经验主义是相容的。

在这一章,我们看到卡尔纳普尝试发展维也纳学圈的想法,据此,我们得到了我们的结论。卡尔纳普力图表明,在解释我们关于逻辑和数学知识方面,对逻辑特别是对陈述间涵蕴关系的正当解释是充分的,而且它进一步可以解释科学知识的客观性。卡尔纳普提出了一个"构造系统",他坚信该系统能够表明我们关于世界的知识可以被还原为感觉知识。如果可行的话,这种还原将为我们关于世界的知识给出一个解释,而且它并不需要康德式的直观或其他感觉之外的特殊能力。

在这一章我们自始至终试图强调,一个哲学家对分析/综合陈述的解释塑造了他关于哲学本性以及哲学研究范围的看法。康德相信先天综合陈述使他做出推断:哲学具有一项特殊的任务,而且其中存在着一个特殊的研究领域,即,找到并解释使我们关于这种陈述的知识成为可能的诸多条件。弗雷格和我们所讨论到的维也纳学圈的成员以不同于康德的角度看待上文中的全部议题。尽管弗雷格承认,也许存在某种先天综合知识(例如,几何学中的陈述),但他认为,就数学和逻辑而言,他的逻辑处理移除了对这种知识的需要。维也纳学圈却走得更远,他们试图将先天综合知识一并移除掉。为此,他们就像休谟那样,希望消除形而上学以及任何对非经验知识的诉求。因此,他们需要对先天必然真理做出解释,使其在经验主义立场上可被接受,而他们有关分析性的理论正是提供了这样一种解释。

拓展阅读

  Georges Dicker 的 *Hume's Epistemology and Metaphysics*(1998)是一本关于休谟的优秀导读,其中就有对休谟之叉的讨论。Paul Guyer 编著的 *The Cambridge Companion to Kant*(1992)收录了一些关于康德的介绍性论文,其中讨论了直观在康德哲学中扮演的角色,以及康德哲学中科学知识的地位。Peter Hylton 的 *Russell, Idealism and the Emergence of Analytic Philosophy*(1990)是一本极为出色的导读,它讨论了罗素的哲学以及分析哲学的早期历史。A. J. Ayer 编著了一卷名为 *Logical Positivism*(1959)的选集,它收录了维也纳学圈成员的一些重要论文以及讨论维也纳学圈的论文,在这一方面,它直到今天也是最好的选集之一。有一本较晚出现的关于维也纳学圈的论文选集,它由 Michael Friedman 所编,题为 *Reconsidering Logical Positivism*(1999)。这本论文选编收录了讨论分析真理、卡尔纳普的《构造》以及维也纳学圈其他一些重要贡献的论文。Alan Richardson 的 *Carnap's Construction of the World: The Aufbau and the Emergence of Logical Empiricism*(1998)对《构造》一书做了更为细致的讨论。Richardson 为《构造》中的"替代"阐释做了精心的辩护,我们曾在1.8节有过提及。在介绍维特根斯坦的命题的图像理论方面,有一本出色的著作,它是 Thomas Ricketts 的 *Pictures, Logic, and the Limits of Sense in Wittgenstein's Tractatus*(1996a)。有两本值得注意的文选讨论了早期分析传统,它们是 William Tait 的 *Early Analytic Philosophy: Frege, Russell, Wittgenstein*(1997),以及 Sahotra Sarkar 的 *The Legacy of the Vienna Circle: Modern Reappraisals*(1996)。

2

卡尔纳普和蒯因

2.1 导论与综述

在第一章,我们考察了分析/综合之两分。通过考察维也纳学圈应用分析性对先天真理、逻辑/数学真理做出的解释,我们得出结论:按照其表述,这种解释摆脱了康德、弗雷格、罗素以及维特根斯坦等人暧昧可疑的形而上学承诺。在本章中,我们的讨论开始于这一解释带来的一系列问题。特别是,我们将关注卡尔纳普在《构造》中面临的诸多困难。随后,我们将讨论在维也纳学圈解散之后,卡尔纳普如何重新解决《构造》一书中的问题。卡尔纳普希望保留学派中的一些指导性见解。一般而言,为了克服对《构造》一书的反驳,卡尔纳普以两种截然不同的方式发展了他的哲学:《语言的逻辑句法》(*The Logical Syntax of Language*)体现了第一种方式,而第二种方式表现在他的后期著述中,该进路受到阿尔佛雷德·塔尔斯基和其他人语义理论的激发。

随着卡尔纳普哲学的发展,他关于分析性的解释经历了一些重要的变化。他为分析性真理给出了大量的定义 和"充分性条件",我们将在本章考察他的一些重要方案。在卡尔纳普的各种表述背后有一个整体想法,那就是分析性是一个和语言相关的概念。只有相对于一个给定的语言系统,分析陈述才是真的,才能免于修改。实际上,分析性真理规定了什么内容可以进入卡尔纳普特别意谓的"语言"之中。这种对分析性真理的给出的相对于语言的处理是有点极端的策略,如后所见,将引起重要的后果。

卡尔纳普的哲学颇富趣味,对当代分析哲学的兴起有重要的影响。这并不容易让人领会。因为卡尔纳普大量使用了逻辑和集合论中的技术方法来发挥他的观点。本章中要包含卡尔纳普的一些技术性讨论。如此为之,有两个理由。卡尔纳普是第一个把二十世纪重要逻辑发现引入哲学讨论的哲学家,这包括哥德尔不完备性定理、元语言与对象语言之分、塔尔斯基的"语义学"方法。这些发现依然在当代分析哲学的发展中起着重要的作用。如果想要理解分析传统如何在这个维度上发展,这至少要看看这些逻辑发现是如何运用到分析性的争论上去的。第二个理由是卡尔纳普的一些技术性细节影响了他的学生和朋友蒯因。在本章稍后几节,我们阐释了蒯因如何接受卡尔纳普的指导性原则,而且开辟了一条全新的进路。这最终使得蒯因完全批评分析性的概念以及分析与综合的区分。在本书 3–5 章将主要讨论这个批评以及拒斥分析综合两分之后的哲学。

2.2 《构造》的终结

在从事哲学论证时,许多重要概念经常会出现含混、滑移甚至不相一致的定义,这种经验颇令人沮丧。在历经冗长,也许激烈的论证之后,聚讼各方很可能发现自己没有半点进步;他们的争论源于错误的理解——也许这一切不过是"语词之争"。

对此,卡尔纳普并不陌生。在其《思想自传》(Intellectual Autobiography)中,他叙述了自己进入哲学的初衷:

传统形而上学中的大部分争论对我来说多是贫瘠不孕、毫无意义的。当我把这种论证与经验科学或语言逻辑分析中的研究和讨论做对比时,我往往被所用概念的含混性以及论证结论的不确定性给惊到了。对于这种争论我很是沮丧,因为反对者之间也是鸡同鸭讲;没有一个共同的标准去裁定这些争论,所以,这里似乎看不到任何互相理解的可能,更不要说什么意见一致。(1966b, 44–45)

卡尔纳普希望为哲学辩论引入更清晰、更精确的标准,从而避免各种不确定的争论。但我们如何才能精确地做到这一点呢?

在第一章我们考虑了卡尔纳普在《构造》一书中的计划,并且注意到,他试图提供一个构造系统,使之允许我们可以从某些基本概念中逐步推导出所有概念,而且,这种方式可以为每一个经验观察者所共享。在《结构》一书中,卡尔纳普纲领的一个中心原则是他假定有一个独一无二的逻辑。就像弗雷格、罗素以及维特根斯坦一样,卡尔纳普在其早期著作中假设了逻辑的普遍性——这一想法来自罗素和怀特海的《数学原理》(*Principia Mathematica* 1997)。根据这一想法,我们对科学、数学或哲学做出的理性思考均隐含着上述这种单一的逻辑。

1930 年,卡尔纳普的这一信念受到他的学生库特·哥德尔(1906–1978)的严重打击。那一年,卡尔纳普参加了柯尼斯堡会议,会上,哥德尔首次宣布他发现了著名的不完备性定理(incompleteness theorems)。在第一章我们看到,弗雷格、罗素这样的哲学家试图从基本的"逻辑"定律、公理以及一些附加定义出发构造出整个算术系统。哥德尔表明任何一个一致的形式系统都能完全充分地表述普通算术系统,但是现在却存在一个被称做哥德尔句子的东西,它在标准算术系统中是真的,但是在系统中却无法得到证明。[①] 对于任意一个给定的形式系统 S,其中有某个句子 G 是真的,但是这一点以及对它的否定都不能在系统中得到证明。此外,即便我们将 G 语句作为一条公理加入到 S 中从而获得一个新的系统 S′,这个新系统依然不能回避不完备性。[②] 因为,虽然 G 在新系统中是可证的,但是根据哥德尔证明,存在另外一个句子 G′,它是真的但在 S′ 中不可证。因此,任何一个一致的形式系统都不足以表达普通算术系统,使得每一个真的算术公式都能从这个系统中推导出来。这就是哥德尔的发现,而卡尔纳普是几个最早获知这一结果的人之一。

哥德尔证明的意义对于卡尔纳普的哲学是无法估量的。任何一个一致的形式系统都无法导出所有为真的算术公式,哥德尔的结论削弱了卡尔纳普关于普遍逻辑的信念,对于强到能够表示标准算术的任一一致的形式系统,至少存在某些公式不能由给定的逻辑系统证明或否证。更为甚者,哥德尔的结论对多大范围的算数真理能被当做弗雷格和维也纳学圈意义上的分析的这一点提出了质疑。如果对于任意给定的一致的数字理论公理系统,不能完全从这个系统中推导出算数的真陈述,那么这个系统就不能完全描述数学。

卡尔纳普很快就意识到哥德尔不完备性定理要求《构造》中的哲学纲领做出重大修正。让卡尔纳普认识到《构造》计划不能如原初设想的那样展开工作还有第二个原因。起初,卡尔纳普相信,《构

[①] 见 Gödel(1967)原始文本的英文翻译。在对哥德尔结论及其相关结论的讨论过程中,我们不打算动用那些复杂的术语,尽管用它们表述起来更为准确。我们将着眼于数理逻辑上的这些结论(例如,哥德尔结论和卡尔纳普对这些结论的发展)之间的关联,而不是有关这些结论本身的技术细节。这些结论的公式化表达有很多版本,从直觉的、非形式化的表达到高度形式化的表达都有。参见 Nagel 和 Newman(2001),或者读者也可参见 Franzen(2005)给出的一个较为精致复杂、非技术性的概述。

[②] 将 G 的否定式加入到一致的 S 中也可产生一个一致的理论,尽管由此产生出来的理论就标准算术而言并不为真。Beth(1963)就卡尔纳普在这方面的看法提出了一些有意思的难题。

造》一书的建构计划要能够完全施行,就必须把经验心理学中的一些结果整合进来,这样就可以确立整个构造的基本元素,也就是把《构造》一书中的逻辑建构与人类经验的事实联系到一起(1967,190)。① 但是这里有一个问题。一方面,卡尔纳普宣称,《构造》中所建构的概念系统能够展示科学的客观性依赖于主观经验的"个体心理学",而与此同时,他又借助经验心理学的一些成果去构造这个系统。这就使得《构造》一书的核心部分陷入了恶性循环的危险。卡尔纳普既想论证客观的经验科学如何成为可能,又想在这个论证中援引经验科学的诸多发现。多年之后,蒯因表达了《构造》的建构计划面临的问题:

> 但是,我们为什么会对所有这种创造性的重构计划信以为真呢?究其根本,感官接受器所受到的刺激是一个人获得关于世界图像的全部证据。为什么不看看这种建构实际上是如何进行的呢?为什么不停留在心理学上呢?把认识论重担交给心理学的这种投降行为在早些年就被认为是循环推理而遭到拒斥。如果认识论者的目标是要确立经验科学的基础,那么他动用心理学或者其他经验科学作为基础就是搬起石头砸自己的脚。(Quine 1969a, 75-76)②

尽管蒯因在1968年写下了这段评论,对经验心理学和《构造》

---

① 卡尔纳普认为格式塔心理学(Gestalt psychology)有望提供这些基础元素,参见 Carnap(1937, 62, 108)。几十年后,卡尔纳普再次重申了经验结果在《构造》一书的公式化体系中所扮演的角色,见 Carnap(1963b, pp. 16-17)。

② 在第1章我们注意到,卡尔纳普的《构造》还另有一种解读,据其所言,《构造》一书并不想在"自我心理"的领域中寻找知识,而是试图在"主体间性化"(intersubjectivizing)的过程中寻找知识,或者说,它力图表明客观如何来自主观。但是,即便就此解读而言,这里仍然存在着某种循环问题。关于这一点的讨论可参见 Richardson(1998, 189f.)。

计划之间的关系很是关切,但实际上,维也纳学圈尤其是纽拉特(1983)在1920年代末期就已经批评了卡尔纳普的这种观念。① 我们将在第3章、第5章继续考察这一论题。

2.2.1 作为逻辑句法的哲学

为了回应哥德尔和纽拉特的挑战,在1930年代初期,卡尔纳普对《构造》的哲学纲领做出了重要的修改。这种修改将较少"涉及心理学问题"(Carnap 1937, 278),与此同时,它也对哥德尔不完备性定理做出了回应。新哲学出现在1934年卡尔纳普的新书《语言的逻辑句法》中(以下简称《句法》),这种新方法奠定了他随后哲学生涯的基调。

《句法》一书开门见山地展示了卡尔纳普哲学中最为极端的变化。我们注意到在其早期著作中,卡尔纳普曾假设了一种单一的、普遍的逻辑。而在《句法》一书中,该观点发生了变化。现在,卡尔纳普提出了著名的"宽容原则"(Principle of Tolerance):

> 逻辑与道德无关。人人都可以自由地建立起自己的逻辑。例如,他自己乐意看到的语言形式系统。如果他愿意讨论这个系统,那么他必须将他的方法陈述清楚并给出句法规则,而不是给出哲学论证。(1936,52)

这是一个巨大的变化。如果逻辑无关"道德",那么,是否存在某个单一的、正确的逻辑就大有疑问。根本就不存在关乎逻辑的"事实",因此,我们也不可能由此产生分歧,或者根据这个事实来裁

---

① 我们可以在Carnap(1987, 1995)看到卡尔纳普和纽拉特之间论战产生的影响。在这些写于1930年代的文章中,卡尔纳普绕开了经验心理学。他换掉了这种主体经验的"材料模式"(material mode)特征,转而将言语的"形式模式"(formal mode)用于他现在称作"记录语句"的东西。

定分歧。

那么,"建立起"某人自己的逻辑意味着什么呢？哲学家在一开始如何就产生了关于逻辑的分歧？事实上,关于逻辑一直存有争议,到1930年代卡尔纳普已经认识到了这一点。

卡尔纳普想要解决直觉主义者和其他的数学哲学家,如逻辑主义者或形式主义者之间的争议。直觉主义是数学家布劳威尔(L. E. J. Brouwer)建立起来的学派。布劳威尔受康德影响,认为数学知识是我们的心灵通过对时间的直观所获得的东西。作为心灵的产物,数学真理并不为任何独立于心灵领域的数学对象或事实所决定。因此,布劳威尔认为,一个数学命题为真仅当心灵在构造它的时候感受到它的真理性。这个形而上学宣称对于逻辑来说有着重要的意义。它让布劳威尔拒斥了排中律:对于任何命题 p,要么 p 为真,要么其否定为真(即,p ∨ ～p)。布劳威尔认为一些悬而未决的数学问题,如哥德巴赫猜想(每一个大于 2 的偶数都可以表示为两个素数之和),除非已经得到证明,否则没有真值。既然在证明被构造出来之前,哥德巴赫猜想既不是真的,也不是假的,那么排中律就是错误的,这对许多尚待解决的数学问题来说都是如此。因此逻辑要拒斥排中律,直觉主义者将自己的任务设定为在运用逻辑和数学时回避排中律。

与直觉主义相反,有两种关于数学和逻辑的竞争性观点:弗雷格和罗素的逻辑主义(卡尔纳普一开始也接受这种立场);大卫·希尔伯特著作中隐含的形式主义。这两种立场都接受包含有排中律的"经典逻辑"。每一个立场都有自己的哲学动机。对于弗雷格的逻辑主义来说,我们在第一章中看到了他的哲学动机,他是为了消解康德先天综合判断对数学的解释;①对于希尔伯特的形式主义来

---

① 无论如何,这里罗素确实不曾分享弗雷格的逻辑主义态度。对罗素而言,逻辑主义似乎意味着逻辑和数学都是先天综合的。见 Russell(1937,457)。

说,他的动机来自认识论焦虑,即数学系统最终可能会有不一致性(这与罗素在弗雷格著作中发现的困难类似)。这种焦虑驱使希尔伯特把基本的算术系统仅仅看做是符号操作,也就是说,"逻辑外的具体对象(的操作)在直观上呈现为先于所有思想的直接经验"。(Hilbert 1927, 464)。

令人印象深刻,或让人沮丧的是这样一个事实:"就哪一种方法是正确的,数究竟是什么而论,存在着无休止的、徒劳无用的争论。"(Carnap 1937, 300)因此,卡尔纳普提议:让聚讼各方都构造一个他们偏爱的语言系统(其中包含所需的数学与逻辑),这就要求他们对各自的方法予以清楚的描述。在澄清过程中,我们不再乞援于过去引起争议的所谓的直觉或其他证据。相反,被算作证据的是在一个系统内可以将其用形式化的语言清楚明细地刻画出来。也就是,我们所使用的语言应当归在何种条件之下,在那里使用某个特定的符号是可辩护的(比如逻辑符号"或",或一个可观察的谓词"红色的"),以及如何在其中进行推导。

因此,卡尔纳普建议应用弗雷格、罗素、希尔伯特以及其他逻辑学家的逻辑革新去构造形式语言,此种语言包含形成句子的定义规则,句子之间的推导规则,据此可以澄清直觉主义者、逻辑主义者和形式主义者之间的争论。他认为这样的语言可以帮助我们终止无休止的哲学争论,而代之以对我们构造出来的语言的清晰详述,每一种语言都会被评估,看看是否达到了语言发明者心目中的"实用"目的:(我们将在2.4节讨论这些内容)

> 逻辑句法的目标是提供一个概念系统(即一种语言),借助这种系统我们可以精确地表述逻辑分析的结果。通过对科学陈述和概念的逻辑分析,科学的逻辑取代了哲学。(1937, xii)

上述哲学观念对哲学探索的目标做出了完全崭新的定位。卡尔纳普并没有把追寻真理的目标设想为构造出某种超验语言,他也不会为科学提供一个主体或主体间性的经验作为"基础"。相反,他持有一种相当温和、相对于语言的真理观。根据他的新观点,当我们说一个陈述是真的或是受到辩护的,就是满足了语言 L(精确详述的理想语言)中的断定条件或辩护条件。

2.2.2 逻辑语言和描述语言

不过,我们还需要解释上述观念如何对《构造》中所面临的问题做出了回应。就其自身而言,宽容原则并没有为下面这些问题给出答案:

1. 哥德尔发现任何算术形式系统都是不完备的。
2. 语言的形式重构与经验之间的关联问题,该问题引发蒯因和纽拉特对《构造》的批评。

事实表明,对这两个问题的解决都牵涉我们该如何考虑分析性这一概念。

我们将从哥德尔不完备性问题开始。我们注意到哥德尔的结论,在一个给定公理和规则的一致系统中,如果它足以证明基本的算术定理(例如,皮亚诺的算术公理系统),那么,这个系统就是不完备的。因为在这个系统中存在某些句子它既不能被证明也不能被否证。在《句法》中,卡尔纳普发现了一个办法,它似乎能规避这一结果。

我们发现在《构造》中,卡尔纳普将自己限制在罗素和怀特海的《数学原理》所隐含的普遍逻辑观念之下。因此,卡尔纳普就未能区分关于逻辑系统的陈述和在系统之中的陈述。每一个逻辑陈述都是"这个"逻辑系统中的一部分。在 1930 年代早期,卡尔纳普频繁与哥德尔和波兰逻辑学家塔尔斯基(1901 - 1983)交流,此后,卡尔纳普声称,他们以及希尔伯特的著作让他看到了用"元理论"代替罗素的逻辑概念的可能性(1963b,52)。换句话说,他开始意识到他可以在某个陈述所表达的公式和关于某个公式的陈述之间做出区分。例如,某个形式规则(MLR)"语言 II 中的某个表达是描述性的当且仅当 φ"(比如说,这里的 φ 是一组用英语表达的条件),它本身不是关于对象语言(这里的语言 II)的陈述。因此像 MLR 这样的陈述有着独特的地位。它是一个元语言规则,规定了什么可以被当做对象语言中的描述性表达。它利用元语言(本例中的英语)中的资源来指定一些可以用于对象语言之上的条件。这个区分对于现代逻辑学的学生来说并不陌生,但它让卡尔纳普在构造其语言时更为精确并极富表达力,如其所见:

> 我强调了作为哲学研究对象的语言,我称之为"对象语言",和描述对象语言的理论语言之间的区分,后者我称之为"元语言"……鉴于希尔伯特试图将他的元数学仅仅用于证明在对象语言中所表述的数学系统的一致性,所以,我将在《逻辑句法》中致力于建构一种具有语言学形式的一般性理论。(Carnap 1963, 54)

卡尔纳普用元语言(ML)和对象语言(OL)之分来回应哥德尔的不完备性定理。哥德尔的结论告诉我们,由于一些限制,我们永远不能获得基本数论的完备公理集。但假设我们将包含不完备公理集的语言系统作为我们的对象语言 OL,继而用元语言去表述对象语言,以此获得我们所需要的完备性。例如,"G"代表 OL 系统中一些为真但是不可证的哥德尔语句,为了"证明""G",我们可以用元语言的资源去强化它,如果有必要的话,还可以增加一些新的公理。诚然,哥德尔定理确保在 ML 中存在一些新的陈述 G′ 为真但是不可证(假设 ML 存在同样的限制)。但是如果需要的话,我们可以求助于更高一层的元语言——元元语言——在元元语言中我们可以使 ML"完备"。如此类推以至无穷(ad infinitum)。①②

在《句法》中,卡尔纳普基本上使用这种方法建构他的第二种语言系统"语言 II"。但他做出了让步,即,"每一个数学陈述都可以被表述,但是数学不能完全为一个系统所表述;它要求更为丰富的语言系统的无穷系列"(1937,222)。换句话说,任何一个单一的语言系统 L 都不能够保证我们从中推导出所有数学真理。但我们仍然可以凭借一个有限的规则集通过有限步推导来表述任何给定的对象语言。因此,虽然哥德尔结论保证了任何给定的对象语言系统仍然在形式上是不完备的,但卡尔纳普的方法还是可以用来解决形式主义者、直觉主义者和逻辑主义者在数学哲学中的争议,他们可以选择自己偏爱的语言和逻辑,从而规避哥德尔的不完备性所导致的对于以一种形式化的精确方式把捉数学本质的绝望。我们必须承认,我们无法用一个单一的语言甚或一个有限的"语言"递归序列来描述所有数学。

---

① 卡尔纳普建议在其语言 I 中采用另一方法来回避哥德尔的结论。如果逻辑无关"道德",即没有什么东西能够阻止逻辑来自于"外在于"它的东西,那我们为什么不接受有着无穷多前提和步骤的证明呢? 他为语言 I 设置了一个推理规则(今天多称之为"Ω 规则"),该规则允许从陈述的无穷集中推出陈述(1937, 37 – 8)。但是,采用一个无穷 Ω 规则得不偿失。毕竟,没人知道一个有着无穷多步骤或无穷多前提的证明会是什么样的。像希尔伯特这样的形式主义者几乎肯定会拒斥任何 Ω 规则:正如我们所见,希尔伯特计划的基石是要将我们限制于那些"先于任何思想而在直觉上呈现为直接经验"的数学对象上。而像布劳威尔这样的直觉主义者原本也会拒绝这一规则:任何人类心智都无法"构造出"Ω 规则所要求的那种有着无穷多前提或步骤的证明。倘若卡尔纳普确实意在用其语言 I 帮助哲学家解决他们的哲学纷争,那么,像他那样动用一个通用的形式化语言似乎并不是一个好的出发点。

② 贯彻卡尔纳普的建议面临着一些困难。除非某个递归可枚举的语言序列在极限情况下可以产生所有的算术真理,但我们没有这样一种东西,因此,卡尔纳普诉诸元语言这一做法既没有清楚地规避不完备性,也没有为分析真理带来一个完整的解释。这只是我们留意到困难之一。在我们讨论的大部分时间里,我们将只是假定:在卡尔纳普通过某个元语言的无穷序列为分析真理提供一个完整理论的时候,他认为他为"不完备性问题"给出了一个方法。

卡尔纳普在《句法》中对语言做如此理解:语言中的一部分是由逻辑规则或者"L规则"组成,这些规则详述了哪些陈述可以从另外一些陈述中推导出来。当他谈到"系统"或"语言"时,他并没有区分演绎规则、公理和语言的其他部分,比如它的语义规则,这在当代逻辑学中很常见。今天的逻辑学家通常会区分"语义为真"的陈述和"句法"陈述,前者指某个语言中的一些陈述,其真值仅仅依赖于该语言的语义规则;而后者指可以从该语言中的某个给定的演绎系统的公理中推导而来的陈述。用更为当代的术语来说,哥德尔证明可做如下表达:存在一些数学陈述是"真的但是不可证"——根据某个给定语言的语义规则,总是存在一些真陈述,它们不能从给定的递归演绎系统中推导出来;在系统中可推导的意义上,它们并不"在句法上"为真。因此,当代逻辑学家和哲学家不大可能像卡尔纳普那样谈论数学不能为"一个系统所完全描述"。但是以卡尔纳普在《句法》中的观点来看,"语义为真"和"句法可推导"之间并非泾渭分明,所以他这么做是有意义的。后来,卡尔纳普也承认他的"句法"方法已经包含在他后期所谓的语义学之中(Carnap 1942, 247)。①

《句法》对元语言资源的运用是为了刻画对象语言的性质,这一点对卡尔纳普随后的工作以及他和蒯因之间的论辩尤其重要。借此卡尔纳普给出了第二个关于逻辑真理或"L真理"的宽泛定义,同时他还将同义性视作"分析性"(1937, 182)。直观上,卡尔纳普想抓住的是维也纳学圈的这一观点:"无论经验事实如何,一个分析语句是绝对为真的。因此,分析语句对于事实无所述说"而"综合语句是关于实在的真实陈述"(41)。与维也纳学圈的观点相合,卡尔纳普想将数学真理包含到分析真理中来。在《句法》一书中,他为"分

---

① 正如评论人士随后强调的那样,卡尔纳普在刻画语言 II 中后承之间的关系时所用的《句法》方法实际上是语义方法,它徒有其名。(参见 Coffa 1987, 1991; Ricketts 1996; Creath 1991)。

析性"给出了三种定义:语言 I 的、语言 II 的,以及一般定义(参见 39,110,182)。为了充分体现"无论经验事实如何"分析语句绝对为真这一想法,卡尔纳普对分析真理所做的定义具有不求助任何特定前提就为真的特征。换言之,它们是前提为空集的后承。

为了得到分析真理就是前提为空集的后承这个结果,卡尔纳普不得不把语言 II 中的一些陈述作为分析陈述,使其本质上可以指涉语言 II 的元语言(1937,113;参见 219)。① 这便是哥德尔不完备性定理的一个直接后果。出于这个原因,如果"T 是有效的"是 T 所在元语言中的一个逻辑真理,那么对象语言中的数学真理 T 就可以仅仅被规定为是分析的。据此,卡尔纳普不得不区分在对象语言中是可证的和在对象语言中被确定的。一个陈述在对象语言中是可证的仅当我们能从对象语言的基本公理和规则中推导出这个陈述(99f)。既然哥德尔定理不允许我们说所有陈述在对象语言中都是可证的,那么"根据语言规则为真"这一概念(数学陈述应该属于此类),就要求比可证性更强的东西——确定性。确定陈述(determinate statement)要么是可证的,要么"在比语言 II 更丰富的语言所表述的句法系统中可证"(133)。简单来说,卡尔纳普认为所有的确定陈述都是分析的。②

有了分析性这一概念,卡尔纳普就获得了他想要的东西,即"对通常所谓的'逻辑上有效的'或者'根据逻辑为真'有了一个精确的

---

① 例如,在刻画"$(x)(\exists y)(x+1=y)$"这一语句的分析性时,卡尔纳普曾采用了一种元语言证明法:给定"+"的定义,任何"x"的值都将产生出一个"y"值,因此该语句是分析的(参见 1937,107)。Coffa(1987,554-7)特别强调了这一点。

② 在不存在"描述性谓词"的语言中反过来也成立。这里,我们简化了相关阐述。而在《句法》一书中,卡尔纳普是根据"分析的"来定义"(L)确定的",接着,通过"后承"来定义"分析的",最后他承认,后承这一概念超出了它所能证明的东西(133)。我们还应注意,卡尔纳普并不认为"分析的"与"确定的"对于所有的语言来说都是同一的,因为"P 规则"的引入可以允许分析性这一概念的外延超出确定性(173)。我们马上来讨论这一点。

理解"(41)。换句话说,卡尔纳普为以下区分给出了一个形式上的刻画:仅仅根据语言系统之规则为真的陈述和根据独立于逻辑系统的实在为真的陈述。至于那些关于独立自在的实在的报告则由综合语句给出(41)。然而卡尔纳普认为,一旦为对象语言给出一个无限层级的元语言,那么分析陈述现在也可以包含对象语言中的所有算术语句。

2.2.3 物理语言

卡尔纳普所建议的构造语言取代了哲学争论,作为一个相当"精简的"推导系统,这个系统与我们在逻辑学导论课上学习的谓词逻辑系统很相似,但还需要加上一些公理以便获得基本的算术定理和推导关系(某种"后承关系"),这样才足以产生确定性。在上面提到的形式主义者、直觉主义者和逻辑主义者之间的争论中,这种办法可以以一种更为精确的方式将他们之间的分歧置入同一架构,并有望使之得到解决。据此,他们可能会发觉他们之间仅仅是"语词之争",其中牵涉对语言含混、不精确的使用,而一个更为精确详述的语言则可以消除这种争论——至少卡尔纳普是这么认为的。但是还有什么样的哲学论争可能牵涉经验科学的语言之中来?例如,科学史中就充斥着各种似是而非的"形而上学"争论:比如空间是不是一种实体,或者一些不可见的对象如重力场、以太是否存在。更一般地说,为了从事经验科学的研究我们是不是一定要接受关于外部世界的实在论(参见 Carnap 1963b,46)。卡尔纳普想把这些哲学争论带进精确详述的语言的视野之中。但如果这样的话,语言就膨胀了。它们就必须包含一些"描述性"表达,例如"红色的"或"大量的"。卡尔纳普意识到,一旦将其整合到一种具有"物理规则"或者"P 规则"的语言中,这种语言就能约束包含描述性表达的语句。而在他的例子中,语言 I 和语言 II 仅仅限制于逻辑转换规则,他认为:

无论如何,我们可以建构一个具有逻辑之外(extra-logical)转换规则的语言。首先要做的事情便是使这种语言自身包含着所谓自然律的原始语句,例如物理学中的普遍语句。(1937,180)

这里,卡尔纳普想用一种语言对一个已有的经验理论,例如气体的分子动力学理论,予以公理化。一旦接受了宽容原则,那么对于这一进路就不会存在任何反驳。因为他认为这仅仅是关于有多少个 P 规则的一个约定。与 L 规则会产生对 L 有效的语句一样,一个带有 P 规则的语言将拥有对 P 有效的陈述:这些陈述是 P 规则的后承。① 例如,这个陈述:

(S)"在容量为 5000 cc. 的试管 b 中,有 2 克的氢气处在某一压强之下"。

该语句可能有一个 P 后承:

(C)"在试管 b 中有 2 克氢气处在某一温度下"。

此处,我们假定某些 P 规则(例如,理想气体定律)约束着温度和压强之间的关系(185)。与一些经验前提相结合,P 规则便会具有可观察的经验后承,这些经验后承,如卡尔纳普所见,会得到证实(be tested)(317)。

P 规则的引入极大地扩张了卡尔纳普所建议的语言的使用范围。他认为这样的语言在原则上就可以被用来解决那些似是而非的哲学争论(cf. 1937,178)。P 规则的引入将使卡尔纳普面临三个重要的论题,这些论题对稍后有关分析性的论争意义重大。

---

① 这里有必要提醒读者们注意,在《句法》一书中,卡尔纳普并不视 P 规则和 P 后承是分析的。分析陈述仅限于 L 有效的语句,也就是说,这种语言要么仅仅是逻辑表达式(见《句法》一书的第 50 节),要么是那种经描述性符号替代了原始描述性符号所获得的有效语句。

第一个论题关注下述可能性。假设 C 这样的陈述从包含着 P 规则的系统中推导出来,而且 C 做了一个经验性的断定,该断定可以为真或不真,也可能被证实(be verified)。如果观察到 C 是错误的该怎么办呢?卡尔纳普考虑了这样的可能性,他写道:

> 如果一个语句是某些原始 P 语句[P 规则]的一个 L 后承,而该语句与记录语句[观察报告]矛盾,那么这个系统必须做出某些调整。例如,P 规则可以以某种方式调整这些特定的原始语句,使之不再有效;或者我们将记录语句视作无效的;或者改变用在演绎过程中的 L 规则。没有板上钉钉的规则要求必须改哪一个。(1937,317)

考虑一下与卡尔纳普案例相似的气体定律。我们有一个律则陈述 P(law-statement P),我们可以假设它就是 P 规则,以及 O_1-O_5 观察报告:

P:在温度恒定的条件下,气体的压强与其体积成反比。
O_1:气体的初始体积是 5000 cc.
O_2:气体的初始大气压是一个大气压。
O_3:压强增加到两个大气压。
O_4:气体的温度恒定不变。
O_5:所有测量 O1-O4 的设备工作状态良好。
我们运用推导规则 L 从上述前提中得到一个经验性假设 H:
/∴ H:我们将观察到,气体的体积缩小至 2500 cc.

H 是上述前提的后承。假设我们通过实验验证 H,发现它是错的(比如,气体体积只有 2300 cc.)。我们该怎么办?在这种情况下,我们仅仅知道这些前提当中至少有一个是错的。但是,我们不知道是哪一个(或哪几个)前提,因为已有的证据不足以说明我们接下来应该做出什么样的推导。从卡尔纳普"宽容"的视角出发,我们似乎有一个选择。我们可以拒斥 P 规则，从而"挽救"观察陈述。同样，我们也可以"挽救"P 规则，而拒斥其中的一个或多个 O 陈述。也许我们在某处做了一个错误的观察，这总是可能的。最后，我们甚至可以接受所有的前提，而拒斥整个逻辑，也就是说，拒斥让我们做出推导的整个系统。与他的宽容原则一致，卡尔纳普没有看到任何独立于我们该如何行为的约定。与我们做出的约定选择（conventional choice）无关，没有什么能强迫我们接受或拒斥某个特定的规则。如卡尔纳普所言：

> 在严格意义上，并不存在对某个假设的拒斥（证伪）；因为，即便当该假设被证明与某些记录语句是 L 不相容的时候，也总是存在这样的可能性：要么我们坚持接受该假设，要么放弃承认记录语句。就此而论，在严格意义上，也并不存在对某个假设做出一个彻底的确证（verification）。（1937，317）。

我们已经看到，在面对不利证据时，我们如何去接受一个预定的假设。卡尔纳普在此有相反的说明：即便观察证据 E 看起来支持一个假设，就像在这个例子中我们确实观察到了 E，其假设仍然可以被拒斥。理由很简单：任何经验结果都不能够蕴含已有的假设是正确的还是错误的。它们至多能提供更强的归纳理由支持或者反对这个假设（318）。

上述考虑让卡尔纳普得出两个更为重要的论题：其一来自皮埃尔·迪昂（Pierre Duhem）和亨利·庞加莱（Henri Poincaré）——经验命题从来不会被孤立地检验，而只能在假设系统中得到检验：

> 一般来说，不可能检验一个单一的假设语句。不可能有作为记录语句的 L 后承适合这种类型的单一语句；因此，为了让演绎语句具有记录语句的形态，必须使用假设。从根本上来

讲,这种检验不用于单一的假设,而是用于作为假设系统的物理学系统。

(Duhem,Poincaré;1937,318 强调为卡尔纳普所加)

在前述例子中,我们可以发现一个简化的版本。结论 H 并不能仅仅从 P – O5 这些前提的任何子集推出。我们需要全部前提才能获得 H。此外,P 和其他观察语句都依赖于其他的物理学语句。例如气体、压强以及大气压这些概念都是有理论负载的(theory - laden);它们的内容由包含其他 P 规则的陈述来确定。同样,实验中用到的仪器也是要根据其他物理理论陈述来建构。如果我们想要的话,我们可以在前述论证中详细地表述这些陈述,例如,增加前提来解释什么是压强。如果我们这么做了,那么任何陈述都能在原则上被拒斥,即便预测陈述 H 被证伪。在这个意义上,它们全部都是"假设",如卡尔纳普所见,当我们"检验"H 时,我们也间接地检验了这些前提陈述。

卡尔纳普的最后论题就是上述论题的一个结果。如果我们假定任何带有 P 规则的某些语言陈述都能因为与观察不符而被修改,而且经验验证只能应用于物理理论这一整个系统,那么,在面对经验证据时,是否存在任何不能被修改(或消除)的带有 P 规则的语言陈述?卡尔纳普认为没有,他相信物理语言中不同类型的陈述——L 规则和它的后承、P 规则和它的后承以及观察陈述——之间的区分仅仅是我们持有它们程度上的不同:

任何物理语言的规则都不是决定性的;作为权宜之计,所有规则都可以暂作保留,也都可以发生改变。无论对 P 规则还是 L 规则均是如此,同样,数学规则也不例外。就此而论,差异仅仅是程度上的:有一些规则比其他规则更难放弃。(318)

这种观点出自卡尔纳普之口可能会惊到许多哲学家,特别是因为它与二十年后蒯因的观点颇多相似。但我们真不应该感到惊奇,因为卡尔纳普相信这种观点与其宽容原则是相容的。如果我们可以"自由地建立起我们自己的逻辑",那我们怎么还是被迫去接受一个真陈述呢?既然没有什么东西能强迫我们,那么,语言的规则陈述以及由该语言产生的观察陈述都可以因为经验或方法论上的考虑而被修改(320)。

总而言之,卡尔纳普关于物理语言的考虑将我们带向如下三个论题:

1. 任何物理语言中的陈述都不是永远严格确证的或者拒斥的;对于该语言,通过合适的改变,任何陈述都可以被保留或被放弃。

2. 任何假设都不能被孤立验证;经验验证只适用于整个假设系统。

3. 诸如 L 规则、P 规则以及观察报告这些陈述之间的差异仅仅在于我们待之以真的程度。任何陈述都可以被修改、被拒斥以适应经验或方法论上的考虑。

我们将在后续章节回到这三个论题上来,因为它们组成了蒯因反对卡尔纳普分析性概念的重要前提。简单来说,它们给分析性造成这样一个难题:在分析真理和综合真理之间是否存在一种认识论上的差别。卡尔纳普认为这里有差别,这种认识论上的差别可以用来区分分析陈述(这些陈述是可能语言的规则和这种规则的确定后承)和综合陈述(其真假依赖于"语言之外"的事实)。我们可以引入分析陈述和综合陈述,并对其辩护采用不同的方法。但是对物理语言的关注削弱了两者之间的差异,结果,这种差异变成了仅仅是待之以真程度上的差异。在下一章中我们将看到,蒯因会或多或少地利用这一点来反驳卡尔纳普所设想的那种分析性。同时,我们还需要根据 P 规则更加细致地阐述分析性这一概念。

2.2.4 《句法》中的分析性

首先,让我们回顾一下在不带 P 规则的语言中的分析性概念(如上所述,这种语言包含描述性表达)。在《句法》一书中,卡尔纳普宣称,即便我们考虑如下事实:

> 所有逻辑、数学词项之间的联系都独立于语言之外的事实,比如说,经验观察必须完全为语言的转换规则所确定,我们还是会发现形式上可表达的、特定的逻辑符号和表达式构成了这样一个事实,即,每一个完全由这些逻辑符号和表达式构成的语句是被确定的。(1937, 177)。

我们知道,哥德尔不完备性的结果要求卡尔纳普区分在给定对象语言中的可证陈述(即,我们能从该 OL 的基本公理和规则中推导出的东西)和在该语言中的确定陈述(即,只有通过更为丰富的元语言中的后承陈述才能得到充分刻画的东西)。说得再具体一些,一个语句是确定的当且仅当它要么是某个空的前提集(L 有效)的后承,要么该空集中的每一个陈述都是一个后承陈述(174)。这里,我们应该在卡尔纳普所谓的"强"意义上来理解"后承",即,如果" 'S'→S' 为真",那么 S 是 S' 在 ML 中可推出的一个后承(172-173)。如我们所见,更强或更为宽容的后承概念(以及由它产生的确定语句)允许卡尔纳普"根据语言规则为真"这一想法来刻画分析性或者 L 真理,从而规避掉哥德尔的诘难。卡尔纳普将根据规则为真这一想法付诸哲学研究,对此我们将在下文中予以阐释。但首先让我们考虑卡尔纳普如何将分析性概念扩展到带有 P 规则的语言之中。

在《句法》中,卡尔纳普假设我们被给予了一个既带有 L 规则又带有 P 规则的物理语言。他想要确保这两个规则集的后承是可区分的,因此,他希望借分析性这一概念实现这种区分。卡尔纳普为什么想区分这两种规则呢?答案就在上节引文中。卡尔纳普认为逻辑具有一种"独特性",这种独特性使它能够独立于"语言之外的因素"被确定。而要在形式上实现这种想法,就必须将一个确定语句视作空语句集的一个后承(或者将所有语句视作后承语句)。卡尔纳普似乎认为,有一些陈述最终出现在可检测假设中(P 规则),而另一些(通常)不会出现于其中(L 规则),这二者之间存在重大差别。

因此,除了给出不带 P 规则的语言中的分析真理的定义(就像语言 I 和语言 II),卡尔纳普还想给出一个关于分析真理或 L 真理的一般性说明。但是,他不得不给出区分这些真陈述的一般性方法,因为 L 规则和 P 规则都能产生有效的陈述,这些陈述中有的仅仅根据规则为真,而有的陈述与此相反。例如,在某一语言中包含"经典"逻辑律则,L 规则,陈述"~(p & ~p)"对 L 有效,其否定对 L 逆有效(L-contra-valid)。如果这一语言也包含公理化的气体分子动力学理论,那么,该语言也就会包含 P 有效陈述(P-validities)和逆有效陈述(contra-validities),例如,P 有效陈述:"某种气体的体积变化正比于其温度的变化"(该陈述的否定陈述将会是一个 P 逆有效陈述)。

在他对"分析性"做出的这一一般性刻画当中,卡尔纳普并没有预设我们接受了 L 有效、P 有效以及逆有效陈述之间的区别。相反,他假设,要不是我们被给予一种语言,要不是我们能够找出该语言中的所有确定陈述的集合,那么,我们就非得动用强后承概念来回避哥德尔不完备性定理带来的限制(1937,177-178)。这个集合将包含所有的 L 有效陈述、P 有效陈述以及逆有效陈述,但就其本身而论,该集合并不必然有此区分。接下来,卡尔纳普提议对语言中的逻辑词汇和描述性词汇做出区分。他假设任何语言当中都有一些"原始"符号,这里,"原始"意味着它们是非复合的。举例来说,符号"&"和"温度"就可以在我们设想的某种语言中是原始的。原始逻辑词汇集将成为这类符号的最大符号集,而每一个陈述都可以从这个集合中单独地推导出来,它们是确定的。例如,如果我们发现"p & ~p"是确定的(因为该陈述逆有效),那么这一发现就会使{p, &, ~}成为逻辑词汇集中的候选子集。① 根据卡尔纳普的专门用法,任何不满足上述要求的原始词汇都是描述性的。

借逻辑词汇和描述词汇之分,卡尔纳普给出了"分析性"的一般定义。一个分析陈述之为有效,在于它是其语言中空前提集的后承,而且,它要么仅仅包含逻辑词汇,要么每一个语句都能通过把描述性符号置换成其他确定的描述性符号而从逻辑词汇集中推导出来。② 故而,逆有效语句是矛盾的,而不确定语句是综合的。③

在此,我们对这些想法做一次纵览。卡尔纳普认为语言包含描述性词汇和特殊的 P 规则,后者约束前者。他相信能够在包含 P 规则的语言中保留分析陈述和其他陈述之间的区分。为了在给定的对象语言中定义确定性,该区分需要元语言中的逻辑真理这一概

---

① 这也是一种简化了的说法。卡尔纳普的完整定义将逻辑词汇视作所有那些最大词汇集的交集,以便在其中所有可言说的东西都是确定的(1937, 177-178)。读者可参见 Creath(1996)关于这一观点的讨论。Creath 表示,卡尔纳普的这一提议面临着诸多严峻的问题。但就我们眼下的目的而言,重要的是:其一,对逻辑词汇的这么一种刻画在对"分析的"所进行的一种对所有语言都通用的刻画过程中扮演了什么样的角色;其二,卡尔纳普后来放弃这些观点带来了什么样的影响。

② 见 Carnap(1937, 181-182)。再说一次,"L有效的"(卡尔纳普在 182 页认为它同"分析的"是同义词)的实际定义要更加复杂。

③ 举个例子,如果"&"和"~"是逻辑表达式,那么"~(P & ~P)"这句就是分析的。如果"温度"是一个描述性表达式,那么"气体体积同其温度成比例地增加"就是综合语句,因为我们若用其他描述性表达式(比方说,"红色的")换掉这句中的"温度"一词,其结果就不是确定的了。请注意,有一些分析陈述确实含有"温度"一词或其他任何描述性词汇,比如"如果这一气体有温度,那么该气体就有温度"。但是,并不是所有包含"温度"一词的陈述都是分析的,这也正是该词为什么属于描述性词汇的原因(参见 1937, 180)。此外,无论一个特定的词汇是逻辑的还是描述性的,它都可随着语言规则的变化而发生改变(ibid., 178-179)。

念。毫无疑问,一旦有了这一概念,卡尔纳普似乎就找到了一种发现语言中分析语句的一般方法,①至少对于任何一种语言,我们都能找到哪些语句在其中是确定的。在这个意义上,"分析性"获得了一般性的语言说明。因此,卡尔纳普向我们呈现了他所期望的,对含糊的、前理论的"逻辑有效"或"根据逻辑为真"此类概念的一个"精确理解"。

在《句法》中,卡尔纳普很快就将此种分析性概念付诸应用。简略说来,卡尔纳普把"五不是事物,而是数"或"时间是连续的"这类句子称作"伪对象语句"(pseudo-object sentence),因为它们"看起来像是在(部分地或唯一地)指称对象,而实际上,它们指称句法形式,具体来讲,指称它们所处理的名称的形式"(1937, 285)。他提议用"准句法语句"(quasi-syntactic sentence)来代替这种语句:"'五'不是物事词(thing-word),而是数字词(number-word)"、"实数表达式用来定位时间"。这些语句不在谈论独立于语言的事物的性质,而是在谈论指称事物的表达式的句法性质(233f.)。

这种替换方案的细节还有很多②。但我们注意到,它依赖于对诸如"逻辑词汇"、"描述词汇"以及"分析性"的一般定义。特别是,对准句法语句的识别要求对"分析的"有一个一般定义,因为准句法语句由产生分析真理的 L 性质(L-properties)确定。③

在《句法》阶段,针对哲学上诸如事实、性质和指称等成问题的概念,卡尔纳普做出了不懈的努力。他认为这些概念会导致哲学上的无休聚讼。卡尔纳普深知,对大多数语句真假的判定都不可能仅仅求助于语言。对此他宣称,带有描述词项的语言(与纯粹的逻辑

---

① 我们不甚清楚卡尔纳普是不是本该为这一区分,即存在这类事实和存在某种找出或确立此类事实的方法腾出一些空间。
② 关于这些观点更为细致的讨论可参见 Ricketts(1996)和 Friedman(1999)。
③ 其精确过程非常之复杂。粗略地说,准句法语句必须和确定的 L 真理是等价的,而唯其拥有同样的后承之集合时它们才是等价的,参见(1937, 233-237),特别见卡尔纳普在 234、235 页给出的两个例子。

或数学相对照),"其真假并不属于句法性质"(216)。在单是处理逻辑和数学表达式的语言中,一旦有了上文提到的无限层级的元语言,我们就能运用分析性(L 有效)和 L 逆有效来识别语句的真假。但是,在包含诸如"红"、"压强"等描述性词汇的语言中,存在着不能完全用语言规则来确定的语句。它们的真假将是经验事实的函数。结果就是,一般性的真假观念完全落在卡尔纳普所设想的句法范围之外。和语言 I、语言 II 不同,即使求助于元语言,卡尔纳普也并不想为包含描述性谓词的语言之真给出一个完全详述。虽则如此,《句法》还是提供了区分语言的描述性词汇和逻辑、数学词汇的一般方法。通过将给定语言分成逻辑词汇和描述性词汇,卡尔纳普认为我们能够正确地看到哪些描述性语句能够被句法语句(比如,所有的哲学语句)替代,而哪些不能(例如,科学观察报告)。

2.3 卡尔纳普的语义学转向

我们注意到,在《句法》一书中,卡尔纳普假设只有逻辑真理可以被阐释为可证的,可以对其进行卡尔纳普所追求的那种精确的哲学分析,而综合陈述就不行。1930 年代中期,塔尔斯基劝卡尔纳普放弃这种限制:

> 当塔尔斯基第一次告诉我他已经构造出真理定义时,我以为他想的是一个关于逻辑真理或可证性的句法定义。但他告诉我,他在通常的意义上使用真理,包括偶然的事实真理,我震惊了。由于我只是通过句法元语言来处理这个问题,我就非常好奇如何为"这个桌子是黑色的"这种简单语给出真值条件。塔尔斯基答道:"这很简单,语句'这张桌子是黑色的'为真当且仅当这张桌子是黑色的"。(Carnap 1963b, 60)

塔尔斯基的《真理的语义观》(1944)试图对一个真语句提出严格的定义。他的定义力求"抓住这个陈旧概念的实际意义",而这么做多少会让这个定义精确起来(341)。为了达到这一点,他引入了两个满足条件:形式上的正确性(formal correctness)以及实质上的充分性(material adequacy)。

形式正确性背后的直观想法是,一个定义不能是循环的。保证这一点的最简单做法是:对于我们将要定义的概念 C 以及一些定义项 ψ,我们要遵守这个限制——ψ 不包含概念 C。①

粗略地说,只有一个定义所选定的"陈旧概念"的意义是"实质上充分的",并只选定了这些东西,那么它才会是"实质上充分的"。对于真陈述的判定这种情况,"实质上充分"这一条件要求我们找到某个条件 φ,对于对象语言 L 中给定的某个语句 S,该条件等价于(344):

  S 为真当且仅当 φ。

塔尔斯基解释道,就其本身而言,一个实质上充分的条件并不组成关于真的定义(ibid.)。因为上述表达不像是一个定义,甚至根本不是一个语句,它仅仅是一个语句图式(sentence - schema)。还有,即便我们用具体的例子来代替该图式,例如,用一个特定的语句代替"S",用一个与具体语句性质同真且所辖范围相同的条件代

---

① 因此,形式上的正确性这一条件容许我们说:对于任何 x,C(x)成立当且仅当 ψ(x)成立,这里"C"并不出现在"ψ"中。在《真理的语义观》一书中,塔尔斯基用对象语言(其中的"真"是被定义的)和元语言(其中给定了对对象语言中的"真"之定义)之分表达了这一想法。下文中我们将讨论他为什么这么做,不过,正确性条件因此被表述为这样一种约束,即"元语言不[应该]包含任何未定义的词项,除了……那些对象语言中的词项;涉及对象语言中表达式之形式以及用于为这些表达式起名字的词项;逻辑词项。特别是我们想要的那种仅仅通过定义被引入到元语言当中的语义词项(其涉及对象语言)"(351)。

替"φ",它仍然不是一个定义,而仅仅是充分性这一条件的一个具体例示。它自身并不是一个定义,充分性条件为任何一个关于"真"的定义赋予了一个条件,据此,任何一个语言中关于真的恰当定义都应该蕴含上面的双条件式(biconditionals)(可以对"S"和"φ"进行合适的替代)。

塔尔斯基将"实质上充分"这一想法应用于关于"真"的定义,这一做法机智简单,并消除了很多疑虑:对于任何对象语言中的语句 S 所表达的句子,我们都可以将其翻译为元语言中的 φ。这就产生了塔尔斯基著名的"T 约定":要让对象语言 L 中关于真的定义在内容上是恰当的,那么它就得在 L 的元语言中产生了所有如下形式的双条件式:

"S"为真当且仅当 P。

这里,"P"是元语言中的一个语句,它能翻译任何对象语言中语句 S 所表达的句子,而"S"将是这些对象语言中的语句在元语言中的名称(1944, 344)。例如,让我们假设:(i)"这张桌子是黑色的"是对象语言 L 中的一个语句;(ii)我们可以给这个语句加上引号,在元语言中加以"命名";(iii)元语言中包含这个语句的翻译(即,对"这张桌子是黑色的"的翻译),一旦做出这些假设,那么我们可以应用 T 约定产生出元语言中的语句,从而给出对象语言中"这张桌子是黑色的"这一语句的真值条件:

(B)"这张桌子是黑色的"为真当且仅当这张桌子是黑色的。

值得注意的是,双条件式左侧被命名的对象语句并不等同于右侧元语言语句的翻译。① 塔尔斯基之所以引入这一限制,因为他相信,说谎者悖论迫使我们要严格区分元语言和对象语言。说谎者悖论一般由这种陈述产生:"这句话是假的。"如果该陈述为假,那这句话就如实报告了它的假,因此它是真的。而如果该陈述为真,那就真得报告了它的假,因此是假的。因此,无论该陈述的真假如何,都将导致明显的矛盾。为了在对象语言中回避因为真定义而引起的这种矛盾,塔尔斯基认为对象语言应该有所限制,它不能包含自身的真值谓词。这个谓词仅仅出现在本质上丰富的元语言中,它可以形成实质上充分的真值条件,如(B)那样(351)。对象语言不能陈述自身的语句是对还是错。只有元语言才能谓述对象语言语句的真假。通过把真限制在更为丰富的元语言层面,塔尔斯基解除了悖论的威胁。② 塔尔斯基运用 T 约定展示了如何为形式语言提供一个真定义,在这个语言里用本质上更为丰富的元语言来定义真,从而获得一个形式上正确、实质上充分的真定义。(1944,353;后面一点需要更为细致的证明)。

　　塔尔斯基的 T 约定如何影响了卡尔纳普?在《句法》一书中,卡尔纳普并没有试图对一个语言来定义真假。他认为任何尝试都将产生说谎者悖论(卡尔纳普 1937,214)。实际上,他认为"真""假"并不是一个恰当的句法范畴(215)。虽然卡尔纳普深知塔尔斯基结论的重要意义,但当他在撰写《句法》时,他并没有想到塔尔斯基的 T 约定会使他利用语言的真概念对语言予以详述。然而,在与塔尔斯基讨论之后,他意识到到可以用 T 约定来为语言中的真概念给出一个实质上充分的限定。还有,他认识到,可以通过满足充

---

　　① 设想对象语言是一门外语(比方说德语),我们就比较容易看到这一点。例如,"'Dieser Tisch ist schwartz'为真当且仅当这张桌子是黑色的"这句就清楚地显示出,双条件式左侧被命名的句子并不与右侧给出其真值条件的句子相同。

　　② 哲学家们后来提出了一些方法用以呈现语言内部的真理这一概念。比如 Martin 和 Woodruff(1975)。

分性条件的真概念来详述一个语言,也就是说,部分地通过语言中哪些语句为真来具体说明一个语言。

塔尔斯基的 T 约定同样引起卡尔纳普对他早期一些忧虑的思考:指称(reference)[以及与之相关的概念,比如"指涉"(designation)]在"形而上学"上是不可接受的,现在可以将它们置之脑后了。T 约定允许一种对真的充分条件的详述而不需要为"真"给出定义,与之类似,在给定语言中对指涉的充分条件刻画不必引起关于指称或指涉之本质的"形而上学忧虑"。想法不过就是借用元语言。在他与塔尔斯基交谈之后的首部作品《语义学导论》(*Introduction to Semantics*)中,卡尔纳普说道:

> 让我们暂且假定,我们理解一种给定的对象语言 S,比方说,德语或[模型语言]S3。这样,我们便能够将其中的表达和语句翻译为元语言 M,例如英语(包含一些变元和符号)……接着,我们就可以为指涉(Designation)这一概念制定一个充分的定义,它自身并不是一个对于词项"Dess"("在 S 中指涉")的定义,而是一个对照于已有定义的标准。类似地,我们早前有一个关于真的充分定义,而稍后我们就会获得一个关于 L 真理的定义。(Carnap 1942, 53)①

卡尔纳普在这里的想法非常简单。他仿照塔尔斯基为"真"提供了一个"实质上充分的"条件,它合乎"指涉"这一概念。而要让对"指涉"的定义满足充分性条件,可以通过引入元语言规则的公式

---

① 如果某个对象语言的表达式在元语言中的名称是一项将该表达式译为元语言的翻译,那么其结果就是,充分性条件要求元语言的谓词对于对象语言中的指涉是充分的(ibid., 53 - 54)。例如,在一个简单的对象语言中,如果符号"c"用来涉及我们在元语言中用"Chicago"一词所指涉的东西,那么,指涉的充分性条件就需要如下这一点成立:任何有关符号"c"的元语言表达式(比如:"常项符号'c'")指涉"Chicago"(常项符号在元语言中的翻译)所指涉的东西。

化表达来实现这一点,例如:

"s"是"司各特"的符号翻译

或者:

"Bx"–"x 是有两只脚的"(Carnap 1956, 4)。

这里,我们用英语作为元语言来公式化地表达对象语言中的表达式(比如,"s"、"Bx")的规则。类似地,卡尔纳普着手为一个语言提供"成真规则"(truth-rules),首先,他为若干简单的语句给出了一些基础真值条件,例如:

"Bs"这个句子为真当且仅当司各特是有两只脚的。

接着,他为这些"成真规则"添上了不同的联结词,例如"逻辑或"("∨"):

"∨"的真理规则:在 S1 中,一个语句 Si ∨ Sj 为真当且仅当至少其中一个构成项为真。(卡尔纳普 1956, 5)

同样,他还将其他一些逻辑符号加入到这种成真规则当中;这每一个逻辑符号均由已定义语句的某个元语言翻译所详述。[①] 卡尔

[①] 这里,我们有必要留意下卡尔纳普和塔尔斯基的形式化方案之间的差别。卡尔纳普用真理的充分性条件详述其对象语言;这些条件是用以判定语句及其子表达式是否有意义的诸多规则的组成部分。塔尔斯基则否;对他而言,对象语言经对象语言词项"翻译为"元语言这一过程而得到详述,这里无需用到真理的定义,参见 Tarski(1944, 433 注 24)。

纳普还进一步扩展了通往分析真(或L真)这一概念的进路,对此,我们将在下文中看到。

由于采用了塔尔斯基的语义学方法、T约定及其扩展指涉,因此,在某种程度上,卡尔纳普就能够用真和指涉这两个概念消除令人烦恼的悖论(对于"真")以及某些形而上学后果(对于"指涉")。无须避开这些概念,卡尔纳普就可以将它们用在各种形式化语言的规范之中,对此,他饶有兴趣。特别是,他能够解释这些和其他令人烦恼的哲学观念,即,为它们提供准确的替代品,而不是定义它们(我们将在下文讨论这种解释)。因此,卡尔纳普写作《句法》的一个动机是通过对语言的逻辑分析来澄清形形色色的哲学纷争,并力求在新的语义环境中保持语言的完整性。

然而,对于卡尔纳普来说,这一转变同样需要付出代价,因为他不得不丢掉《句法》一书中给出的"分析的"一词的定义。如前文所见,这一定义依赖于卡尔纳普的一般方法,即对逻辑词汇和描述性词汇的区分,而该方法却转而借助元语言将确定陈述从其他陈述中区分出来。在《句法》中,卡尔纳普并没有主张任何有关"真"的一般概念,因为他担心会出现说谎者悖论。他仅仅为一些特定的语言给出了"L真理"的概念。经过语义学上的转变,他用真假条件来规定各种语言。也就是说,对一个语言的规定包含着成真规则,在元语言中,这些规则由"'S'为真当且仅当p"这种形式的双条件句构成。但是现在,元语言甚至给出了"不确定的"对象语言语句的成真条件,比如"这张桌子是黑色的"这一语句。对于L确定/L不确定这种区分,在《句法》一书中再也找不到相应的提法。由于没有做出这一区分,卡尔纳普不再有一个区分逻辑词汇和描述性词汇的一般方法,因为《句法》的方法依赖于那些基于L规则和P规则的确定语句和不基于这两个规则的语句之间的差异。

卡尔纳普意识到了这一点,在《语义学导论》中,他不得不承认他放弃了早前关于"分析的"定义(cf. 1942, 59)。他会找到何种替代物呢？令人惊讶的是,采用塔尔斯基的语义学方法使卡尔纳普现在面临着一个定义分析真理("L 真理")的新问题。原因是,对于一个 S 中的给定的语句 Si,对 L 真理的刻画

> 不能被当做对"S 中 L 为真的"的定义。如果我们详述"Si 之真遵循 S 的语义规则"这个句子,那么,我们会发现它并不属于元语言 M,在 M 中,对"在 S 中 L 为真"的定义不得不得到明确的表达,但这只能在元元语言 MM 中实现,即,我们只能在 MM 中表述 M 的规则。(1943, 83)

在元语言 M 中为 L 真理给出一个定义是不可能的,因为"遵循"(例如在上文引到的那个句子中出现的"遵循"一词)这一概念不是一个在 M 中得到定义的概念,而我们只能在元语言中表述语句 S 的规则。相反,M 中的"遵循"这一概念只能在它的元语言 MM 中得到定义。因此,当我们要将上述 L 真理这一概念明述出来时:

> 上述句子的完整表述可能是这样:"(M 中的)语句'Si 在 S 中为真'是一个在 M 中对 S 的各种规则的 L 涵蕴[L-implicate]"。现在,S 的各种规则就成了对"在 S 中为真"的一个定义;同样,如果一个定义包含在某个系统当中(比如,此处的 M),那么,任何一个 L 涵蕴的语句都会在那个系统中是 L 为真的。因此,我们可以这样来表述上述句子:"语句'Si 在 S 中为真'在 M 中是 L 为真的"。无论如何,这一句子都在谈论 M,它属于 MM 而不会属于 M。因此,它不能被当做"Si 在 S 中为真"的一个定义。毋宁说,它表达了一个必要条件,如果"在 S 中 L 为真"这一定义是……可以被认为是恰当的,那么,该条件必定适用于所有 S 中的语句。(83–84)

卡尔纳普意识到,如果说"'Si 在 S 中为真'这句话在 M 中是 L 为真的"是必要的,那么,我们实际上在谈论元语言 M 本身,而且并不仅仅在 M 之中谈论 M 本身。所以,如果 M 丰富到足以指称自身,那么它就只能在 M 中得到表述(be uttered)。但是,这并不是卡尔纳普想要的那种指称。只要对这些指称概念的定义能够满足一个最低限度的充分性条件,卡尔纳普还是非常乐意采用"紧缩的"、非形而上学的指称概念,但他并不想在当前立场中用到它们。因为如果这样做的话,他就需要冒着风险对它们做出哲学上的解释,对此,卡尔纳普显然无意给出解释。他坚持"构造"各种形式化的语言,而不是给出哲学上的解释。所以,"'Si 在 S 中是真的'这句话在 M 中是 L 为真的"必须被视为元元语言 MM 中的一个句子。卡尔纳普发现自己无法为 L 真理给出解释,而且他并没有假定 L 真理出现在某个相应的元语言中,因此,他只能给出一个充分条件。①

卡尔纳普的语义学转向具有双重意义。首先,卡尔纳普只能根据具体情况来确定某一语言的分析真理——或通过枚举这些分析语句;或通过枚举这种将分析语句作为其逻辑后承的语言的特定规则(参见 1942,247-248)。反过来,我们将在第 3 章看到,这种做法又引起了蒯因对分析性的不满。其次,由于卡尔纳普在一些元元语言 MM 中为对象语言 L 定义了分析性,他的方法似乎陷入了恶性循环。蒯因同样注意到这一问题。这两个问题(即,"具体的"、不具有一般语言形式的分析性定义以及循环问题)都值得注意,而且,对此我们需要加以区分。事实上,蒯因的立场同样需要面对卡尔纳普所面临的那些困难,而这些困难很可能涉及这一区分。这种视具体情况而定的做法遭到了反对,而且,这种做法似乎让卡尔纳普本人感到迷惑不解,类似的反对理由也曾出现在卡尔纳普早前所写的

---

① 充分性条件仅仅是上述条件,即对于任何 S 中的所谓 L 真理 Si "(M 中的)语句 'Si 在 S 中为真'是一个在 M 中对 S 的各种规则的 L 蕴涵"。

《句法》一书当中,因为这些概念需要求助于在人工语言中规定"后承"关系,而不是去解释人工语言各处的后承关系是什么样的。然而,蒯因似乎也接受了《句法》一书中的很多方法。另一方面,如果恶性循环是关键所在,那么,相比于《句法》中的方法,这种语义学进路就更成问题,因为前者并不需要求助于元语言中的同样概念来规定对象语言中的各种分析真理。

2.4 阐 释

卡尔纳普1937年之后的著作不再提供一个一般的句法系统,他越来越强调这一想法,即,我们可以通过形式明确的语言对那些争议概念加以阐释(explication)。在《可能性的逻辑基础》(The Logical Foundations of Probability)一书中,他简洁扼要地概括了该想法:

> "阐释"包含在一个已有的、多少有些不严格的概念转变成一个严格概念的过程当中,或包含在后者取代前者的过程中。我们将这种已有概念(或用以称呼它们的术语)称为待阐释项(explicandum),而将用以替代它们的严格概念(或术语)称为阐释项(explicatum)。阐释项可能属于日常语言,也可能属于科学语言发展过程中的早期阶段。但阐释项一定由阐释规则给出,例如,我们可以通过定义将其并入一个构建良好的科学系统(数理逻辑系统,或经验概念系统)之中。(Carnap 1950, 3;类似的表述也出现在 Carnap 1956, 7 - 9)

卡尔纳普将对一个概念的阐释同对其进行的定义和分析区分开来(1950, 7)。与后两者不同,在一项阐释中,有待阐释项(explicandum)的意义可能会发生改变,而该阐释并不与这一可能性相排斥。此外,卡尔纳普不仅将其视为是可能的,而且有时甚至期望对同一个概念会有若干不同的阐释。与分析或定义不同,我们做出各种阐释的目的是为了取代它们的待阐释项,至少在科学或哲学意义上如此。

卡尔纳普给出了一个阐释的例子:他用科学概念"piscis"取代了日常概念"fish"(Carnap 1950,5-6)。日常概念"fish"通常是宽泛、模糊的。在过去,它有可能涵盖蝌蚪、海豹、鲸鱼(德语中的"Walfische")以及其他一些水生动物,而这些动物并不是冷血动物,它们也不是自始至终都有鳃。另一方面,我们规定,用科学概念"piscis"来指称那些正好拥有冷血(以及自始自终都长有鳃器)特征的水生动物。卡尔纳普注意到,之所以引入这一规定来分类那些动物,是因为它在动物学上更富成效。对于一个系统化的动物学而言,"piscis"发挥着阐释作用,而"fish"一词正是有待阐释的概念。

然而,与此同时,"piscis"这一概念与"fish"这一概念保持着最低限度的相似性。实际上,卡尔纳普将相似性放在了阐释的四个限制条件之首:

  i 阐释项应该相似于待阐释项;
  ii 在一个受规则制约的科学概念系统中,应为阐释项给出一个严格的规定;
  iii 阐释项应该是一个富有成效的概念,特别是,它应该为诸多普遍陈述留有余地;
  iv 阐释项应尽可能的简单。(7-8)

这些都是相当宽泛的"实用"目标。它们并不涉及包含这种概念之陈述的真理性。相反,采用某一个概念只是工具性的。如前所述,卡尔纳普的哲学目标还是相当温和的。然而,诸多哲学概念的模糊性和歧义性迫使他开始通过阐释来澄清这些概念。他的语义学方法似乎为其提供了更多强有力的方法去澄清那些几乎无处不在的争议概念。特别是,只要我们能为真理、意义以及指称这类概念给出一些最低限度的充分条件,那么,通过语义学上的阐释,我们就有可能对它们进行定义,而不必做出任何似是而非的"形而上的"承诺。

卡尔纳普所考虑的是,阐释的全盘计划在形式上赓续了他早前在《句法》一书中的哲学,但他放弃了一般句法的构想,加入了我们之前所看到的语义学方法(参见卡尔纳普 1942, 246ff.)。例如,宽容原则依然得到了坚持,而且我们为其添上了新的附加条件,即,诸如真理、指涉这类语义概念的充分条件必须得到满足(247)。对于卡尔纳普而言,哲学活动将被语言工程(language engineering)所取代。哲学家将辟出一块研究领域,在那里,一个给定语句的真值或纯粹是"语言学上的",或可通过实证手段予以回答,但它一定是含混的。否则,他会注意到某个争议概念的模糊性和歧义性。我们不再需要论证,取而代之的是,哲学家会在一个他所构建的严格的语言系统中对那些有争议的陈述或概念加以阐释。例如,这样一种系统也许就包含有物理理论中已经被接受的陈述,并将这些陈述作为它的公理(一个简单的例子见 Carnap 1938, 199ff.)。无论人们是否接受哲学家的建议,遵循宽容原则都将在许多情况下成为一项惯例。卡尔纳普相信,无论如何,人们都会出于实用目的(例如,一项好的阐释所能提供的有效性、严格性以及简单性)而选用一些建议,而且,人们很可能会采纳那些富有成效、理论上具有吸引力的选项。

在其职业生涯后期,卡尔纳普花费了大量的时间通过语言工程来为这一方法提供实例。他所提供的大部分例子来自科学哲学中成问题的概念,例如,证实(verification)、归纳推理以及可能性。在《可能性的逻辑基础》一书中,卡尔纳普将这些概念视为待阐释项,他通过一些严格概念,例如,确证(confirmation)、逻辑可能性以及确证程度,对它们加以阐释。其他一些例子更直接地来自传统哲学。

因此,在《意义与必然性》(*Meaning and Necessity*)一书中,卡尔纳普开始动用他的语义学方法去阐释一些哲学思想,例如,弗雷格在意义[或"表象模式"(mode of presentation)]与指称(reference 或 denotation)之间所做的区分(参见 Carnap 1956, 35f.)。另外一套需要阐释、让人困扰的概念就是那些"L 概念",例如,逻辑真理、蕴涵以及我们本书的主要着眼点——分析性。

2.5　语义情境中的分析性

在 2.3 节,我们看到,卡尔纳普借鉴了塔尔斯基的语义学方法,这种做法迫使他放弃了《句法》一书中用来定义"分析的"方法。但是,分析性这一概念依然是其阐释工程的核心所在,因为,卡尔纳普还是打算对分析陈述(它们明确地表述了一个语言的规则,或者表达了这些规则的各种后承)和综合陈述(它们的真值基于"语言之外"的事实)做出区分。阐释任务依赖于这一区分,因为,只有通过这一区分,我们才能清楚地区分有关实在的"真正"(genuine)问题和仅仅是关于语言的问题(下文中我们会看到,后者被错误地当做具有深远意义的哲学问题)。所以,卡尔纳普不得不找到一个新方法去刻画这一核心区分。他强调了这样一个想法——它首次出现于《句法》一书:分析真理以及产生这些分析真理的构造、转换规则已经呈现在日常自然语言当中,而且它们正是以一种模糊、不明晰的方式呈现出来的(参见 1937, 2)。这一想法使卡尔纳普对"分析性"的态度变得同其他哲学概念的态度颇多相似,在这个意义上,他开始将分析性本身视作阐释的一个候选项。

如前所述,阐释工作从一个待阐释项、一个"既有"概念开始,而它的实用价值将由一个更加严格的替代概念所呈现。在他后期的工作中,卡尔纳普更多地强调了这一信念,即一个日常的、非形式化的"分析性"概念还有待于我们去阐释。在《自然语言中的意义与同义性》(1956b)一文中,他直截了当地表达了上述信念。在这篇文章中,卡尔纳普考察了一个自然语言(比方说英语或德语)中的陈述,例如,"独角兽是一种长得像马一样的东西,它的额头中间长着一只角"(1956b,238)。他设想,让我们去问一个"普通人"这种话是不是真的,并且看看他会有什么样的回应。这里,卡尔纳普旨在表明,对于"分析的"这一概念,存在一个前哲学的待阐释项。换句话说,在自然语言中存在一个前系统化的"分析性"概念,而且,如果"一项分析性的经验准则涉及了已有的自然语言,那么,这一概念就能被用做阐释项来重构出一个 A 真理[分析真理]的纯粹语义概念"(919;参见 1956,8)。①

因此,卡尔纳普相信,他可以在语义学中阐释"分析性"这一概念本身。他将其视为一项与料(datum),而在自然语言当中,存在着一个真实的(即便是模糊的)区分:在所有可能的情况下都为真的陈述以及只在某些情况下为真的陈述。因此,我们必须揭示出它们之中何者为真,何者为假。在他动用诸如可能性(cf. 1950,23f.)这类概念的同时,卡尔纳普还为阐释分析性提供了多个方法。

其中,最广为人知的方法是"状态描述"(state‑descriptions)这一想法(1950,70f.;1956,4‑15)。一个状态描述就是一组语句,其中既包含有一个语言中的每一条原子语句,也包含这些语句的否定句。状态描述这一想法,

> 就经由该系统的谓词所表达的所有性质和关系而言,它为个体论域(the universe of individuals)的一个可能状态给出了一

---

① 卡尔纳普在这些例子背后的意图有时候被理解为这么一种企图,即他给出了蒯因想要的那种"分析的"的行为准则(我们将在下文予以讨论)。但无论怎么说,这都是一种误导。卡尔纳普看似为"分析的"给出了行为"准则",但他实际上只是为形式上得到阐释的概念提供了一个"前系统化的"对应物而已。卡尔纳普并不想让这种得到阐释的概念是那种具有经验内容的概念。我们将在第 3 章进一步讨论这一点。

项完整的描述。因此,状态描述这一想法体现了莱布尼茨的可能世界或维特根斯坦的可能事态。(1956,9)

因此,状态描述既是诸种可能性的完整描述,又是世界可能之所是方式的完整描述。卡尔纳普用"状态描述"这一概念为 L 真给出了一个定义,这就使其可以满足充分性条件:

  约定:在一个语义系统 S 中,语句 Si 是 L 为真的当且仅当 Si 在 S 中以这种方式为真,即,Si 之真能够独立基于系统 S 的语义规则,而不指向任何(语言之外的)事实。(10)

如前所述,卡尔纳普和塔尔斯基均对充分性条件和定义之间做出了区分。该"约定"给出了任何一个关于 L 真的定义都必须满足的条件,但其本身并不是关于 L 真的定义。尽管如此,卡尔纳普还是认为,状态描述允许我们定义 L 真以及分析性,对于一个给定的语言 S_1:

  定义 2-2:语句 S_i(在 S_1 中)是 L 为真的 = $_{Df}$ S_i 适用于(S_1 中的)任何状态描述。(ibid.)

我们应该仔细考察下这一定义。首先,该定义一定满足刚才提到的充分性条件:如果语句 Si 适用于 S1 中的每一条状态描述,那么,无论什么样的状态描述也同样适用于对世界实际所是之描述,而且,其真值并不涉及任何语言之外的事实(即,合乎真实世界的状态描述所对应的事实)。相反,如果 Si 在某个状态描述 D 中为假,那么,即便 Si 是对世界实际之所是的真描述,它也都将依赖于卡尔纳普所谓的"全域事实"(the facts of the universe)(11)。但是,如果出现这种情况,那么,我们就不可能独立地将 Si 的真理性锚定在语义规则之上,因为,我们需要知道 Si 所属状态描述(在其中,Si 为假)是不是真实的(actual)。所以,如果 Si 根据系统 S1 的规则为真,而且不涉及任何语言之外的事实,那么,它就在任何状态描述中为真。因此,关于 L 真理的定义 2-2 满足卡尔纳普的充分性条件。

该定义同样超越了卡尔纳普在《语义学导论》中为 L 真理给出的充分性条件。他早先给出的这一条件没能构造出一个符合要求的定义,因为,它只是根据在某个元元语言 M 中的"Si"的 L 真来刻画"Si 在 S 中为真"这一语句。这就等于用一个已经使用过的"L 真理"概念来定义"L 真理"这一概念。但是,定义 2-2 并不是如此;它通过一个似乎有区别的定义来规定 L 真理,即"适用于 S1 中的任何状态描述"。

不过,在这里,我们可以看到一个重要的限制。卡尔纳普认为,状态描述包含了一个语言中的每一条原子语句及其否定式(1956,9)。因此,在给定语言中,它就是一个对全域可能状态的"完整"描述。这种完整性要求任何两个原子语句在逻辑上是相互独立的,在这个意义上,任何原子语句集合都不能在逻辑上涵衍(entail)其他原子语句的真假。理由如下:假设某个原子语句 i 蕴涵了另外一个原子语句 j,那么,"任何状态描述将同时包含 i 与 ~j,这是自相矛盾的,因为它同时断言了 j 与 ~j"(Carnap 1950, 73)。因此,原子语句在逻辑上的独立性这一要求一定可以防止出现矛盾。但是,它连带提出了一个值得注意的限制,即一个利用定义 2-2 来阐释"分析的"这一概念的语言必须是什么样的。例如,"点 p 在 t 时刻是红色的"这样一个看似简单的句子就不能被视为是原子语句。因为该句子涵衍了其他诸如"点 p 在 t 时刻是蓝色的"这类句子为假。因此,在卡尔纳普所建议的阐释语言中,这类简单谓词"红色的"、"蓝色的"以及"暖和的"、"在上面"等等都被排除在原子语句之外。我们甚至很难知道,何种描述性谓词能够出现在原子语言,而且还能够满足卡尔纳普的独立性要求。该限制构成了对定义 2-2 的主要批评,对此,我们将在 3.4 节予以讨论。①

2.6　消除形而上学:卡尔纳普最后的尝试

在第 1 章我们注意到,卡尔纳普细致地对陈述的意义准则加以运用,力图在《构造》一书中消除形而上学。在本章,我们也看到,他利用《句法》一书中的资源发展出一套全然不同的策略,借助这一策略,"伪对象陈述"(包括形而上学)被"准句法陈述"所替换;各种语句取代了看似对独立于语言之事物的谈论,而事物的性质也被替换为指涉这些性质的表达式的句法性质。然而,自卡尔纳普转向语义学之后,这一策略也不得不被放弃。这么做的一个理由是:我们需要对"分析的"这一概念做出非循环的解释,而语义学方法似乎无法

---

①　对于"在 S1 的每一个状态描述中都成立"这一想法还有第二个限制。卡尔纳普对"成立"的解释如下:

某个语句在一个状态描述中成立意味着:用非技术性的话来说,如果该状态描述(即所有属于它的语句)为真,则该语句也将是真的。少量例子就足以表明这些规则的本质:(1)一个原子语句要在某个给定的状态描述中成立,当且仅当它属于该状态描述;(2) ~Si 在某个给定的状态描述中成立当且仅当 Si 在该状态描述中不成立……(9)。

现在,为了详述什么东西使一个状态描述的所有语句为真,卡尔纳普就必须定义什么东西使一个语言中的语句为真。就此而论,卡尔纳普的解释又回到了早前他在《语义学导论》中所给出的有关真理的解释。但无论如何,通过这些方法,在某个给定语言 S1 的所有状态描述中的语句之为真这一想法就全依赖于 S1 中的那些定义了真理的规则。一个语句"在每个状态描述中成立"这一概念无法独立于元语言(元语言根据那些"成立"的状态描述来公式化地表达真值条件)而得到详述。就像在《语义学导论》中所做的那样,卡尔纳普还是不得不通过在元语言中逐一列举产生 L 真理的真理规则来确认 L 真理,因此,在深思熟虑之后,我们发现他似乎仍旧未能规避循环问题。

接纳这种解释。① 而且,卡尔纳普也不再拒斥诸如指涉、意义、指称以及真理等概念,因为这些概念在其新的语义学方法中扮演着至关重要的角色。尽管有了这些变化,但卡尔纳普还是坚持认为,形而上学式的言谈在"认知内容"上是空洞的。为什么呢?富有意义的科学陈述和形而上学伪陈述之间的差别究竟在什么地方?

在卡尔纳普转向语义学之后,关于这些论题的大多数讨论出现在他的《经验论、语义学以及本体论》一文中(1956b)。卡尔纳普开始考虑这样一个问题:经验论者可能会对何种抽象实体(比方说,命题、集合、数、关系等等)感到心满意足(205 - 206)。他说道,任何这种"抽象物"都会让经验论者感到不适,至于数学对象,也许只有当他们把数学看做是一个未解释的形式系统(可能有点类似于《句法》中的语言 II)时,他们才能感到宽慰。但是,物理学中的抽象实体该如何对待呢?经验论者无法将所有物理语言都看做是一个未解释的形式系统,因为这种语言涉及了诸如力、时空点、关系等实体。语义学中也存在着类似的问题,因为它似乎是在处理诸如性质、命题这些抽象物。那么,一个头脑清醒的经验论者该如何对待这些问题呢?

卡尔纳普的提议发端于他的阐释计划。首先,我们应该将"新"实体(例如,现代物理学所需的抽象对象)放置到一个新的语言框架当中:

> 如果有人希望用他自己的语言来谈论某一种新的实体,那

---

① 用准句法语句取代伪对象语句这一想法同样也面临着语义学中的第二个难题——我们没有一个清楚的、与准句法性质相关联的语义概念。我们会问,在指涉各种表达式时,何种语义性质能够关联于这些表达式所指涉的东西,从而使得有关语义性质的语句可以取代那些(据称是)有关被指涉对象的语句?——这一想法几乎没有意义。此外,我们还注意到,对卡尔纳普而言,指涉成了一种可接受的语义性质。因此,说有一种类似于《句法》中"准句法性质"的"准语义性质"不仅仅是没有道理的,而且卡尔纳普在接受了像指涉这种语义概念之后还有这种想法多少让人不知所云。

么,他不得不引入一种新的言谈方式,而该系统必须服从新的规则;我们也许可以将这一过程称作对新实体所属语言框架的建构。(ibid., 206)

一旦做出这种框架,它就会是某种类似阐释语言的东西,我们就能够区分两种"存在问题":

> 首先是各种新型确定实体(certain entities)的存在问题,它们存在于一个框架之中;我们将其称作内部问题;其次是各种实体所属系统作为一个整体的实在性或存在问题,我们将这些问题称作外部问题。(ibid.)

内部问题藉由语言框架的规则就能得到明确的表述。我们要么通过"纯逻辑的方式"(例如,考察何种陈述是这一框架之规则的后承),要么通过实证方式(即,动用这一框架为各种描述性表达式的使用所规定的准则)对这些问题予以回答。

举个例子,让我们来考虑这样一个问题:是否存在大于一百的素数。一个自然的回应是"当然,当然存在。实际上,它遵循算术的基本原则,因此,这种素数会有无限之多"。接着,回应者很可能就给出一个这种素数的实例,而且还通过计算为我们表明它确实是一个素数。因此,该问题可以通过"纯逻辑的方式"予以回答;通过考察制约诸如"数"这种概念的规则,我们就能够确定出问题的答案,而且,我们还能通过计算从这些规则中得到结果。①

而另一方面,外部问题要更加不确定。对于此类问题,哲学家们总是忍不住想知道答案。例如,"数存在吗?"、"存在真正的数

---

① 卡尔纳普仍坚持认为,我们可以在框架内部,基于那些使"五是一个数"和"'五'指涉五"成为分析语句的语言规则来证明"'五'指涉一个数"这类陈述是分析的(ibid., 217)。注意,按卡尔纳普早前的推理,这种分析性只可在元语言中得到表达。

吗?"对此,如果我们回应说,"当然,难道你没有注意到存在大于一百的素数吗?"那么,我们似乎就错失了问题的要点。因为,哲学家想要问,是否存在某种东西(比如说,抽象实体),它对应于我们在语言中所谈论的数。那么,是否存在真正的实体,比如说100这个数,又或难道它们仅仅是我们言谈方式的产物,就像圣诞老人或福尔摩斯那种东西?

卡尔纳普认为这种外部问题是含混的。对他而言,当我们问是否存在真正的数时,就等同于问制约我们关于数的谈论的语言框架是不是"真的"或"正确的"。然而,此类问题并不是理论问题。要想回答这种问题,我们就需要某种框架,它的规则会指引我们,并告诉我们何种回答方能被视作问题的答案。比如说,我们需要一些证据和证成(evidence and justification)规则来规定什么样的证据才能被算做证据。我们需要用这些规则来确定我们可以提出何种问题。同样,我们也需要推理规则来告诉我们从已有的证据中可以推导出什么东西。所有这种规则都由一个语言框架给出,而且,在该框架下这些规则会被表述为分析真理或这种真理的后承。因此,上一段所提到的那些哲学问题在一个语言框架下(在其中,它们没有清晰明确的答案)就不成问题,不过,这样一个框架本身反倒成了问题。然而,就其本身而论,我们也没有为这种问题的意义或我们如何来提出这样的问题给出一个清晰明确的解释。鉴于此,卡尔纳普建议,

> 我们断定,[哲学家]还没有成功地为外部问题及其可能的回答给出任何具有认知内容的东西。除非他们提供一个清晰明确的认知解释,否则,我们的怀疑是完全合理的:他们的问题都是伪问题,也就是说,那些问题在形式上是理论问题,而实际上,它们是非理论的。(1956a, 209)

卡尔纳普认为,如果哲学家确实为他的问题提供了一个"清晰明确的认知解释",那么,他们一定是指定了各种规则。这就是说,他们提供一个语言框架,在其中,问题才能被提出来。但是,在这么做的时候,他们的问题将变成内部问题。换句话说,那些问题将不再是一个关于框架本身的问题,而会变成在框架下的一个问题。但是,它就变得可回答了!它要么成为了一个"纯逻辑的问题"(因此,通过对框架规则的彻底检查,该问题就能得到回答),要么,它变成了一个实证问题,而该框架会告诉哲学家(或科学家)该去寻找什么样的答案。因此,卡尔纳普巧妙地反转了我们所期待的证成顺序(它流露出一股股淡淡的康德之"哥白尼式革命"的味道)。哲学并不需要首先确立起这种真实实体,继而建构出一个语言去描述它们。相反,它可以先对一个清晰的语言框架做出明确的表述,接着,利用这一框架去表述这些真实实体(214)。

所有这一切都回归到了《构造》和《句法》这两本书中的反形而上学主张上去了。差别只是在于,卡尔纳普不再试图表明"外部问题"在认知内容上是空洞的,而且可由诸如"伪句法"语句这种东西所取代。对此,前文已经给出了理由。现在,取而代之的是,卡尔纳普简单地为一个富有意义的理论问题制定了一个条件,即,将这些问题置入一个框架,而该框架能够为在该框架下的所问所答提供各种条件。当然,有关框架本身的种种问题还是不能让人满意——也许他们会问及这样一个实践问题,"我们是不是得去接受那些语言形式"。(218)。但无论如何,卡尔纳普还是精心设防,以免有"实践"问题将哲学带回到(负面意义上的)形而上学:

> 我们并不需要接受一个理论上的辩护(除非出于实用目的将其作为权宜之计),因为它不含有任何信念或断言。(ibid.)

换句话说,人们无需断言这种语言框架是否正确,但人们依旧可以出于实用目的而采纳它。这些实际利好依然十分重要,更一般地说,它们对阐释工程也同样重要。①

因此,我们又回到了本章一开始提到的那些想法。卡尔纳普在二十世纪早期漫长的逻辑之旅、哥德尔的不完备性定理、算术/逻辑替代系统的崛起、元理论的发展以及塔尔斯基的语义学方案都没有动摇卡尔纳普的基本信念:顶尖哲学就是通过大规模的语言再造工程去除各种模糊性的过程。我们会看到,蒯因将以自己的方式捍卫卡尔纳普的许多目标,但是,他将卡尔纳普的方法转到了一个引人瞩目的新方向。

2.7　蒯因:阐释即消除

威拉德·蒯因(1908 – 2000)是卡尔纳普的学生兼朋友。1932年,蒯因到访欧洲,会见了几个维也纳学圈的成员,接着,他跟随卡尔纳普到了布拉格。在那里,蒯因阅读了伊娜·卡尔纳普打印的《语言的逻辑句法》文稿(Quine 1986, 12)。蒯因的早期论文显示出他强烈地受到了卡尔纳普的影响。1934 年,一回到哈佛,蒯因便开始通过一系列讲座传播《逻辑句法》一书的思想,并为卡尔纳普在哈佛谋得一个研究员的职位。然而,随着时间的推移,蒯因发现自己再也无法接受卡尔纳普对分析 – 综合两分的依赖,于是,在1940年代早期,他对卡尔纳普著作的态度开始变得冷淡起来。②

是什么导致了这种变化? 对此,我们必须加以细致的梳理,因为我们将会指出,蒯因相当多地分享了卡尔纳普的哲学世界观。尤其是,他采用了卡尔纳普的阐释思想,并且给出了自己独特的见解:

---

① 我们将在4.5 – 4.6 节进一步讨论这些实际利好的本质及其作用。
② 卡尔纳普和蒯因两人之间有大量的通信,其中不乏有关分析性的通信往来。它们收录于 Carnap 和 Quine(1990),当然读者也可参见 Quine(1991)。

但凡阐释就是消除。在一开始,我们眼前的一个表达式多少让人感到苦恼。它在一定程度上表现得像是一个词,但又不完全是一个词;它模糊不清,给我们带来了各式各样的困扰;它给理论打上了死结;它引发了或此或彼的含混。但它也有其特定的用途,所以,我们也不能丢掉它。于是,我们找到了一种方法:通过其他一些渠道,利用不那么棘手的表达形式来实现它们的用途。借此,过去的那些个困惑就被消解掉了。(Quine 1960, 260;同样见 Quine 1963, 401; 1966, 149)

在蒯因的哲学观念中,他将阐释这一想法用作消除。他特别提出:

让我们把对物理现象的谈论也视作一个物理现象,把我们的科学想象也当成我们所想象的那个世界中的活动。(Quine 1960, 5)

这段醒目的言辞揭示出他与卡尔纳普之间一个微妙但却重要的差别。对于蒯因而言,我们作为一个物理实体置身于一个物理世界(也就是说,这个世界是通过物理语句被认识到的),只有立足于这一点,哲学家们才能开始他们的探索。而另一方面,卡尔纳普认为,我们无需开始于一个物理主义的假设。尽管卡尔纳普表现出对实证科学语言的某种偏爱,但他仍将哲学家的工作视为对这种语言的澄清。卡尔纳普正是将阐释用作这一目的,而蒯因认为,阐释就是消除那些表达式,因为它们妨碍了我们把自己理解为物理现象:

我是一个身处物理世界的物理对象。该世界的某些力量影响着我的表面。光线刺激着我的视网膜;无数分子轰击着我的鼓膜和指尖。我回应这些刺激,发出一圈圈同心声波。这些声波表现为言说的形式,例如,桌子、人们、分子、光线、视网膜、声波、素数、无限集、悲喜、善恶……我现在所是以及我曾经希望成为的样子均来自我表面的刺激,就连这种潜在的做出反应的倾向都可能早已出现在我的原始种质(germ plasm)当中。而且,过往时代的所有学问也都源自过往人类他们表面的刺激以及各自的内在条件。(Quine 1966, 228)

这一激进的人类经验观反映在蒯因的哲学分析图景中。该分析着眼于语言中的可观察之物:

我倒愿意在前景中为哲学和科学提供用以进行澄清和分析的工具,寻觅语句……和肯定性的态度。语句是可被观察的,而肯定性的倾向态度也是可以通过可被观察的征兆恰当地加以理解……我的研究始于场合语句(occasion sentence),而在一种特殊意义上,它其实就是观察语句;因此,我对那些来自主体当务之急以及过往经验中的复杂性均置之不理,尽管它们的复杂程度堪比白噪声(white noise)。(Quine 1981, 184 – 185)

这里,在蒯因与卡尔纳普的哲学方法之间也存在着一个重要的差别。他们俩人都拒绝参与到那种传统本体论和形而上学的论战当中。然而,卡尔纳普之所以这么做,是因为他相信在对科学语句和概念所做的逻辑分析中,证成问题难施拳脚。[①] 该观点来自卡尔纳普的这一信念,即,一个特定的推理过程或所谓的确证实例是否正确,只有关联于各种被规定的约束推理和确证的规则才能得以判

---

① "语言,就其数学形式而论,可以根据任何人所偏爱的观点加以构造;因此,证成根本就不成问题,有问题的只是我们选择某一语言在句法上所带来的后果,其中就有非矛盾的问题"(Carnap 1937, xv)。

断。而在这种规定被给出之前,正确性这一概念将得不到任何可靠的明确表述,甚至根本就得不到任何可能的表述。因此,就卡尔纳普修正后的立场而言,在构建出一个科学的语言框架之前,根本就无法应用任何经验理论。[①] 而蒯因认为,我们蛮可以先使用物理学的经验理论以及表述这种理论的语言:例如,光线、分子、同心声波、说出一句话(utterance),肯定性倾向等等。为什么? 因为蒯因断定:

> 真理是内在的,而且并不存在所谓更高的东西。尽管道出真理的方式多种多样,但我们只有在一个理论中方能对之加以讨论。(1981, 21 – 22)

对于蒯因而言,真理是"内在的",而且"只有在自然主义立场下才有意义"(Quine 1994, 501)。正是因为真理是"内在的",所以,我们必须从一个特定的立场出发,在一个给定理论的内部开始我们的研究:

> 纽特拉曾将科学比作一艘船,如果想要修补它,我们就必须边航行边补船。哲学家和科学家正是在同样一艘船上。如果我们对物理事物的日常谈论有了更好的理解,那么,我们也就不需要将其还原为让人更加得心应手的语言;根本就没有这种东西。相反,我们只需要对物理事物的日常谈论以及各式各样更深一层的事项之间的联系、因果关系或其他东西加以澄清……现在,我们可以前后一致地开展对这些对象的质疑,它们仅仅涉及一个理论系统,而该系统本身正是基于我们临时接受

[①] 确实,在《经验论、语义学和本体论》时期,卡尔纳普极端地表达了关于这一点的想法:他认为,语言框架的采用将具有完全"非认知的"特点。

的这些对象。(1960, 3-4)

在2.2.1节,我们注意到,卡尔纳普在其《构造》计划中借用了经验科学的成果,而且为科学给出了一个认识论的基础,对此,蒯因和纽特拉多有指摘。因为,卡尔纳普似乎对科学成果持有一个双重标准。这一不满(来自纽特拉)引发了对卡尔纳普哲学的一长串修正。历经这一系列修正,卡尔纳普力图避免在他的工作中引入经验科学的成果。但在这里,我们看到,蒯因借用纽特拉的比喻将卡尔纳普的方法翻了一个儿。在进行哲学工作的时候,我们不再需要回避经验科学的成果,相反,我们应该将这些成果收入眼底,并将它们作为关于这个世界的最佳理论的一部分具体体现出来。在蒯因看来,为了避免这一双重标准,我们无需撤出经验科学而转投卡尔纳普式的形式化阐释进路,相反,只要对经验科学所提供的这些成果敞开怀抱,我们就能规避掉这一双重标准。

在接下来几章,我们将回到这一问题:作为一个先验"理论系统",我们的理论起点是不是一个最好的想法,它是不是与语言、语言实践或我们已经了然于胸的概念系统截然相反。我们将论证,在接受一个理论和理解一项实践或概念之间有着重要的差别。回到蒯因的图景,倘若我们接受了蒯因的信念,即哲学研究必须开始于一个理论系统的内部,那么,我们该选择哪个系统呢?蒯因给出了一个一般的回答:自然科学为我们提供了我们所能得到的最好的也是最为有用的东西:

> 作为自然主义哲学家,我们以一个既有的、同时也是持续发展着的世界理论作为我们的推理起点。让我们姑且相信它的一切,但我们也并不怀疑:它某些未加定义的部分是错误的。我们尝试着由里向外地改善、澄清并理解该系统。我们是纽特拉船上忙碌的水手。(Quine, 转引自 Orenstein 2002, 178)

> 时至今日，难道我们降低了自己的眼光而餍足于一种相对主义的真理观——认为每个理论中的陈述对该理论来说都是真的，容不得半点批评？当然不是。作为一种补救性的考虑，我们将一如既往地严肃对待我们自己的整体科学（aggregate science）、世界理论或各种准理论松散的总体结构，无论它是什么样的理论。（Quine 1960, 24）

所以说，卡尔纳普和蒯因有着非常不同的出发点，相应地，他们对哲学该采取什么样的进路有着非常不同的想法。卡尔纳普认为，为了澄清哲学难题，语言应该是一个可以不断得到锤炼的工具，而且是科学的有力后援。而对于蒯因而言，它首先是一个物理事件。不过，这并不是说，蒯因认为（由各种句子构成的）语言的各个部分仅仅是一种特定的抽象物——一种普遍物。

> 一个句子并不是说出一句话（utterance）这一事件，而是一项普遍物：一个可重复发声模式，或通过多次重复可逼近的规范。（1960, 191）

然而，在应用其阐释方法的过程中，蒯因向我们展示了如何以集合为单位对作为普遍物的语句加以分析；更具体地说，依照序偶（ordered pairs），即"阐释范式"，加以分析（1960, 258）：

> 一个语句……就是一个语言形式，它或时常被说出，或仅被说出过一次，甚至从未被说出过；但它的存在并不因它没被说出来而受到影响。除非更严格地考察这些语言形式是什么，否则，我们就不能接受这个答案。如果一个语句被看做其话语（utterance）的集合，那么所有未被说出的语句就可以被归为一个集合，即空集；就其涉及的命题而言，它们也可能并不存在，

因为它们之间的所有区别都消失不见了……但还可以另一种方式看待说出的语句和其他语言形式,而使其存在和区别不因未被说出受到影响。我们可以将每种语言形式当做数学意义上的连续字符或音素的序列。一个序列 a1, a2, ……, an 可以被解释为 n 个序偶 <a1, 1>, <a1, 1>, ……, <an, n> 的集合。而且,我们还可以将其中的每个字符 ai 当做话语事件的集合,因此,这里并不存在无话语(non-utterance)的危险。(1960, 194-195)

换句话说,一个语句就是序偶的一个序列,它本身是集合的集合,而这些集合中的元素是字符或音素(它们构成了句子)所组成的话语的集合。现在,作为其中的元素[特定的铭刻(inscription)或声音],抽象对象构成了这些字符或音素的集合。通过将被说出的句子看做序偶的序列,蒯因就可以谈论它们了;而其中的元素由话语构成,这些话语是具体的、可被观察的现象。因此,语句是具体、可被观察的现象的集合——借此,蒯因将语言视为一个物理现象。

但是,这种与语句同一的集合是什么样的呢?蒯因不无轻松地承认,它们并不是具体、可观察的现象。相反,它们是抽象实体。这么说来,它们又如何整合到蒯因所谓的作为一种物理现象的语言中呢?对此,蒯因给出了一个直截了当、释人疑虑的回答:这种集合可以接纳我们对物理世界的描述,将其作为它的元素,这是因为,它们是我们关于这个世界的最好理论所必不可少的一部分:

如果将实际科学看做是一项持续发展着的事业,那么,我们就可以用一个一般方法来确定对象域。物理对象——它们首先是居于时空之中的东西——显然就属于这个对象域……

但如果我们打算让科学适应目前的状况,那我们就一定需要抽象对象。在科学中,我们想要言说的某些东西可能会迫使

> 我们承认,量化变元的值域不仅包含物理对象,而且还包含集合和这些对象之间的关系;以及数、函数和其他一些纯数学对象。因为,数学……最好被看做科学的组成部分,与物理学、经济学等并驾齐驱……
>
> 对数学基础的研究已经清楚地表明,就上述意义上而言,所有数学都可以还原为逻辑和集合论,而这种意义上数学所需要的对象则可被还原为一个单个的范畴,即集合这一范畴。(1966,229)

这里,蒯因精巧地将弗雷格和罗素的逻辑主义并入了他自己的自然主义观点:集合是一个合理的理论设想,因为它们提供了对数学的最佳解释(弗雷格和罗素的方法)。而且,数学是我们物理科学的"既有世界理论"的一个组成部分。所以说,集合不是具体对象,相反,它们是自然主义立场可接受的对象。而由物理对象(或物理事件)所构成的语句也因此是自然主义立场可接受的对象。它们都是物理现象,我们应该以上述这种方式对其加以检视。

2.8 当然(Ex Officio)行为主义者

蒯因的自然主义立场让他对许多标准哲学概念,例如,命题、意义以及同义性,持有一个行为主义的看法:

> 当一个自然主义哲学家投身于心灵哲学时,他很自然地就在谈论语言。首要之事:意义就是语言的意义。语言是一种社会产物,在一个公共、可辨识的环境中,我们唯有通过其他人的公开行为方能获知有关语言的一切。因此,意义正是心智实体的模型,它们对行为主义者有百利而无一害。(Quine 1969, 26)

蒯因并未否认语句具有意义。相反,他坚持认为,我们不能将语句的意义当做一种高渺的抽象实体,而应该将其严格地联系于公开行为和语句的使用:

《经验论的两个教条》和《语言学中的意义问题》这两篇文章均表现出我对意义这一概念的悲观态度。这里,有一种令人沮丧的回应,可以说,它来自哲学门外汉;它认为,我的问题是把语词仅仅看做是一串音素,而不是有意义的音素串……但他们没明白,一串单纯、恒定的音素通过各式各样的人或人群的使用,在某个或若干个语言中也能具有一种或几种意义。(1980, viii)

所以,蒯因并不是认为,除了音素串之外语言中别无他物,因为,他承认,这些音素有其用法,因此也就具有意义。然而,当蒯因说"使用"时,他是想通过行为和行为倾向将"使用"加以阐释:

甚至就连那些不赞成行为主义的人也应该在某些科学追求中坚持行为主义的方法,而语言理论正是这样的一个追求。就此而论,语言科学家就是当然(ex officio)行为主义者。无论一个关于语言内在机制的最佳理论最终会成为什么样子,它也得符合语言学习的行为特点;言语行为(verbal behavior)的独立性基于对言语行为的观察……因此,尽管一个语言学家依然会在哲学意义上考虑心智实体,但是这些东西对于语言理论来说是不得要领、有害无益的。(Quine 1970a, 4–5)

值得注意的是,蒯因的"言语行为"意味着什么。蒯因说得明白,它并不包含"心智实体",例如私有的思想或意向,虽然它们可能伴随这说出一个句子,或对言语做出回应。这类东西并不是"公共、可辨识的环境中的公开行为"。但是,哪种东西可被视为所谓的"公开行为"呢? 这种言语行为的经典例子可能是说出一句话(utterance),例如,"兔子"、"天在下雨"以及与之相伴的行为(比方说,肯定性或否定性的行为)。从蒯因的自然主义观点来看,哲学家或语言学家应该在一个"因果脉络"(causal vein)中研究这种言语句子,通过观察或实验确立何种刺激提示出诸如肯定性或否定性的言语(参见 Quine 1960, 30f.)。蒯因建议从翻译的角度看待语言分析;更具体地说,从一个彻底翻译的角度来看:即,我们与一群"从未有过接触的人群"之间的语言翻译问题,我们同他们没有任何历史或文化上的联系(ibid., 28)。这一语言分析进路让蒯因提出了一个最为激进,而且是悖论性的论题,即,翻译的不确定性。我们将在第4章考察这一论题以及它同分析性之间的关系。而在这里,我们需要留意的是,蒯因打算在考察语言(作为一项经验性的事业)的路上走多远。

蒯因这种外延性、经验性的(特别是,行为主义式的)意义进路延伸到了同义性概念。如果两个表达式具有同样的意义,那么,我们会说,它们是同义的。但是,我们所说的意义是什么? 蒯因尤其不想将意义的本质(hypostasis)当做一种抽象实体,甚或某种既不能被解释也不能通过经验加以阐释的实体。

> 该论证指出,如果我们可以说一个语句是有意义的,或具有意义,那么,这种意义必定存在,而且它将同一于或区别于另一语句所具有的意义。人们竭力支持这一论证,然而,他们并无明显的企图要根据意义性(meaningfulness)来定义同义性,而且也没有注意到这样一个事实:即我们同样也可以根据习语"为了……的缘故"(for the sake of)和"是在追猎独角兽"(is hunting unicorn)为缘故(sake)和独角兽的实在性(hypostasis)做出辩护。(1960, 206 – 207)

与意义实在化(hypostasizing)不同,蒯因看到,在彻底翻译的过程当中,我们有可能尝试着通过他的经验视角为同义性给出一个特征描述。翻译就是尝试抓住两个语言中语句的同义关系。藉由彻底翻译的观点来思考这种尝试,蒯因希望表明,同义性可以被看做物理现象的一部分:

> 让我们来观察一个说卡巴拉语(Kabala)[xt3]的人,比方说,他采用了派克构拟的语言系统。我们寻找他发出的声音与我们观察到的其他正在发生的事情之间的相互关系,或所谓的因果联系。正如在探求相互关系或所谓因果联系的任何经验研究中一样,我们推测各种各样特征之间的关联,然后,通过进一步的观察乃至实验来确认或拒绝我们的假设。(Quine 1953, 60)

蒯因认为,彻底翻译迫使我们以一种严格稳妥的方式对待意义和同义性,而这种方式与我们当下最好的世界理论以及物理学都是一致的。它促使我们只根据物理、行为事实去解释各种各样的语言现象,例如,意义、同义性。我们认为,蒯因引入彻底解释的目的最好被看做是方法论上的考虑。他并不想要主张所有的语言交流都是一个彻底翻译的过程,实际上,他就"同源语言"(以一个共有的文化为背景)对彻底翻译和翻译做出了区分(1960, 28)。此外,他还承认,有这样一个一般规则:我们可以通过对我们语言中的每一个音素串进行"谐音"(homophonically)置换来实现"翻译"(1969, 46)。毋宁说,彻底翻译的要点表明,我们可以将语言视为一个物理现象。

与意义形成对照,蒯因认为指称相对而言并不成问题,因为,在他看来,指称是一个外延概念,而不是内涵概念。指称总是相关于一个特定的语言背景(Quine 1969, 49),而且,它确实处在一个"神秘莫测的"层面（对此，我们将在第 4 章予以考察），蒯因认为，一旦我们"默默地接受了我们的家庭语言"，我们就能"在'表面上'(at face value)上接受其语词"(ibid., 48)。当然，我们必须接受我们的家庭语言，因为，如果我们不处在同一个给定的语言背景当中，那么，对指称的确定就无从谈起。举个例子，只有"不加批判地接受了'G'"，"F 是 G"才有意义(ibid., 53)。

同样，蒯因也把真理看做是一个不成问题的概念。其理由相当简单；他觉得塔尔斯基的 T 约定就是对真理这一概念的清晰解释：

> 毫无疑问，"去引号"(disquotation)这一解释完全没有任何问题；"雪是白的"为真当且仅当雪是白的也没有任何争议。而且，这是一个完整的解释；它清楚地说明了每个清楚的语句之真假。(Quine 1990, 93)

如蒯因所见，该解释预设了这句双条件句右侧"不带引号的语句"是可理解的（参见 Quine 1994, 498）。语句的可理解性来自理论的一部分(Quine 1960, 24)。我们将在下文对这种想法予以进一步的考察。这里的要点是，蒯因认为，塔尔斯基已经在某种程度上清楚地说明了真理，它已经不成问题了。

除了不带引号的语句的可理解性之外，塔尔斯基的真理观还有另外一个特征，对此，蒯因并没有予以明确的评论，但是，它对我们后边的讨论却非常重要。让我们再来看看塔尔斯基的 T 约定：

"S"为真当且仅当 p。

这里，塔尔斯基要求"p"是元语言中的一个语句，并且该元语言能够（正确地）翻译对象语言中的语句"S"。正确翻译这一要求对塔尔斯基来说至关重要。因为，如果 p 没有正确地翻译 S，或者

"S"与"p"的意思不一样,又或"S"和"p"表达的不是同一个命题,那么,我们就得为塔尔斯基的充分性条件寻找另外的替代品。而蒯因认为,这个表达式(包括出现在左侧的引号)必须被看做右侧语句的一个名称。真理的融贯论是不是令人满意我们姑且不论,但它一定是有争议的。①

2.9 瞄准分析性

表面上看,蒯因与卡尔纳普两人的哲学观点似乎可以相容,甚至相互补充。这两位哲学家都认为,哲学依赖于(至少部分地依赖于)阐释工程。他们都接受科学解释可以作为哲学工作的一个模型,也都拒斥传统哲学所主张的那种实质性的先天知识(例如康德的想法),而偏好经验论。他们对传统形而上学抱有极大的怀疑;而就哲学能够解释我们所关切的世界而言,他俩认为哲学从属于物理学。

然而,在这种表面上的相似性背后还深深隐伏着不同的哲学观,这种差别将爆发出来,成为20世纪哲学最著名的论争之一。从蒯因这种激进的自然主义观点来看,在哲学探索和自然科学探索之间根本就不存在任何根本性的差异。这并不是说蒯因认为哲学和科学是同一种东西,因为他承认哲学理论可能要比科学理论更为一般(参见 Quine, 1966, 210;我们将在第4章回到这一论题)。这两者之间的差异是一般性程度上的差异,而非类型上的差异。对于蒯因而言,哲学中并不存在分立的研究领域。这里并没有诸如康德所想的那种东西,即哲学独自探索先天综合知识之为可能的条件。他同弗雷格、罗素以及早期维特根斯坦的想法,即哲学能够研究思想或语言之为可能的先天条件,也没有什么关联。

---

① 关于蒯因的真理的"去引号"理论,读者可参见 Marian David(1994)书中彻底深入的讨论和批评。

最终，蒯因来到这一问题：科学的认识论问题，也即维也纳学圈和卡尔纳普从这一传统中提炼出的问题。卡尔纳普在《构造》中发展出的科学认识论是不是科学的一部分？在本章的一开始，我们看到，蒯因认为卡尔纳普的回答似乎暧昧不清。而另一方面，卡尔纳普似乎和他的哲学先辈们都有这样一个诉求：比如说，我们可以通过对经验科学（尽管它源自主体经验）的对象化，来为科学提供哲学"基础"。然而，在这么处理的时候，卡尔纳普似乎借用了经验科学的成果——他用心理学理论来刻画主体的起点。蒯因发觉这让人感到困惑不解——如果卡尔纳普对心理学感兴趣，那他为什么不去做心理学呢？

假定我们确实忠于自然科学的方法论。那么，难道实际的科学实践就需要分析真理这么一个概念？难道这一概念在所有科学理论中都不可或缺？卡尔纳普也未作此主张。那么，我们为什么要引入这一概念？如前所述，卡尔纳普曾对这个问题有一个回答：我们引入分析真理这一概念是为了将有关语言的问题从有关世界的问题中分离出来。因此，分析真理对哲学事业是有用的，它的作用就是澄清我们的语言实践，特别是，我们用它来澄清科学的语言。注意这一概念在卡尔纳普的哲学观中所发挥的作用：它引入了一个独特的哲学区分（分析/综合之分）以及一项独特的哲学工作——通过对语言的严格规定来澄清科学的语言。换句话说，在卡尔纳普手中，分析真理这一概念把哲学与自然科学变得不连续了——至少在蒯因看来似乎是如此。

蒯因曾引人注目地反对分析-综合两分，对此，我们将在接下来的一章中详细地阐发其间的理由。蒯因之前的哲学传统中有这样一个想法，即哲学研究是一种独特的专题研究，正是这一想法促成了他的反对态度。蒯因认为哲学并无任何特别之处，它不具有特别的身份或权利，当然也不具有特别的权威——好像自然科学缺乏这种权威一样。蒯因对分析-综合两分的所有主要形式拒不接受，而且在根本上,他拒斥这样一个想法,即哲学研究是一种独一无二、特殊的东西。在接下来的几章中我们将看到,这种拒斥态度对蒯因的哲学以及分析哲学的发展都产生了重大的影响。

小　结

在这一章,我们细致考察了20世纪哲学的两个最重要的人物:鲁道夫·卡尔纳普和威拉德·蒯因。我们将卡尔纳普的哲学发展看做是一个回应,他力图解决维也纳学圈关于分析性、科学知识的解释所遇到的困难,这种回应特别表现在他的《构造》一书当中。接着,我们将蒯因的哲学发展呈现为对卡尔纳普后期哲学的一个激进的回应。我们注意到,他们两人各自的哲学立场随着分析性观念以及对分析性态度的变化而变迁。

本章的一开始我们就考察了对维也纳学圈的哲学观(特别是,这种哲学观在卡尔纳普的《构造》中得到了进一步的发展)的两个挑战。其一来自库特·哥德尔所发现的算术公理系统的不完备性。另一个挑战来自这样一个事实,即《构造》一书试图借用经验科学的成果来表明经验科学的客观性如何成为可能。这两个挑战导致卡尔纳普在其后期哲学中做出了意义深远的修正,因此,我们将卡尔纳普的哲学划分为两个阶段,"句法"时期(出自《语言的逻辑句法》一书)和后来的"语义"时期。

在"句法"时期,卡尔纳普认为逻辑中没有"道德"而引入了"宽容原则"。据此,我们可以轻松地构造出逻辑系统以及由推理规则、公理系统组成的"语言",而且,我们不必担心这种语言是否是"真的"或"正确的"。卡尔纳普认为,传统哲学可以被构造和学习这种语言取而代之,与此同时,我们的目标是通过建立和确定形式化语言系统(该系统具体表现了我们偏好哪种语言规则)消解传统哲学论争。在卡尔纳普看来,这些规则和它们的逻辑后承就是该语言的分析真理。它们是这样一些陈述，即，其真值单由该语言系统本身所确定。因此，卡尔纳普放弃了他早前通过构造形式上严格的语言将科学知识"还原"为主体性经验的努力，以此回避纽特拉和其他人对《构造》一书中想法的诘难。我们还看到，哥德尔的不完备性给一个给定的语言带来了问题，对此，卡尔纳普做出了回应，他建议动用更加丰富的元语言。

在同塔尔斯基讨论之后，卡尔纳普萌发了语义学转向之心。塔尔斯基帮助卡尔纳普认识到，他可以进一步扩展他的计划——用严格的人工语言取代哲学，这样一来，卡尔纳普的语言就能用严格的替代品来取代诸如指称和真理这种令人困惑的哲学概念，并且，他就能据此对综合陈述的真值给出一个更为丰富的解释。这么做的关键在于塔尔斯基的"T 约定"。然而，这就要求卡尔纳普放弃他早前对分析真理的解释。于是，他借助特定的人工语言提出了各式各样"阐释"分析性的方法。阐释是指在一个人工构造的精确语言内部用精确的、严格概念来取代不精确的、模糊概念的过程。卡尔纳普语义时期的哲学将阐释视作哲学研究的任务。他相信，通过阐释计划对哲学上那些有争议的概念（例如，"真"、"数"、"实在"、"指涉"甚至"分析的"本身）加以澄清，我们就能用阐释取代传统哲学。在第 2 章，我们注意到，对"分析的"这一概念的阐释有两种方式；同样，我们也注意到，哲学如何（依卡尔纳普的观点）就变成了一项语言工程。通过恰当地处理，一项阐释可以向我们表明，实际上，那些看似有意义的哲学陈述混淆了"内部"问题（关于一个特定语言内部何者为真的问题，例如，关于该语言的分析真理）和"外部"问题（关于该语言系统这个整体的问题）。事实上，卡尔纳普认为只有内部问题才是真正的问题，但是，内部问题并不需要哲学家来解答。

蒯因曾受到卡尔纳普观点的影响。我们看到，蒯因赞同阐释的一般想法，而且他和卡尔纳普一样，希望借助形式化的方法（例如，T 约定）来澄清各种各样的哲学论争。然而，蒯因以一种戏剧化的方式修改了卡尔纳普的阐释思想。对于蒯因而言,阐释即消除;正是对概念的消除妨碍了我们理解世界,而且妨碍了我们将其内容视作物理现象。蒯因反对卡尔纳普所谓的"宽容"态度,而将自然科学(特别是物理学)作为他的哲学出发点。蒯因认为,自然科学给出了关于世界的最佳理论,因此,我们的最佳起点也就是描述自然科学。他同样将这样的一个出发点用于语言。蒯因建议我们将语言这一物理现象看做根本上是由记号串或一系列音素所组成的东西。蒯因认为,我们可以根据抽象对象(例如集合)在一个理论中所发挥的作用对其做出辩护,他的目标是打算借助逻辑方法生成一个关于世界的理论,而该理论要尽可能地同我们最好的物理理论相一致。

这一目标促使蒯因对语言采取了一个行为主义式的态度,即,通过"彻底翻译"来研究语言。从这一立场出发,我们就同一个语言学家在面对一个完全陌生的语言时的态度一样了。借此,我们可以抵御不把语言看做是物理现象的诱惑,同样,我们也可以抵御将语言"实在化"为实体、语言现象(例如,意义和同义性)这类诱惑。因此,蒯因对分析性这一概念持悲观态度。然而,只要我们能够借助类似 T 约定的方法对真理这类概念予以清晰的阐释,蒯因也承认它们是合法的。

蒯因和卡尔纳普的工作有诸多的相似性,但是,这些相似之处遮蔽了他们的研究进路在深层次上的不同。他们两人均接受阐释这一思想,拒斥传统哲学,而且也都将科学的范围及其语言的澄清视为哲学的核心工作。然而,蒯因的自然主义哲学观使其同卡尔纳普分道扬镳,因为这种哲学观要求蒯因放弃分析性这一概念,而卡尔纳普的人工语言正是建基于其上。该分歧将构成我们下一章的主题。

拓展阅读

在这一章,我们注意到逻辑方法有两项重要的进展,即哥德尔的不完备性定理和塔尔斯基的语义学方法,它们为卡尔纳普和蒯因的哲学提供了思想资源。Torkel Franzen 的 *Gödel's Theorem: An Incomplete Guide to its Use and Abuse*(2005)以及 Ernest Nagel 和 James Newman 的 *Gödel's Proof*(2001)均为这一重要的理论提供了颇有助益的介绍。塔尔斯基的 *The Semantic Conception of Truth*(1944)是一篇易于理解的导论,同时也是他最具创造力的论文之一。卡尔纳普的《经验论、语义学和本体论》(1956a)可能是其后期著作中最易理解的论文,其中勾勒了他全部的哲学观。针对卡尔纳普后期著作,有一些值得注意的学术研究,它们包括 A. W. 卡鲁斯的 *Carnap, Syntax, and Truth*(1999),Thomas Rickette 的 *Carnap: From Logical Syntax to Semantics*(1996)。这些文章均讨论了卡尔纳普哲学的发展及其动机。迄今为止,Arthur Pap 的 *Semantics and Necessary Truth: An Inquiry into the Foundations of Analytic Philosophy*(1958)依然是对卡尔纳普哲学最为详尽的讨论。Pap 虽对卡尔纳普的方法不满,但是,其理由并不同于蒯因。同样,针对蒯因,也有许多优秀的文著。Alex Orenstein 的 *W. V. Quine*(1988)和 Christopher Hookway 的 *Quine: Language, Experience and Reality*(1988)是两本导论性质的书。Orenstein 对蒯因的哲学给出了一个清晰且有极大同情的解释,而 Hookway 的文著则更多是对蒯因的批评。Peter Hylton 的 *Quine*(2007)是最新一部对蒯因的工作做出更为详尽分析的著作。Roger Gibson 编著的 *The Cambridge Companion to Quine*(2004)收集了一些论文,讨论了蒯因哲学的方方面面,包括他对科学以及分析性的态度。最后,Gary Ebbs 的 *Rule - Following and Realism*(1997)中的第4、5章针对卡尔纳普和蒯因就围绕分析性所产生的论战给出了一个非常有趣且极富洞见的分析。

3

分析性及其反对者

3.1 导论与综述

蒯因反对分析－综合之分及其几乎全部的常见形式。在上一章,我们得出结论,这种反对态度是蒯因自然主义哲学视野中的一个重要元素,因此,也是其重新思考哲学事业的一个重要元素。然而,蒯因用了很多年的时间才将他对分析－综合这一区分的不满完整地表达出来。据蒯因本人所言,他的"背叛"萌生于他在1936年所写的论文《约定真理》(Truth by Convention),这篇文章中的几个论证形成了蒯因后来对分析性展开批评的基础(Quine 1986, 16)。到了1951年,在同卡尔纳普、阿朗佐·丘奇、纳尔逊·古德曼,塔尔斯基以及莫顿·怀特(Quine 1953a, xii)讨论之后,蒯因在《经验主义的两个教条》一文中表达他对分析性概念最为直接的攻击。其"背叛"所产生的影响得到了普遍认可,然而,我们却很难解释为什么会如此这般。为什么会有这么多人坚守这一区分?为什么围绕这一区分的论争会让这么多分析哲学家长时间以来焦头烂额?

在第2章,我们试图为这一问题提供一个详尽的回答。我们关注了卡尔纳普观点的一些细节,并发现他从早期语言的句法模式转向了"语义观",他想要捍卫分析-综合之分,然而这一转变却将他置于一个更为不利的处境。在本章,我们将进一步阐发卡尔纳普在其"语义"阶段所提供的图景:即,为了在一个被严格表述的对象语言内部区分分析陈述和综合陈述,他在元元语言中求助于某种类似分析-综合之分的东西。为了解释一个对象语言内部的概念很自然就导致的问题,即,能否给出一个非循环的、有启发性的分析性概念或对语言一般都成立的分析性概念,卡尔纳普希望在另一种语言中找到本质上同分析性概念一样的东西。在本章中,我们将看到,蒯因认为,卡尔纳普或其他人都没有为分析性给出一个非循环的一般解释,而且我们有理由相信,这一概念在根本上就是无法理解的。此外,蒯因还主张,实际的科学实践无需乞援于分析陈述。后来,其他一些哲学家(比如说,吉尔伯特·哈曼)发展了蒯因的主张,他们认为分析性不能解释任何东西,正是出于这样一个理由,即便我们能够给出一些一致的有关分析性的解释,这种东西的引入在科学或哲学上也无可取之处。

在这一章,我们将审视《两个教条》的若干核心论点以及蒯因对分析性的相关批评(最值得注意的内容可参见 Quine 1960,1963,1966a)。我们不打算为其全部论证都提供一个详尽的分析,但是,我们将着眼于那些已经被证明有着广泛、持久影响力的论点。蒯因反对卡尔纳普关于分析-综合两分之解释的论证也必须被算做其中之一。因为,卡尔纳普对这一区分的刻画已经被许多人(蒯因也在其中)视作是最清楚、最明确的刻画(参见 Quine 1963, 385)。所以,如果卡尔纳普的刻画未能奏效,那么,蒯因在这场关于分析性的论争中就拥有了修辞上的优势。

但如果这种刻画确实获得了成功,那么蒯因对分析性以及相应的分析-综合之分的拒斥就无法宣称存在着一个特别的哲学任务或研究领域(比如说康德、弗雷格、维也纳学圈以及卡尔纳普所展望的那种东西)。如前文所见,分析-综合之分让康德为哲学开辟出一项与众不同的哲学任务,即,哲学就是针对先天综合真理之基础的分析。这一区分使弗雷格将那些具有"一般逻辑性质"(general logical nature)的陈述同其他陈述区分开来。它也为维也纳学圈给出了与他们的经验主义相一致的逻辑真理或先天知识的解释。而且,这一区分也是卡尔纳普的阐释工程的核心所在,它让卡尔纳普对语言内部的陈述和外部的"伪陈述"做出了区分。

因此,蒯因对分析性的攻击向西方哲学传统中极为重要的部分发起了挑战。在我们已经考察过的例子中,分析-综合之分在为哲学之有别于自然科学的划界过程中扮演了一个重要的角色。那么,没有了这一要素,哲学会是什么呢?蒯因已经给出了答案:哲学不再能要求一个特别的研究领域,相反,它将变成与自然科学"连续"的一部分。换句话说,如果哲学与自然科学连续一致,那么,蒯因对分析性的拒斥将有力地支持其自然主义哲学观。

蒯因从未放弃过他这种自然主义式的观点。然而,后来他对分析性的拒斥有所减弱,在1960年,他引申出了一个高度弱化的概念——"刺激分析的"(stimulus analytic),而到了1973年,他甚至承认这个高度弱化的概念和分析性这一概念极为相似(Quine 1973, 79;1986a, 93–95)。不过,蒯因依然认为,可以为我们所接受的分析性概念的诸种形式不具有任何重要的哲学意义(参见1966, 113, 119–121;1986a, 95;Hahn & Schilpp 1986, 138, 236)。

有多条路线形成合力,促成了这场论战,因此,我们很难跟踪其间的逻辑关系。在3.2节,我们将分离出三个有关分析性的不同问题,而它们并不总是清晰可辨;在3.3节,我们将勾勒出蒯因论证的轮廓。在3.4节,我们将根据卡尔纳普的观点发展出一个针对蒯因的回应。我们会在3.6节检视其他一些哲学家(例如,格莱斯和斯特劳森)对蒯因的回应,同样,我们也会关注那些从一个更为宽广、非卡尔纳普式的逻辑框架来捍卫蒯因的哲学家的回应。蒯因的这些维护者当中,最为突出的人物是哈曼,他的著作别具特色,为我们呈现了一个对任何分析－综合两分提议的反驳策略，同时他对这一蒯因式的策略做了一个一般概括。我们同样也会考察他针对格莱斯和斯特劳森的回应。接着，我们将在3.7节转到第二条攻击分析性的路线，蒯因从他有关陈述确认的整体论当中发展出了这一方式。我们将在3.8节考察针对这一反对路线的回应。在3.9节，有一个反对分析性的论证，它基于蒯因对约定真理（维也纳学圈采纳了这一概念）的反驳。最后，我们将在3.10节以一个讨论结束本章，该讨论涉及蒯因对分析性态度的改变，它表明，蒯因后期关于分析性的观点也许会牵动我们对他与卡尔纳普之间争论的评价。在大多数情况下，我们将有选择地采纳针对蒯因式论证的回应，虽然如此，我们也会简述由分析性的捍卫者和质疑者给出的主要论证。

3.2 质疑分析性

在2.7节我们已经看到，对于蒯因而言，语言最好被看做是一个物理现象。语句被理解为一系列集合（序偶），而这些集合由物理事件或与数配对的铭刻（被说出或被写出的字母和音素）构成的集合所组成。对语言的哲学分析开始于可观察的话语或倾向，这将为语言现象的同一化和个体化提供准则。彻底翻译这一概念为我们提供了一个方法论上的探索策略，它有助于我们以这种自然主义式的眼光来对待语言。借助诸如意义、同义性这些语言特征，该方法将我们限制在可观察的物理事实或行为事实上。当蒯因将注意力转向语句的性质（例如分析性）时，他期望能为这些性质找到同一个准则。

> 我们会遇上这个论证，即，认为我为同义性和分析性设置的明晰性标准高得不合情理；然而，我所要求的不过是根据言语行为而做出的一个粗略的刻画。（1960，207）

在下文中我们将会看到，蒯因要求"分析性"可以根据公共的、可观察的言语行为而得到刻画，据此，他对卡尔纳普和其他维也纳学圈成员所采纳的"可理解性"这一概念提出了严肃认真的质疑。在蒯因看来，如果哲学家无法为分析陈述/综合陈述这一区分提供诸如言语行为这种可观察的基础，那么，按照这些哲学家自己的标准，这一区分就该被当做形而上学的"信条"而被置之脑后。

在考察蒯因给出的论证细节之前，我们认为，当我们讨论分析性的时候应当首先区分三个截然不同的问题。其一，是否存在一个连贯一致的概念，它在"分析"真理中发挥着关键作用或与其密切相关。当然，对这一问题的回答取决于人们对一个概念的一致性要求，同样，它也取决于人们看重它在分析性中发挥什么样的关键作用。

假定我们能够找到某个关于分析性的连贯一致的概念，那么，第二个问题便是，在事实上是否存在分析陈述，亦即，该概念是否能用于任何陈述或拥有一个非空的外延。"分析的"这一概念应该被视作燃素或女巫这类概念；事实上，这些概念只有空的外延，因此，对于是否存在一致概念这一问题，它们无法做出回答。我们将在第6章进一步讨论这个问题。

第三，也许有人会质疑，将某些陈述视作分析陈述能否带来一些有意思的实用价值。当然，这一问题非常需要进一步的阐发。例如，对于日常语言的使用者或那些从事科学研究或哲学探索的人来说，什么是实用的将非常不同。

这三个问题通常没有得到充分、细致地区分，从而导致评论者错误地将其中某一个问题的答案用于其他问题。根本不存在可理解或一致的分析/综合之分，它应该遵从这一事实，即这一区分的诸多特征并不能发挥实用作用，预测性的科学理论并不存在。这种特征类似于燃素、女巫或被经验证伪的范畴。

无论此类论证在根本上有什么价值，它们必定不能合法地并入截然不同的论题。例如,如果我们考察"燃素"这一概念,我们就会发现,事实上根本就没有燃素这种东西,它也不能对是否存在一个关于燃素的一致概念这类问题做出回答,同样,"女巫"这一概念也是如此。此外,假设我们规定"frenchelor"是指法国单身汉。事实上,该词可能没有任何实际用途,而按照规定来使用该词,乍一看,这样做似乎既不能完全回答关于法国单身汉这一身份(frenchelorship)是不是有一个连贯一致的概念这一问题,也不能回答是否存在这种身份的实例。这些似乎都是显而易见、微不足道的见解,但是,蒯因的拥护者会不厌其烦地否认它们。①

3.3 蒯因的《经验主义的两个教条》

相信很多读者对蒯因的《经验主义的两个教条》(1953)并不陌生。这篇文章被广泛地用来反对分析性,是反对方主要的论据来源,因此,我们理应对其加以细致的关注。我们将概括出《两个教条》(以下简称 TD)中我们认为最具影响以及最为重要的论证,而将那些不那么重要的观点(例如,也许有人想知道"语词"这一概念是什么意思)置之脑后。

TD 中的论证可以被分为两个部分。第一部分包含一些反分析性之"可理解性"的论证。分析性的可疑之处被认为与其他一些概念(例如,同义性、必然性,以及本质上的全"内涵"概念)高度相关。许多反对意见都采纳了反"循环性"这一形式来反对各式各样有关分析性的解释。TD 的第二个部分试图通过论证反对"第二个教

---

① 基切尔考察了一个规定性定义"酸",他明确认为,该规定并不像人们原本很自然就认为的那样显然为真并有根据。出于同样的理由,只要"frenchelor"并不在经验科学里头扮演一个有用的、解释性的角色,那么在基切尔看来,frenchelor 是法国人这一断言就将是"毫无根据的",基切尔似乎认为我们并没有什么充分的理由接受这一断言为真。见 Kitcher(1983, 82ff.)。

条"——蒯因称之为"还原论"(reductionism)。就蒯因的用法而言,还原论是这样一种教条,它主张个体陈述关联于它们各自特有的观察陈述(这些陈述可能支持,也可能不支持该个体陈述)之集合。在反还原论的同时,蒯因认为语言(科学的语言)作为一个整体"在遭遇经验时是一个共同的整体",而不是逐句(sentence - by - sentence)面对经验,①根据这一想法他发展出一个"确证的整体论"(conformational holism)学说。在第二部分结束之际,蒯因引入了他著名的"信念之网"(web of belief)隐喻,即,将我们在任何时候都倾向于赞同的语句集合(collection)类比于一张蜘蛛网:一张蜘蛛网黏着在它周围的环境当中,当我们切断它的任何一个特定的连结点时,并不会对这张网内部的节点产生任何特别的影响,但是,这会影响到节点之间的张力。与之类似,蒯因认为,我们的信念正是以这种方式连接至经验整体,即任何特定的观察(以及与之关联的"观察语句")——无论我们是赞成还是反对一个新的观察——都不会影响到我们所持有的其他"理论"信念。相反,我们只需调整我们信念的整体结构,使之有可能同我们的经验相符合就可以了。

蒯因宣称,只要我们放弃了这两个"教条",那么,物理学和思辨的形而上学之间的区分就会变得模糊不清,而且,哲学与自然科学也会成为一个"连续的"整体。同样,我们也会"转向实用主义"。虽然这一点,即,这一转向是不是在一个积极的、哲学上有帮助或有启发性的方向上还存有争议,但还是有很多人追随蒯因的这一做法。

3.4 对分析性概念的可理解性的反驳

在《两个教条》第一部分,蒯因的主要论点集中在分析性概念根

---

① 我们在第 2 章的 2.2.4 节曾看到,卡尔纳普持有一个非常类似的观点。

本不具有一致性或可理解的解释,相应地,他认为分析-综合两分也是空洞的。后来,蒯因在解释《两个教条》的论点时说,分析性是"一个伪概念,哲学家应当弃之不用"(1966,169)。在上文中我们看到,对于蒯因来说,有关"分析性"的一致性解释最起码得是根据言语行为做出的粗略刻画(1960,207)。蒯因之所坚持这样一种刻画,乃是出于以下理由:他坚信这种刻画最好与我们最成熟的世界理论相符合,以及,我们只能以人们在公共的、可辨识的环境中所做的公开行为作为证据来判断某个语言特征是否有意义。尽管如此,蒯因也知道不应该假设其他所有哲学家会和他一道分享这些信念。比方说,康德和弗雷格就会拒斥蒯因对自然主义和经验主义的全部许诺。蒯因也并不寄望于单就一个简单的自然主义观点就可以让他人为反对分析-综合之分投上一票。因此,《两个教条》和其他相关论文所给出的许多个论证负担是想表明,即便从那些哲学家各自的立场出发,"分析性"概念也不具有任何哲学上有启发的刻画。他着手考察借非矛盾律(Principle of Non-Contradiction)来刻画"分析性"这一做法,以此反对康德对这一概念的使用。

在刻画"分析性"时乞灵于"自相矛盾"乃是恶性循环。

回忆下第 1 章的内容,康德为分析性给出的准则之一便是非矛盾律。康德相信"如果一个判断是分析的,那么,无论它是一个否定判断还是一个肯定判断,我们总是能够根据矛盾律得出其真假"(Kant 1965,B190-1)。康德的想法是,分析陈述的否定式导致了自相矛盾。但蒯因发现,虽然我们在一个宽泛的意义上用"非矛盾"这一概念来澄清分析性,但其自身就有必要加以澄清,因此,他把"非矛盾"这一概念说成是"一个硬币的两面"(Quine 1953,20)。尽管蒯因并未在《两个教条》中进一步发展这一路反对意见,但它揭示出博尔扎诺早就发现的分析性的一个特征。在第 1 章,我们看到,博尔扎诺认为,在"逻辑分析"命题(例如,"A 是 A"或"一个对象要么是 B 要么不是 B"这种命题)和一个"更为宽泛意义上的"分析命题(例如,"卑鄙之人不应受到尊敬")之间有一个区分。对于前者,博尔扎诺写到,为了将它们判为分析命题,我们只需具备必要的逻辑知识,而后者却要求一种"全然不同的知识",因为"这些概念免于逻辑的侵扰"(Bolzano 1973, 198)。但是,什么样的"概念与逻辑不相容"呢?对此,博尔扎诺并未多加解释。而蒯因建议我们还需要更多的知识,这一点是正确的。考虑下康德给出的一个分析真理的例子:物体都是有广延的。如第 1 章所述,该陈述的否定式自身并不导致矛盾,除非我们像康德那样做出进一步的假设:"广延"这一概念以某种方式"内含"于"物体"概念。但是仅就标准的"逻辑"意义而言,这一假设并不是一个逻辑上的假设。它是一个"逻辑之外"的假设。

蒯因在 TD 中不厌其烦地使用这种"牵连致错"(guilt by association)式的论证。他反对通过阐释项的一致性或明晰性来说明待阐释项的一致性、明晰性、有效性以及分析性,比如,康德给出的那个例子中的"非矛盾"这种概念。蒯因并不是想借这些概念表明,如何才能成功地说明分析性,相反,他把怀疑集中到那些据称已经得到充分说明的概念本身。这种牵连致错策略在修辞上是强大的,但却有潜在的危险。其为强大是因为它能让蒯因接受他的对手们对分析性所做的各种刻画,但却否认这些刻画有任何重要意义。这一点同样危险,对此,我们将给出两个理由。

在蒯因那里,"牵连致错"策略的一个问题是,对"分析性"效力的攻击正是反对"第一哲学",或反对将哲学视为与自然哲学相分离的事业等等此类论证的一部分。所以,如果蒯因对分析性的反对意见是基于自然主义的假设,而该假设并不为其反对者所共享,那么,它们一定会被那些不接受其假设的分析性的捍卫者看做是谬套论结(begging the question)。这并不是说蒯因不能做出这样一个假设,即,那些由其自然主义立场提供的概念阐释一定得通过自然主义的词汇给出。它们当然可以被这样给出,随后我们将会看到,蒯因实际上为"分析性"给出了一个严格的定义,即便该定义由其行为主义的方式给出,蒯因认为它也是可以接受的。但是,蒯因不能用谬套论结的方式反驳他的对手,他也无法坚持说,那些来自不同哲学立场的概念阐释可以由其自然主义和行为主义的方式给出。①

牵连致错策略还有另外一个潜在的问题:我们藉由反对用以阐释分析性的概念来反对分析性,但若是将反对"分析性"的这一策略推行得过了头,那么这一点就变得很不明朗——我们还能不能为任何一个概念给出解释,而不至于沦为某种"反对意见"的牺牲品。通过同义性替换来阐释一个概念是毫无帮助的,因此我们排斥这种阐释。例如,如果有人对"猪"一无所知,那么,我们解释说猪就是豕就毫无意义。但是,如果有人还反对借助非同义概念来阐释任何概念,那么,阐释工作还能不能开展就大成问题。因为,我们很难想象在阐释一个概念的过程中不借助任何其他的概念。②

> 不存在意义,而且,"与……意思一样"(means the same as)或"同义的"所需的说明并不亚于"分析的"所需的说明

也许,当代对分析语句最为常见的刻画是"凭借其意义为真"——艾耶尔使这一刻画流行了起来,但我们有时也会把它归功于维也纳学圈(参见 Ayer 1946, 78;我们将在第 5 章进一步讨论对分析性的这一刻画)。正是在这个意义上,蒯因发现意义与同义性是可疑的,因为它们牵涉抽象物或心灵实体的"实在"(hypostasis),而这些东西无法用经验、行为的方式加以阐释。(参见第 2 章)

---

① 蒯因的一些捍卫者声称,蒯因以其自然主义视角来反驳其他哲学家是正当的。我们将在第 4 章的 4.5 节以及第 5 章的 5.6 节考察它们其中的一些论证。

② Glock(2003, 75)进一步发展了针对蒯因的这一反对意见。

就意义理论而言,一个显而易见的问题就是其对象的本性:意义是种什么东西? 可能由于以前不曾懂得意义和所指是有区别的,我们才感到需要有被意谓的东西。一旦把意义理论和指称理论严格分开,我们就很容易认识到,只有语言形式的同义性才是意义理论要加以探讨的首要问题;至于意义本身,它作为隐晦的中介实体(obscure intermediary entities),则完全可以丢弃掉。(1953, 22)

蒯因在这里的论证最好被看做是一种出于简约的考量。通过意义,哲学家们试图解释什么东西呢? 若答案是,意义为同义性和分析性提供了一个解释,考虑到后两者正是藉由意义而得到刻画,那么,这一答案并没有把我们带到任何地方。既然分析性和同义性已经借意义这种"隐晦的中介实体"得到了解释,那我们为什么不把前两者一并丢掉?

在第 2 章(2.8 节)我们看到,蒯因可以接受诸如真理、指称这类"外延"概念。但是,他认为它们对分析性而言是不充分的。特别是,外延的一致性是不充分的,因为"有心脏的生物"和"有肾脏的生物"这两个谓词很可能具有相同的外延,而它们显然不具有相同的意义。尤其是,"有心脏的生物就是有肾脏的生物"并不是分析的。(1953, 21)

倘若我们不能在阐释分析性时借助意义,那么,同义性又如何呢? 如果我们可以借助同义性来阐释分析性,那么,我们就可以藉由同义性置换将分析真理还原为逻辑真理。让我们考虑这个例子"单身汉都是未婚的"。如果"单身汉"与"未婚男子"是同义词,那么,我们就可以通过同义置换将"单身汉都是未婚的"变为"未婚男子都是未婚的"——这是一个逻辑真理。但是这么做似乎出现了某种循环,它类似于康德在求助于非矛盾律时遇到的循环问题。因为,我们同样也可以用"这两个句子是同义的仅当与它们等价的陈述是分析的"来定义"同义性"(30–31;又见 Quine 1963, 402f.)。对于"分析性"的这种刻画,蒯因挖苦道,"形象地说,就像空间中的一个封闭圆环"(1953, 31)。蒯因承认,我们也许可以在保真替换(salva vertitate)的意义上(也就是说,替换前后语句的真值保持不变)构造出一种语言,它的谓词成双成对而且拥有一致的外延。不过,即便如此,蒯因还是认为,

> 根本就不存在我们想要的那种认识同义性的保证……这里根本就无法保证"单身汉"和"未婚男子"的外延一致性是依赖于意义的,毋宁说,就像"有心脏的动物"和"有肾脏的动物"一样,它们的同义性只是依赖于偶然的事例。(31)

与分析性真理不同,逻辑真理可以得到非平凡的(nontrivially)、外延式的刻画。

蒯因并不认为逻辑真理是不可接受的。只要我们预设了"逻辑词汇"(logical vocabulary)这一概念,逻辑真理就没有问题。有了逻辑词汇,我们就能将"逻辑真理"的外延定义为这类语句,它们的真值经非逻辑词项间的替换保持不变。在"No unmarried man is married"这个例子中,如果我们将"un"当做一个逻辑词项,或将其视为逻辑词汇中的一员,那么,我们就能发现我们该如何看待这个例句;无论"man"和"married"作何解释,这个句子的真值依然保持不变"(ibid., 22)。因此,蒯因也认可博尔扎诺所谓的"逻辑分析"陈述(见1.3节)。但是,在一个更为宽泛的意义上,即,在同义性或意义这类概念"与逻辑不相容"(如博尔扎诺所言)这个意义上,蒯因同样也排斥博尔扎诺以及其他哲学家所认可的分析性(例如,康德借用非矛盾律而定义的分析性)。

求助于"定义"是失败的,因为词典式定义预设了意义/同义性。

到目前为止,我们已经看到,蒯因拒斥借意义、同义性或其他"可疑的"解释(例如,在一个宽泛的意义上,康德借非矛盾律给出的有关分析性的解释)来阐释"分析性"。但是,我们又该如何借定义来阐释"分析性"呢? 有人可能会想,没有一个单身汉是已婚的就是"单身汉"定义的一部分,而且,当我们以这种方式来定义"单身汉"时,"单身汉"和"未婚男子"这两个表达式就变成同义的了。然而,蒯因并不这么认为。词典编撰者是一位经验科学家,他只是在报告某个词的用法的诸多模式(Quine 1953, 24)。这里,我们又一次感受到了蒯因的诉求——他想仅仅依靠人们在公共、可辨识的环境中的公开行为作为证据,而且,在蒯因看来,一名优秀的词典编撰者也只能做到这些。但是在最好的情况下,词典编撰者会描述说话人将什么东西算作是"定义"或"分析的",而不是解释分析性是什么。(ibid., 24-26;又见 Quine 1966 111-112)。

蒯因确实承认存在着一种同义性,相对而言,它至少是可理解的:

这就是纯粹出于缩写的目的,根据明确的约定而引入新记号的做法。对于这种情形,被定义项和定义项之所以是同义的,完全是因为被定义项本就是为了和定义项同义这个目的而特意造出来的。就此而论,我们确实看到一个借定义而形成同义性的显豁情形;要是所有种类的同义性都如此易于理解就好了。然而,在其他情形下,定义取决于同义性,而非取决于对同义性的解释。(ibid., 26)

同样的道理,在数学和数学逻辑中,我们可以动用各种各样的

"定义"使某个论域中(domain)的陈述关联于其他论域中的陈述。例如,我们可以用这种方式对数下个定义:如果在集合论中有一条陈述,它涉及含有空集的集合(即,{{{}}}),而数论中有一条陈述涉及数1,那么通过将这个特定的集合随意地关联于或"定义为"数1,我们就可以认为前一条陈述"等价于"后一条陈述。蒯因认为,

> 这些翻译规则就是在形式系统中出现的所谓定义。我们最好不要把它们看做是一个语言的附属物,而是将其看做两个语言(其中,一个是另一个的一部分)之间的相互关系。(ibid.)

在最后,蒯因认为这些规则要么预设了预先存在着各种同义性,要么它们仅仅是缩略词。因此,这种现象并没有为我们提供一个使同义性或分析性变得可理解的方式。在下文中(3.9节)我们将进一步检视蒯因对定义的解释。

> 互换性(保真替换)是不充分的,但是,求助于"必然性"也是恶性循环,因为它借用了一个可疑的、与"分析的"相互定义的概念。

如前文所见,蒯因对分析性最著名的攻击可以被概括为针对循环性的指责。蒯因认为,任何想要阐释"分析性"的企图一定涉及了诸如"认识同义性"或"必然性"这类概念,而反过来,这些概念却要借用"分析性"才能得到定义。让我们考虑以下例句:

(i) 所有并且只有单身汉是未婚男子。

鉴于"单身汉"的定义已经包含了"未婚男子",所以,(i)按照

弗雷格的标准似乎是分析的:我们可以从一个逻辑规律(例如,同一律)出发,加上该定义,就能推出这个结论。因此,通过以下这个显而易见的真理,我们就能对(i)加以检验:

(ii)必然地,所有而且只有单身汉是单身汉。

注意,这句话可以通过保真替换(也就是说,其真值不发生改变)发生变化:

(iii)必然地,所有而且只有单身汉是未婚男子。

如此一来,我们只需要"必然地"这一富有意义的观念就能对"分析性"加以定义。不过,蒯因声称,我们只有在认可(i)是分析语句的情况下,才能将(iii)视为真的。但是,我们似乎已经定义了"分析性",即,

> 设想我们所使用的语言足够丰富,它包含"必然地"这一副词,而该副词还被解释为,当且仅当把它用于一个分析陈述时,才产生真理。(1953, 30)

但是,蒯因认为(i)这种对分析性加以定义的尝试不过是一个徒有其名的"把戏",因为它预设了我们已经对"分析性"有所把握——而这正是我们要去刻画的东西。以上只是蒯因"牵连致错"策略的一个例子。任何对分析性看似合理的定义中所用到的概念都大可怀疑,与此相反,它们并没有对分析性做出澄清。

卡尔纳普对形式语言的诉求混乱不堪,因为,"分析的"一词要么出现在规定当中,要么那些与之等价、莫名其妙的技术

性词汇(例如"语义规则")未加充分说明地就引入了其中。

关于这一点,我们已经看到,蒯因拒斥任何通过必然性或同义性对"分析的"做一个一般性的刻画。不过,TD 中的另外一条攻击路线则要具体得多,它将焦点放在了卡尔纳普这一尝试,即,为形式上精确的语言阐释分析性。因此,蒯因接下来的两条反对意见着眼于卡尔纳普在其"语义时期"的成熟立场的具体细节。对此,我们已经在第 2 章有过讨论。在接下来的一节(3.5),我们将考察针对蒯因的一些回应,这些回应既有来自卡尔纳普的,也有来自其支持者的。如果读者们只关心蒯因提出的一些更一般的论题,那么你可以直接跳到 3.6 节。但无论如何,在你这么做之前,请记住,蒯因本人认为卡尔纳普对分析性的解释是最明确、最清楚的(参见 Quine 1963,385)。蒯因对该解释的攻击极为成功,它对试图为分析性给出一个可行的解释构成了沉重的打击。

在第 2 章我们看到,语义时期的卡尔纳普通过两个充分性条件为"分析性"给出了可能的阐释,并且使其对"分析性"的定义满足这两个条件(参加 2.5 节)。卡尔纳普为 L 真(分析性)给出的充分性条件出现在《语义学导论》中。我们将该条件称之为"AC1",它对语言 S 中的一个给定的语句 S_i 做出了规定:

AC1:S_i 在 S 中是分析的(L 真)当且仅当语句"S_i 在 S 中为真"在 M 中是 L 真的。(Carnap 1942,61)

AC1 没能给出一个令人满意的定义,因为它是根据"S_i"在元语言 M 中为 L 真来刻画语句"S_i 在 S 中为真"。由于它使用了 L 真这一概念来定义 L 真,所以,它不可避免地在给出一个满足它的定义时会出现恶性循环。

关于"分析性"的阐释,卡尔纳普比较出名的做法是借用了"状态描述"这一想法,它是指对世界可能所是的完整描述。在 2.6 节,我们看到,卡尔纳普使用状态描述为 L 真给出了一个定义,该定义能够更广泛地满足充分性条件,我们将其称为"AC2":

> AC2:约定。语句 Si 在一个语义系统 S 中为 L 真当且仅当 Si 以这种方式在 S 中为真,即,其真值能够独自建立在系统 S 的语义规则的基础之上,而且,它不指向任何(语言之外的)事实。(Carnap 1956, 10)

回想一下,该"约定"为我们给出了一个条件,而任何对 L 真的定义都必须满足该条件,但是,它本身也并不是这样一个定义。

蒯因承认,藉由诸如"同义的"这些词汇,对分析性加以刻画的策略避免了在定义"分析的"一词时出现恼人的循环。但是,他发现它们同样也无法让人满意,他说,乞援于语义规则来区分分析陈述和综合陈述的全部企图都"混乱不堪"(1953,32)。蒯因很快就指出了卡尔纳普方案中的主要缺陷:

> 据说,那个令人烦恼的分析性概念是指陈述和语言之间的一种关系;又据说陈述 S 对语言 L 是分析的,那么,一般而言,该关系对不同的"S"和"L"都应当成立。(ibid., 33)

如我们在 2.2.5 节所见,在转向语义学之前,可以说①卡尔纳普曾给出过这样一个关于"分析性"的广义语言(language - general)定义,这就是分析陈述的句法定义,它要求一个分析陈述要么只包含逻辑词汇,要么任何一个可以通过替换描述性符号而从该分析陈述

---

① 这种广义语言定义要求他在借助元语言其中的一层元语言时能够避免不完备性。

中获得的语句都是确定的(Carnap 1937, 181 – 182)。但是,语义规则转向要求放弃这一定义。那么,语义时期的充分性条件和定义又当如何呢?蒯因同样也拒斥它们:

> 让我们设想一种人工语言 Lo,其语义规则通过诸如递归这类手段而拥有明确的规定,而且它由 Lo 中所有的分析陈述组成。这些规则告诉我们,有且只有如此这般的陈述才是 Lo 中的分析陈述。现在的问题是,这些规则当中包含着"分析的"一词,对此我们无法理解!(Quine 1953, 33)

在上文提到的 AC1 和 AC2 中,卡尔纳普用"L 真"替换掉了"分析的",但我们也许不该被卡尔纳普的这种做法所羁绊,正如蒯因恰当地指出,对"分析的"一词而言"L 真"是有待阐释的。那么,蒯因的不满究竟是什么呢?让我们再来看一看 AC1:它利用 S 的元语言 M 中的"L 真"这一概念去阐释 S 中的"L 真"概念。但蒯因说他无法理解 L 真!举个例子,他说他不知道"'所有绿色的东西都是有广延的'这一陈述是不是一个分析陈述"(ibid., 32)。AC1 告诉他,如果该语句在元语言中是分析的,那么它就在某个语言中是分析的。但蒯因声称,这同样让他不知所云。蒯因的问题是,"'[语句]S 对[语言]L 是分析的'这一说法对于不同的'S'和'L'是如何成立的"(ibid., 33)。AC1 看上去像是一个恶性循环:为了使 L 中的分析性有意义,它预设了我们知道"在 M 中是分析的"这个说法是什么意思。

AC2 的情况又如何呢?它并没有借助元语言中的 L 真或分析的这种概念去阐释分析性。相反,它说,某个语言中的一个语句是 L 真的"当且仅当 Si 以这种方式在 S 中为真,即,其真值能够独自建立在系统 S 的语义规则的基础之上,而且,它不指向任何(语言之外的)事实。"蒯因承认,这一规则并没有预设"无法理解的语词""分

析的",同时他也承认,它对"真的"一词的使用也没有任何问题(ibid., 34)。然而,

> 这里没有任何实质性的进展。虽然我们不再借用那个未加解释的词项"分析的",但是,现在我们却用到了另一个未加解释的短语"语义规则"。并不是每一个真陈述(它断言某个集合的陈述为真)都能被算作语义规则——否则,所有真理将在其为真的意义上根据语义规则而成为"分析真理"。显然,我们很容易就可以将语义规则辨别出来——只要我们去找出现在书页上顶着"语义规则"名头的东西就可以了;不过,这一名头本身毫无意义。(ibid.)

蒯因的第二句话是其关键所在。让我们任意构造一个真语句的非空集合,并称之为集合 T。现在,有一个陈述说 T 的所有语句都是真语句,即,"T 的所有语句为真"。难道该陈述是一个语义规则? 如果是的话,那么我们就可以说任何真陈述都可以根据语义规则为真,因为 T 中的成员是任意选取的。卡尔纳普想把分析语句的真理性独立地建立在语义规则的基础之上。但是,除非卡尔纳普进一步限制"语义规则"这一概念,否则,该条件就能适用于任何真语句,而在目前这种情形下,卡尔纳普根据语义规则来阐释"分析性"的做法看似徒劳无功。另一方面,卡尔纳普无法在规避循环论证的情况下解释"语义规则"。因此,卡尔纳普实际上处于一种非常脆弱的立场上。

卡尔纳普式的对"语义规则"的利用是毫无希望的,同样,借助"状态描述"理论试图将分析真理纳入逻辑真理当中的做法也是无望的。

如我们在 2.5 节所见,卡尔纳普曾认为状态描述能够超越充分性条件,从而允许我们定义 L 真,并因此通过下面这个定义(定义 D)来为一个语言 S1 定义分析性:

> D:定义。(S1 中的)语句 Si 为 L 真 =$_{Df}$ Si 对于(S1 中的)每一个状态描述为真。(Carnap 1956, 10)

可以说,定义 D 满足了卡尔纳普的充分性条件 AC2,而且它还有另外一个优点,即,它通过一个看似显豁的定义项(definiens)刻画了 L 真,也就是"对于 S1 中的每一个状态描述为真"。但是,在 2.5 节我们注意到,该定义有很大的局限性,即,它需要使那些在给定状态描述中所用到的原子语句具有逻辑上的独立性。不难看出,这一要求规定了一个非常重要的限制条件:它对使用定义 D 来阐释"分析性"的语言有所限制。例如,这样一个看似简单的句子"p 点在 t 时刻是红色的"就无法被视作原子语句,而且,它还潜在地对出现在状态描述中的描述性谓词做了严格的限制。

在蒯因那里,该限制是毁灭性的:

> 最近几年来,卡尔纳普倾向于借助他所谓的状态描述来解释分析性……但是,我们注意到,只有当该语言中的原子陈述是相互独立的,它不能是像"约翰是单身汉"和"约翰是已婚的"这类语句,这个分析性的新版本才能发挥它的作用。否则,某个状态描述就会同时将真值分配给"约翰是单身汉"和"约翰是已婚的",继而,在他建议的这样一个准则下,"没有单身汉是已婚的"这一语句将成为综合语句而不是分析语句。(23)

根据状态描述理论的解释,如果"没有单身汉是已婚的"不是分析的,那么,卡尔纳普充其量只是为分析性给出了一个极不牢靠的阐释,它将把分析陈述的集合限制在逻辑真理上,借用博尔扎诺的话说,这些逻辑真理"免受不与之相容的概念"的侵扰。而且,照定义 D 来看,"没有单身汉是已婚的"也确实不是分析语句,其理由蒯因在上述引文中已经说过了。"约翰是单身汉"以及"约翰是已婚的"并不是在逻辑上互不相容的,除非我们假定,"没有单身汉是已婚的"是分析为真的。但是,如果我们做出了这样一种假设,那么我们又再一次假定了"该人工语言的分析陈述本身实际上要通过这些陈述在日常语言中的具体翻译的分析性来认识",这就是说,蒯因发现卡尔纳普借用的那个概念根本就莫名其妙。

总的说来,卡尔纳普为分析性提供的充分性条件太弱,无法给予蒯因想要的东西,即,以一种非循环的方式使"S 对 L 是分析的"有意义,而且也无法为不同的"S"和"L"给出一个一般性的说明。而定义 D 同样也太弱了,无法全面适用于分析性。此外,任何此类定义的增强版似乎事先夹带了某种对元语言中的分析性的理解,正如我们现在想表明的那样,这种元语言对卡尔纳普而言就是日常的、有着共同使用背景的语言。最后,蒯因发现卡尔纳普的全部尝试都是"提着自己的头发往上拉":

> 我们也许可以令人信服地断言,某种与自然语言不同的人工语言外加一整套明确的语义规则可以在平常意义上是一种语言——不妨说,这一套东西构成了一个序偶;而且,L 的语义规则可以被简单地规定为序偶 L 的次级组份(the second component)。但是,通过同样的记号(token),我们或许可以更简单地将某种人工语言彻底地翻译为(construe)某个序偶,其次级组份正是它的所有分析陈述构成的集合;接着,L 中的分析陈述就可以被简单地规定为 L 的次级组份中的陈述。或者情况稍好一些,我们可能就不用提着我们的头发往上拉了。(1953,36)

不那么专业地说,我们或许可以借用下面这个类比来表明蒯因背后的动机。设想有一群"红人",他们在看到圣经中出现了大量红色字样的"耶稣"之后决定用红色墨水写一些陈述。这些陈述在他们看来非常特殊,尽管他们并不知道它们特殊在什么地方。说"红语"的规则是,一个人必须用红色的墨水将他要说的话写下来,并且必须用一种与众不同且欢快的语调来发声。对这些红人来说,红陈述理应在他们的科学和哲学中扮演着重要的角色。

现在,想象一个对此有怀疑的人出现了,他想知道为什么有些陈述会被写成红色的。他无法理解这里所做的区分,因为他不明白做出如此区分的背后有什么样的动机,也不明白为什么"红"陈述就这么特殊或有趣。最卓越的红人夏尔纳普承认,在我们红人的日常谈话中,这一区分确实含混不清,缺乏确定性。但是,夏尔纳普认为他能够定义出一种人工的红语言,而且在这种语言中将会有被良好定义的规则,这些规则会指明哪些语句将被写成红色的。就此,怀疑论者言之有理地反对道,在一开始根本就没必要做出红区分啊,而且,借助元语言中的红/非红这样一个区分根本就无法解释对象语言中的红/非红的区分。

当然,这一类比无法完美地契合蒯因和卡尔纳普之间有关分析性的争论。但无论如何,它意欲激发起怀疑者在面对纯形式化的阐释时可能表现出的担忧。这些针对分析性概念的阐释看似无关宏旨,甚至它们的关切点可能只是在于"分析的"一词的外延是不是确定的。诚然,不确定或不精确是其隐忧之一,但更深刻、更要紧的担忧是我们为什么要使用分析性这一概念。它的解释力和重要性何在呢?卡尔纳普是否抓住了蒯因反对意见的这一面相,我们不得而知,但卡尔纳普已经将其部分地吸收进他全然不同的新观念当中了——分析性这一概念应该在阐释过程中有所作为。我们将在第6章回到类似"红人"这种反对意见上,到时我们希望给出一个说明,即便在一些逻辑经验主义看来,分析性并不是一个经验的或不需要加以说明的概念,但我们还是希望能够解释类似分析 – 综合这样的区分为什么在哲学上有帮助、有启发。

3.5 蒯因的一致性论证:卡尔纳普的回应

在 2.9 节我们看到,蒯因和卡尔纳普两人对阐释以及一般的哲学态度有着重大的不同。我们注意到,对于蒯因而言,哲学的出发点是作为经验科学的语言,因此,理论应该将这种语言包含进来。在蒯因看来,语言首先是一种物理现象,而卡尔纳普的哲学并不以这种假设为起点,实际上,他并不把对语言的刻画看作是物理现象。毋宁说,对他而言,物理学语言将会是一个特定语言的表达。用物理学词汇来描述语言就成了一项"语言内部"的工作。

蒯因对分析性概念之一致性的攻击对卡尔纳普整个的哲学计划提出了一个潜在的重大挑战。在上一章我们已经看到了这一计划,即,用形式上精确的语言对那些有争议的概念加以阐释,该计划特别地依赖于我们对分析语句和综合语句之间做出的区分。蒯因发觉我们无法为此类陈述找到任何清楚、明显的区分。若蒯因是对的,那么卡尔纳普就处在一个非常尴尬的位置上。但是近年来,学者们已经开始质疑蒯因对卡尔纳普所做解释的大量细节。[①] 在这里,我们只希望着眼于其中的一个问题,即卡尔纳普是不是需要为其阐释计划中所用的分析性概念提供经验的、公共可观察的准则——而这正是蒯因的要求(参见 Quine 1960, 207)。

表面上看,卡尔纳普似乎在尝试回应蒯因的要求,即,"根据言语行为给出一个粗略的刻画。"因为我们在第 2 章中(2.5 节)注意到,卡尔纳普似乎在暗示,无论一个语言中的某个给定的语句是不

[①] 具体可参见 Creath(2004)、Friedman(1987, 1992)、George(2000)、Loomis(2006)、O'Grady(1999)、Richardson(1996, 1998)以及 Ricketts(1994)。最近,Gregory(2003)就蒯因对卡尔纳普的批评给出了辩护。

是被该语言的说话者视作是分析为真的,我们都需要在经验上加以证实。卡尔纳普建议,我们可以通过问一个"普通人"诸如"独角兽是一种类似于马的东西,但它头上有一只角"这类句子是不是真的,从而去确定一个词或短语的意义(1956b,238),他进一步评论,"我认为这自始自终都似乎相当合理,即,语词或短语的意义有一个经验准则"(1963c,919-920)。这段评论同样也适用于分析性这一概念,因为卡尔纳普提出,为了验证诸如"对 X 而言,语句 S1 在语言 L 中是分析的"这类陈述是不是为真,我们可以问问 X,他会怎样回应那些特定的问题(这些问题涉及他对 S1 的一些反事实陈述的态度),并且看看他将如何回答这类问题(Carnap 1963c, 920)。① 因此,卡尔纳普似乎认为一个语言中存在着分析陈述,而且它的存在作为一种经验性的推测符合蒯因的要求,即,为分析性概念赋予某种经验内容(同样见 Carnap 1956b, 240)。

不过,这只是表面现象。因为卡尔纳普的经验证实并不是想要通过赋予其经验内容使得"分析性"这一概念具有合法性,相反,它旨在为形式化阐释中被给予的分析性的"语义"概念提供一种卡尔纳普所谓的"实用的"、前阐释的对应之物。卡尔纳普的这种证实是想帮助蒯因那种人能够对"分析的"(类似于蒯因所理解的"真")一词做出前理论的理解。据此,卡尔纳普写道,

就"真"而言,[蒯因]赞成它是一个足够清楚的待阐释的词项;也就是说,在给出阐释之前,该概念的使用是足够清楚的,至少就实用目的而言是这样。另一方面,蒯因认为"分析性"这个前系统化的(pre-systematic)概念并不十分清楚,它不能充当一个有待阐释的词项。就自然语言而言,如果我们可以

---

① 在其他一些地方,卡尔纳普提出了一个类似的验证方式以检测两个表达式是否同义,由此在表面上支持了同义性这一概念在经验上的可接受性(Carnap 1956b, 237-240)。

为"分析性"给出一个经验准则,那么,该概念就可以在一个纯粹语义的、[分析为]真的概念的重构过程中充当待阐释项。(Carnap 1963c,919)

蒯因承认,日常的、前理论的真概念可以得到令人满意的阐释,但是他拒绝认同卡尔纳普对分析性这一概念所做的阐释。为什么呢?卡尔纳普曾大度地假定,蒯因只是不理解分析性这个有待阐释的概念是个什么东西。因此,为了明确谓词"分析的"一词在自然语言中的位置,他提出了一个"前系统化的"证实方案,其目的就是帮助蒯因这些人去理解他想要阐释的是什么。但是,他并没有将他有关分析性的阐释看作是为这一概念提供某种经验内容,好像这么做就如同对"铁"这一概念的阐释为该概念的归属提供了经验上可观察的条件那样。与"铁"的情形不同,在某种形式上精确的语言中,"分析的"一词并不是要成为一项经验谓词。卡尔纳普认为,阐释工作是一种概念上的澄清工作,所以,当我们对某个概念,例如"分析的"一词,加以阐释时:

情况是这样的,如果我们对某个阐释问题提出了解决方案,那么,我们就无法以一种精确的方式去定夺它正确与否。严格地说,无论该解决方案是对还是错,它都没有意义,因为这里根本就没有一个清晰明断的答案。(Carnap 1950:4)

卡尔纳普式的阐释方案是想提供某种精确性和严格性,所以,对于一个已经是严格的概念来说,这种阐释毫无意义。不过,这并不是蒯因认为阐释工作该有的目标。对于蒯因来说,对某个概念加以阐释就是消除该概念,并通过其他渠道来实现该概念的用途——无论它的用途是什么。但是卡尔纳普的观点与之不同。他明确地拒斥该想法,即,任何经验内容都能够被赋予给分析性这个待阐释的概念,因为,根据他的观点,"分析－综合之分来自某个语言系统,而且仅仅与该语言系统相关,也就是说,该语言是根据那些明确表述的规则组织起来的"(Carnap 1952,432)。卡尔纳普旨在给出这样一种阐释,它将能够为一个含混或不清楚的概念提供更多的精确性。从他的观点来看,我们对分析语句和综合语句所做的区分满足这一目标。卡尔纳普似乎认为这就是我们所能做的,即,赋予一个系统以精确的规则,并用它们取代该系统中那些含混或不确定的规则。从卡尔纳普的立场来看,他早先于《句法》时期对分析性所做的解释同样是有保证的,而且同样也是精确的。对于一个形式上得到阐释的概念而言,除了获知那些精确规则的适用性之外,卡尔纳普并不认为我们还要去理解什么。

据此卡尔纳普相信,虽然借助了不精确的先行概念(包括那些应该加以阐释的概念),但他的阐释计划是连贯一致的。此外,他还相信,这种做法要求用元语言来明确地表述阐释语言(亦即对象语言),这种借用元语言的做法在其《句法》一书中有所暗示,不过,它也明确地出现在对 E. W. 贝斯的论文的回复当中:

> 贝斯的论文说的是,就我的理论的目的而言,其本质在于,元语言 ML 这个英文单词有时会被用做某种固定的解释。对此,我表示强烈赞同;甚至我可能还会说,这种情况不止是有时候,实际上通常都是如此。(Carnap 1963a,930)

不过,这一点简直无关痛痒,卡尔纳普认为,人们使用同样的语言在一开始就是给出一项阐释的条件(ibid.,929)。所以他坚持认为,借用元语言来明确地表述对象语言的这种做法既用作某种"固定的解释",而且还典型地被用作那些有待阐释的概念上。

在第 4 章(4.6 节),我们将更为切近地检视卡尔纳普的阐释计划。因为蒯因反对用语义规则澄清"分析的",所以在这里,让我们先来关注与蒯因的反对意见相关的一些要点。卡尔纳普试图根据"在元 L 中是分析的"来刻画"在 L 中是分析的",对此蒯因表示反对,因为它预设了我们事先就对"分析的"有所理解,而卡尔纳普本来会对这一异议予以爽快地承认。但让卡尔纳普真正感到心烦意乱的是,蒯因再三坚持说自然语言中的"分析性"是一个不清楚的概念,卡尔纳普也同意蒯因的这一看法。蒯因在"分析性"上的困惑正是卡尔纳普试图通过阐释计划消除的东西!(参见 Carnap 1963c,919)。确实,按卡尔纳普的观点,蒯因接受并支持塔尔斯基的 T 约定,而且还认为它对真的哲学阐释有着非常大的助益,但这就更让人困惑了:

> 让我感到困惑的是,对于诸如"分析性"、"同义性"这些语义概念而言,我们为什么还需要去定义一个在经验上与之相应的实用概念,因为其他那些语义概念,例如"真"……并不需要这样一种定义。(ibid., 918)

一旦蒯因接受了塔尔斯基对后者[指"真"这类语义概念]的阐释,那么他同样也应该接受卡尔纳普对前者["分析性"、"同义性"等等概念]的阐释。卡尔纳普无法理解蒯因为什么要求将"分析性"阐释为一个"经验的、实用的概念"(在蒯因的行为主义的意义上),而不对"真"做同样的要求。

这将他们两人之间的争论带向了何方?蒯因要求根据言语行为对分析性做出刻画,而卡尔纳普拒绝给出这种东西。为了能让蒯因看到他目前通过明确表述的规则阐释的是什么,卡尔纳普非常乐意为自然语言中那个有待阐释的"分析性"概念提供一种"前系统化的"证实手段——它会通过言语行为该概念给出一个"实用的"刻画。站在卡尔纳普的立场上看,除此之外他所提供的东西都将毫无意义。蒯因确实接受了塔尔斯基那种形式上精确的关于"真"的阐释,那么,他为什么不接受卡尔纳普对"分析性"的阐释呢?

然而在蒯因看来,卡尔纳普整个阐释计划都毫无希望。卡尔纳普将某些特定的语句标识为"分析为真的",但是,这究竟意味着什么呢?分析-综合两分要么相应于一些在语言的用法中公共可观察的区分,要么没有这种对应关系。如果有的话,那卡尔纳普有什么理由不给出蒯因要求的东西,即,"分析性"的行为准则呢?而如果没有这种对应关系的话,那么采用卡尔纳普这样一种语言学方案到底意味着什么呢?

这里,做出一个区分也许有助于澄清这种表面上的僵局。当我们说一个概念具有经验内容的时候,我们可以就这个说法区分出两种意思。其一,一个概念 c 也许具有经验内容,让我们称其为"经验内容 1",如果概念 c 至少出现在一些语句中,那么,这些语句就蕴含了或很可能蕴含了某些特定的"观察语句"为真,或者,这些语句蕴含了对世界的观察,在后一种情况下,概念 c 并没有出现在语句当中。例如,我们可能会说,在这个意义上,"蓝色"是一个具有经验内容 1 的概念,因为至少存在一个语句(比如"我的桌布是蓝色的"),它蕴含了那个可观察的世界的某些特定语句,比如"我的桌布反射波长在 440nm 到 490nm 的光"。但是,在另外一个意义上,当公共可观察的行为代表着某个说话者对那个概念的取舍时,该概念也可能具有经验内容("经验内容 2"),因为行为主义的准则是说有人掌握了该概念。在这个意义上,只要一个够资格的说话者掌握了他所说的概念,比如说,当他看到一个蓝色的物体并伴随着发出"蓝色"这种声音,那么,"蓝色"就具有了经验内容 2。①

这一点相当清楚:当卡尔纳普通过形式上精确的语言对"分析

---

① 这里还有第三个概念,或可称之为"经验内容 3"或"经验优点",我们有必要对这一概念和其他那两个概念加以区分。只有当一个概念对于我们最佳经验理论的成功应用是至关重要的,它才在经验上有优点。在我们看来,第三个概念正是后来争论的焦点。就此而论,反分析性论证并不具有"经验优点"。

性"做出阐释时,他并不是要让它具有经验内容1,因为他不认为那个语句——那个告诉我们某个给定语句是分析语句的语句——会蕴含或极有可能蕴含着有关经验世界的语句。那么,经验内容2又如何呢?如我们所见,卡尔纳普认为,我们可以在第二种意义上为"分析性"的前系统化用法赋予经验内容,同时它也可以接受行为上的验证,就像独角兽那个句子的情形一样。但是,什么是"分析性"的系统化的阐释意义呢?它该采用什么样的行为验证呢?如果说将某个形式语言中的语句处理为分析语句的做法对于我们的行为来说毫不重要,那么,在将其处理为分析语句和不这么做之间又有什么差别呢?① 这里很可能就引入了蒯因所关心的东西。尤其是,鉴于蒯因表示他无法理解这些东西,所以说,借助元语言中(或前系统)的用法还远远不够。

我们的上述观察本身并没有打破僵局,尽管它可能有助于澄清蒯因想讨论的是什么,实际上,蒯因的关注点在于"分析性"这个有待阐释的概念能否被赋予经验内容2。在下文中,我们将表明,蒯因后来所做的让步可能打破了他与卡尔纳普之间的僵局。但在转向这个论题之前,还有一系列针对蒯因的一致性反驳的回应值得我们加以关注。

3.6 对一致性反驳的其他回应:格莱斯、斯特劳森论蒯因

在上一节,我们细致地考察了一个卡尔纳普的拥护者会如何就蒯因的反驳做出回应。那么,在上文我们考察的内容中,蒯因针对分析性的一致性问题所给出的更一般的反对意见是什么呢?对于这一问题,特别是"循环定义"的问题,保罗·格莱斯(H. Paul Grice)和彼特·斯特劳森(Peter F. Strawson)在争论初期曾给出了

---

① Creath 代表蒯因强调了这一点(Creath 2004,50)。

一个非常重要的回应,他们的回应出现在《为"一个教条"一辩》(In Defense of a Dogma, Grice and Strawson 1956)的文章中。在这里,我们将对这篇文章的主要论证做一番总结。此外,我们还将给出一些蒯因的信徒所做的(或可以预料到的)针对格莱斯和斯特劳森的回应。通过对《两个教条》的概述,我们也将用楷体标出蒯因的主要意见,并进一步细致地予以讨论。

> 赞成分析-综合两分的人有一个很强的预设,那就是,人们不难同意那类开放式的例子,而且,在这一区分以及与之相关的区分背后还有一个"漫长且并非完全声名狼藉的"哲学传统。

格莱斯和斯特劳森在《为"一个教条"一辩》中的主要观点针对的是蒯因最后的结论,即,赞同所谓"分析-综合"两分(或与之类似的其他两分)的人有一个很强的预设。此外,他们还认为,蒯因对该区分所具有的效果并未加以足够清楚的阐发,它不足以压倒赞同一方的那个所谓很强的预设。做出这样一种预设的理由是,不少哲学家赞成有许许多多的例子都支持这一两分,而且这些例子是开放式的。蒯因反诘道,相对于那些有限的例子(而这种例子正是我们大多数人所要面对的)而言,哲学家们的众口一词不啻为一种堕落的结果,因此,在回避蒯因式诘难的意义上,此类具有"开放性"的例子至为重要:

> [蒯因]宣称……这一区分不仅毫无用处、缺乏明晰性,而且它整个就是一个幻觉,相信存在着这样一种区分乃是一个哲学错误……显然,这样一种极端怀疑论者的立场无法仅仅靠着针对澄清该区分的哲学努力的漫天批驳就能得到一般性的辩护。(1956,142)

格莱斯和斯特劳森注意到,类似的反驳也可以出现在与这一两分密切相关的其他两分上,例如,"先天的/经验的"以及"必然的/偶然的";所有这些区分的基础也是一个"漫长且并非全然声名狼藉的哲学传统"。

吉尔伯特·哈曼(Gilbert Harman)在其《蒯因论意义与存在 I》(Quine on Meaning and Existence I, Harman 1967)一文中代表蒯因对这一论证做出了回应。哈曼认为,像格莱斯和斯特劳森所谓的"范例"论证糟糕透顶。① 哈曼提出了一个压迫性的例子:"女巫"这一概念。他注意到,确实存在女巫的范例,而且确实有一个相当长的传统把女巫归于人类。此外,认为人们对那类开放式范例有着广泛的同意也只是表面现象。我们现在知道,根本不存在女巫。出于同样的理由,一个人不可能根据人们对开放式范例的赞同就认为分析性的例子是存在的。

格莱斯和斯特劳森方面的回应:人们可能会注意到,在分析性概念是否一致与其是否可以具体化(也就是说,该概念是否有任何实例)之间有一个差别。"女巫"是不是一个连贯一致或可理解的概念还远不明朗,即便现在的我们知道根本就不存在女巫。而实际上,虽然我们确信不存在女巫,但我们这种理性的确定性阐释部分地来自于我们对"女巫"这一概念的理解。

在为蒯因做出辩护的过程中,哈曼预见到了这种反对意见。但哈曼更为担心的是,一方面,蒯因似乎认为分析-综合两分是不一致、无法理解的,而另一方面,蒯因又似乎认为根本不存在分析真理,即,实际上"分析的"概念的外延是空洞的。将这些主张组合在一起貌似变成了一种无法理解的东西。因为,承认"分析的"概念具有确切的外延似乎意味着承认它至少是可理解的,就像女巫的那个

---

① 范例论证力图诉诸一个"范例"(据称,其中用到了某个概念)来为该概念的非空外延提供论据。若我们否认概念 c 的范例没有用到 c,那将是不可理解的。

例子一样。

虽然有上述的担忧,但哈曼还是论证道,这两个主张是可理解的,而且是可以兼容的。对此,哈曼进行了重构,其要点是:"分析性"概念是无法理解的,正因为如此,其外延变成了空洞的。根据哈曼的重构,也许可以说,"分析性"概念在原则上是可被理解而且是一致的,但是,当我们去观察实际的语言实践时,我们会发现根本找不到实例。例如,如果这样定义分析陈述能够使其能够免于经验与料的修正,那么在哈曼看来,蒯因就已经表明了不存在这种能够免于经验修正的陈述。这里,让我们对该论证加以讨论。

> 说不存在分析-综合两分是"荒谬且无意义的"。

格莱斯和斯特劳森进一步驳斥了蒯因的主张,"根本就不需要提什么传统,现在同样也有这种做法"。他们写到,

> 就应用而言,哲学家对"分析性"这类概念的理解已经非常成熟,他们赞同这种概念。他们或多或少将"分析的"一词用在相同的例子中,而且就同一个例子而言,他们也或多或少有所顾虑。他们不仅仅倾向于同意用"分析性"去刻画那些他们已经学到的例子,而且也将该概念用在新的例子上。简言之,"分析的"与"综合的"这类概念多多少少已经有了一个确定的哲学用法;这种情况似乎表明,认为根本不存在此类区分的观点是荒谬的,甚至是无意义的。(Grice and Strawson 1956, 142)

格莱斯和斯特劳森认为,该事实削弱了蒯因主张——根本就不存在这样一种区分。而且,

> 我们也许不应该将蒯因的论点理解为,对这些表达式的用

法加以区分根本就不重要,而是应当理解为,那些使用此类表达式的人完全误解了它们之间差别的本质或缘由,那些人对自己所说的有关这些差别的故事全是幻觉。(ibid., 143)

根据这一观点,我们大概可以将格莱斯和斯特劳森的立场归为卡尔纳普那一类。和卡尔纳普一样,他们被蒯因的主张弄得心烦意乱,因为,蒯因主张我们完全没有必要去理解分析性,而且他还建议,他的反驳最好被理解为针对该概念缺乏明晰性的反驳。他们还注意到,蒯因不仅以证明分析-综合两分之不存在为己任,而且还力图说明诸如"和……有着同样的意思"与"和……的意思不一样"这类区分也是不存在的。但是,真的就是这么回事吗?他们认为并不是这样:事实上,同义性只是一个日常区分,它并不是一个哲学上或理论上的区分,它旨在表明后一种区分是基于理论上的误解,因此根本就不可信(ibid., 145)。我们频繁地谈到同义性,但是,

> 难道所有的这种谈论都毫无意义吗?难道所有有关正确翻译的谈论……也都是无意义的吗?很难相信实际情况会是这样。只要我们还在相信它,那我们就依然很难放弃这类概念。(146)

这些"放弃"包括放弃问及意义问题,并最终放弃"意义"这一概念。格莱斯和斯特劳森发现,这是一个严重的悖论,是一种"哲人悖论"(philosopher's paradox)。产生这种哲人悖论的根源在于它取代了我们对这类语词日常用法的关注,哲学家们采用了某个不恰当的标准,而且当某种现象无法满足其哲学标准时,他们就将该现象(例如意义)斥为幻觉。

蒯因所担心的循环问题并不意味着分析性是一个格外成

问题的概念,因为,绝大多数其他概念也面临着同样的问题,实际上,只有当一个概念与其他表达式在概念上发生关联或与这些表达式"相互定义"时,它才可以是可阐释的。

那么,什么是不恰当的标准呢?蒯因的某些反驳似乎预设了一种解释标准,对此,格莱斯和斯特劳森有所质疑。在上文中我们看到,蒯因认为在解释分析性的哲学努力当中牵涉了诸如"认知同义性"或"必然性"这些概念,这将产生恶性循环,因为这些概念本身就是借助"分析性"加以定义的。例如,我们同样也可以根据"分析性"来定义"同义性"——我们会说,当与这两个词等价的陈述是分析陈述时,那它们便是同义的。但是在这里,格莱斯和斯特劳森反对蒯因对表达式的解释做出一个不必要但非常强的假定。

> 蒯因要求对表达式做出一个令人满意的解释,该解释应该在形式上是完全严格的定义,而且,它不能借用任何与之可以相互定义的词项。我们怕是很难看到这样一种令人满意的解释……也许,能不能给出任何这样一种表达式都是可疑的。(Grice and Strawson 1956, 148)

格莱斯和斯特劳森在这里的观点非常重要。蒯因要求对一个词项的定义不能涉及其他可相互定义的词项,而如果我们无法给出这样一种定义,那么他的要求就太强了。毕竟,一个定义应该显示出它与被其定义的东西在概念上的某些重要的关联;毫无疑问,一个无法具有此特征的定义将彻底失败。然而,如果蒯因对定义的要求弱到允许使用那些在概念上有着关联,并因此通常是可相互定义的词项的话,那么我们就不明白:为什么(比如说)一种弗雷格式的"分析性"定义就不能满足这一要求。

当然,根据蒯因的观点,他的信徒是可以为此给出一个回应的。

蒯因的信徒会说,"分析性"是一个技术性概念,因此考虑到这一点,对恶性循环的担忧就别具力量。(例如 Harman 1967, 135f.)。格莱斯和斯特劳森表示,他们已经意识到了这一路反对意见(1956, 150f.)。他们回应到,即便该反驳"具有某种力量",它也不意味着我们为了做出一个真正的区分,就应该让哲学概念满足蒯因那种高到几乎不可能的标准。为此,他们给出了两个假想的互换例子。一个人 X 声称他邻居家的三岁小孩能理解罗素的类型论。而另一个人 Y 说他邻居家的三岁小孩是一个成人。格莱斯和斯特劳森认为,这两个情形之间有一个差别,因为第一种情形涉及所谓的"自然"不可能,而第二种情形暗含一种"逻辑"不可能。对于自然不可能的情形而言,一个人可以完全不相信一个三岁的小孩就能够理解类型论,因为三岁小孩显然就没有这种能力,这是一个认知生物学上的事实。但是,我们可以很容易地通过进一步的证据表明,某些三岁小孩确实可以像职业哲学家一样能够理解该理论。对此我们可能会非常吃惊,但毕竟我们可以认为就 X 的陈述的字面意思而言,它是可以成立的。而与此对照,格莱斯和斯特劳森认为,通过进一步的考察,我们不难发现 Y 完全混淆,或者说完全误解了"成人"一词。

> 到了这个份上……我们可能会说,我们只是不理解 Y 在说什么,而且我们还会觉得他只是不明白他用到的那些词的意思。因为除非他打算承认他在一个比喻或不同寻常的意义上在用这些词,否则我们会说,不是我们不相信他,只是他的话没有意义。(1956, 151)

当然,这里对蒯因的维护者还有更进一步的有效回应。难道经验现象就不能迫使我们对"小孩理论"做出修正吗?设想我们关于人类的发展有了一个新理论,比方说,根据这个新奇的(同时在经验上也是站得住脚的)理论,某些三岁小孩照着通常的标准来看也算不上是"特殊的",但他们可以被该理论算做是"成人"。对于这样一种情形,"成人"一词将会成为正常人类行为的"民间理论"(folk-theory)的"正确翻译"(或至少是最佳翻译),从而成为我们日常所说的"成人"一词的一部分。因此,对于这个虚构的情形而言,"所有的三岁小孩都不是成人"将是一个错误的预设,它只是我们接受了一个糟糕的经验理论的结果。原来,某些三岁小孩确实是成人。例如,情况可能会是这样,对于这种"成人"来说,他有着各种各样典型的、重要的社会关系,而且还有着相应的荷尔蒙水平。

我们认为,这个案例还应当与接下来的这个案例加以细致的区分,在这个我们需要进一步考察的案例中,Y 坚称,"不,不,我没有任何特殊的理论,我只是坚持那个小孩是成人。你们不能证明其他小孩也是成人"。该怎么办呢? 我们认为该问题也是值得考虑的,因为蒯因们会坚持说,在"新理论"中,我们当前语言中"成人"一词的"正确翻译"是一个"谐音"翻译,它将"成人"译成了"成人",而且蒯因的反对者们很难否认这一点——如果确实有一个"新理论"能够巧妙地给出"成人"一词的话。但是,如果没有这样一种新理论,而且 Y 只是坚持某些三岁小孩是成人的话,又该如何呢? 乍一看,Y 似乎想通过"成人"一词表达和我们处理的东西完全不同的东西。

即便对于这种情形,蒯因的信徒也曾给出了一种回应。他们借用了这样一个概念,即,好翻译或最佳翻译(参见 Harman 1967, 143f.)。他们承认,在某些例子中,我们应该用我们口中的"小孩"一词来翻译另一些人口中的"成人"一词,或者我们也可以用某些理论上可定义的概念来翻译该词。而在刚才提到的那个借用了新理论的例子中,蒯因们可能会回应说,在这种情况下 Y 最好被看作使用了一种与我们的语言不同的语言,在这个意义上,Y 会系统地赞成那些不同的表达式,而处在类似经验坏境下的正常的英语说话者是不会赞同那类表达的。然而，他们还会坚称，"不同的语言"这个说法并不需要借用所谓"哲学意义上"的意义。我们现在只不过是有了两个互有区别的"信念之网"，而且，"成人"一词在我们的信念网中所起到的作用有别于它在 Y 的信念网中所起到的作用（因果／逻辑蕴含作用）。

上述阐述的目的在于表明，奎因们会如何应对他们的反对者所提出的那些最顽固的例子。如果有可能的话，蒯因们会给出一些"新奇的理论"。但这是不可能的，因为我们规定思想试验不考虑这种东西，于是蒯因们又可以说，最佳翻译并不是谐音翻译。这些回应的有效性有助于揭示为什么很难针对蒯因们给出一个明确的反驳。只要蒯因们还在借用所谓的好翻译或最佳翻译，以及这样或那样的翻译手段，那他们就能无拘无束地将"具有相同的意义"这类说法处理为一种傻瓜式的"替代物"（a foolproof surrogate）。据此他们认为，他们能够为那些我们在直觉上认为有着不同意义的情景给出一个单一的意义，因为"最佳翻译"的不同表达不是谐音的。

尽管如此，我们还是会在第 6 章继续讨论蒯因的好翻译原则，毕竟，它为我们再次引入分析-综合这类区分提供了一个契机。粗略地说，我们将会论证，一旦蒯因们被迫求助于好翻译，那么我们便可以问，比方说，某个规定性定义或数学陈述究竟是不是可以被翻译为一个经验陈述。我们不认为这种翻译会是一个最佳翻译，甚至它也算不上一个好的翻译。

作为对格莱斯和斯特劳森的反应，这种诉诸"翻译的好坏"的做法到底能让人有多么满意还是个未知数。他们可能觉着这些质疑是小题大做。难道蒯因就能证明根本没有意义的相同性（sameness）这种东西，而只有意义的相似性（similarity）？难道说"具有相同的意义"这种说法在许多情况下都是含混的？

蒯因们应该承认，在他们从"意义的同一性"转到"翻译好坏的不同程度"的过程中产生了一个非常重要的论题。诉诸翻译的好坏这种做法没能抵住诱惑,它实际上给出了一些可相互翻译的词项或表达式所共有的实体("意义")。我们只需要有这样或那样的翻译原则就能把语词和它们的一些用途关联起来——当然,这些用途不会映射(mapping)到同义的表达式上去,也不会映射到任何其他假定了同义性的东西上去,因为对于这些东西我们需要解释什么叫翻译的好坏。设想格莱斯和斯特劳森问,翻译的好坏原则来自哪里呢,难道它们是由经验确定的?如何区分评价一个翻译好坏与判断两个词项是不是具有相同的意义呢?在最后一章(6.6节),我们将回到这个重要的议题上。

> 蒯因接受了缩写规定,但这么做就与他其他的论证不相一致了。

蒯因称缩略语的用途有着明确规定的定义,对此,格莱斯和斯特劳森也进行了反驳。在上文中我们注意到,蒯因认为只有在某些"极端"情形下,规定性定义才是可理解的,也就是说,在这种情形下"待定义项与定义本身是同义的,这只是因为我们专门让这两者是同义的"(Quine 1936, 26)。格莱斯和斯特劳森发觉这种说法让人倍感困惑。他们给出了一个类比:设想有人承认,他们知道两个相互配合的东西是干什么用的,因为这两个东西本来就是配合使用的,但是,有人却在其他情况下否认这一点(1956, 153)。说"这个人理解这两个东西配合起来是什么"这种话几乎无法让人理解,这就好比有人可以理解规定性定义的"极端"情形却无法理解其他情形下的定义一样。此外,若是听从蒯因的说法,那么问题就来了:在"极端"情形下,同义性这一关系是什么?以及,为什么正好是这样一种关系?它为什么相对容易理解?格莱斯和斯特劳森认为,我们着实不该把蒯因想得那么深,并且,我们应该拒绝他关于同义性的不可理解的结论——"如果同义性概念不是出于预设,那么明确约定的同义性概念就将是无法理解的"(1956,153)。

针对蒯因对分析性的攻击,格莱斯和斯特劳森还有一系列重要的反驳。不过,它关注的是蒯因的另一路论证,即,蒯因试图用经验主义的第二个"教条"来攻击分析-综合两分。我们将在下文中考察蒯因给出的反驳意见,以及格莱斯和斯特劳森对此所做的回应。

3.7 经验主义的第二个教条

在《两个教条》一文中,蒯因还引入了一条意义更为宽泛的论证。该论证与所谓的经验主义的两个"教条"中的第二个有关,即"还原论"(reductionism)。就其较为彻底的形式而言,还原论是这样一种观点:"一个陈述要有意义,它就必须能被翻译为一个有关直接经验(immediate experience)的陈述(无论其真假如何)"(Quine 1953,38)。对此,蒯因给出的例子是休谟的理念论(Theory of Ideas):根据休谟的观点,理念一定起源于某个感觉印象。不过蒯因认为,这一基本观点后来被弗雷格、罗素以及其他人修正,这些人已不再将个别理念或它们的相应词项当作意义单元,而是将语句整体当作意义单元。蒯因写道,彻底还原论"构想陈述是意义单元,因此,它的任务是详述一种感觉与料语言并以此表明如何将其余有意义的谈论逐句翻译为感觉与料。卡尔纳普正是在其《构造》一书中实施了该计划"(39)。因此,就蒯因规定的用法而言,彻底还原论是这样一个教条:它取决于与个别陈述相关联的、独特的"证据特征"(evidence profiles)——这样一个观察陈述的集合要么支持该陈述,要么不支持该陈述。

蒯因认为彻底还原论是有异议的。我们曾在第2章的一开始就考察了他的一个反对意见,我们看到,蒯因认为卡尔纳普在《构造》中的构造是"想入非非"(make-believe)(Quine 1969a,75-76)。他认为卡尔纳普的还原的经验主义是失败的,作为反对意见,蒯因根据语言作为一个整体（科学的语言）"在遭遇经验时是一个整体"，而不是逐句地面对经验，给出了自己的"确证的整体论"学说：

> 我们所谓的知识或信念整体——从地理和历史中最偶然的事件到原子物理，甚至纯数学和逻辑中最艰深的定律——是一个人造的织物，它只在其边缘与经验发生冲撞。或者，换一个图景来说，科学整体就好比一个力场，其边界条件就是经验。(1953, 42)

蒯因将我们的知识结构比作人造的织物、力场或其后来所谓的信念之网，这些隐喻同我们在第 2 章(2.2.4 节)当中看到的卡尔纳普所持的整体论有种有趣的相似。记得卡尔纳普在《逻辑句法》中评论道，"一般而言，我们甚至无法证实一个单一的假设性语句……实际上，验证并不用于单个假设，而是用于作为假设系统的物理学整体"(Duhem, Poincaré) (Carnap 1937, 317)。如前所述，卡尔纳普还进一步认为，物理语言中的各种陈述——L 规则及其后承，P 规则及其后承以及观察陈述——之间的差别仅仅在于我们对其所持信念程度上的高低，也就是说，"物理语言的规则都不是决定性的；只要我们有必要对规则做出改变，那么所有先前预设的规则就都可以被改变"(ibid. 318)。从对卡尔纳普的讨论中我们可以得出结论，他认为：首先，物理语言中的任何一个陈述都不是永远完全确证或否证的；一旦有了适当的改变，那么任何陈述都可以被保留或被丢弃。其次，任何假设都不会被孤立地证成；相反，经验验证用于整个假设系统。第三，诸如 L 规则、P 规则这样的陈述和观察报告之间的差别仅仅是人们对其所持信念程度上的差别。

除了有关"L 规则"和"P 规则"的讨论之外，蒯因理所当然地接受了这些论点。他的整体论容许卡尔纳普的这三点结论。（参见

Quine 1953，43，44；1990，14 – 15，100）。然而讽刺的是，蒯因认为这些论点恰恰构成了一个论证，它反对分析陈述的存在——它并不在分析性是不可理解的层面上加以反对，而是因为事实上我们无法给出分析陈述的例示。

蒯因特别强调，卡尔纳普和早期一些哲学家（比如迪昂）的整体论会导致出现易谬主义者（fallibilist）。在第2章的2.2.4节，我们给出了一个经验假设 H 的例子：通过一个物理理论的陈述 P 和辅助性的观察陈述 O 以及数学运算，我们推导出了气体的行为。我们注意到，如果我们没能获得由 H 所预测的观察，那么我们就可以得出结论：至少有一个前提（P、O，甚至是某个数学陈述）一定是错误的，但是，那个光秃秃、非确证的假设 H 并不能告诉我们哪个前提是错误的。所有陈述都是"可错的"，因为它们当中任何一个的真值在原则上都可能被进一步的证据破坏。这种易谬主义（fallibilism）似乎排除了这种可能性，即，在我们从 H 出发进行的推导过程中，任何一个所用到的陈述均起到了某个特殊的作用。尤其是，我们不能说一个陈述可以孤立地就具有经验内容，我们也不能因为一个陈述在面对"顽强的经验"时免于修改或废弃，就说它缺乏经验内容。蒯因借用这些想法进一步发展了他的"力场"隐喻：

> 如果这个观点是正确的话，那么，有关个别陈述的谈论将误入歧途——特别是，当这个陈述完全远离该场域的经验边缘时。不特如此，寻找综合陈述（它们只是偶然地在经验上成立）和分析陈述（其恒为真）之间的分界线这事也将变得荒唐透顶。如果我们在系统的任何地方都能做出足够强的调整，那么任何陈述都可以恒为真。在面对顽强的经验时，甚至一个非常接近边缘的陈述也可以通过诉诸幻觉或修改那种所谓的逻辑规律陈述而恒为真。出于同样的原因，也没有哪个陈述能够免于修改。（1953，43）

蒯因认为,还原论教条一定会否认这些结论,因为它认为个别理念(休谟)或陈述(弗雷格、罗素以及卡尔纳普)容许"从它的同类中孤立地"得到确证或"否证"(ibid., 41)。该教条承认分析-综合两分的存在,那它也就一定否认其存在,因为它认为正是由于分析陈述"恒为真"而区别于其他陈述。蒯因认为这两个教条本就是同根之木:

> 两个教条在其根本处可谓完全相同。我们近来在想:一般而言,陈述之真假显然既取决于语言,又取决于语言之外的事实;我们注意到,这个显然的情况不是逻辑地而是十分自然地带来这样一个看法,即,我们可以设法把陈述之真分析为语言成分加事实成分。(ibid.)

换句话说,如果任何一个陈述都可以在面对经验时被修改,那么将没有哪个免于修正的陈述的真假能够具有纯粹的"语言成分"。因此,没有哪个陈述的真值是所谓纯粹语言成分的唯一结果,换言之,事实上不存在分析陈述(参加 Quine 1960, 66 - 72; 1963, 406; 1991, 269)。

尽管如此,蒯因考虑了这样一个概念,即,"靠近信念之网边缘的程度"(1953, 43)。基于一些少数经验,某些语句很可能被抛弃或被加入到我们的信念之网,而其他陈述则相对"稳定",我们很难(或者说,极不可能;我们将在下文中探讨这究竟是一个实用上的差别,还是只是一个概率问题)基于"顽强的经验"对其做出修改:

> 某些陈述虽然是关于物理对象而非关于感觉经验的,但它们似乎与感觉经验有一种特别密切的关系——而且是有选择地联系着:某些陈述与某些感觉经验相联系,其他的陈述与其他的经验相联系。与特定经验有特别密切关系的这样一种陈

述，我将其描绘为在边缘的附近。但在这个"特别密切"的关系中，我所想象的不过是这样一个松散的联系：它反映出在实践上、在顽强的经验出现时我们宁可选择某一陈述而非另一陈述来进行修改的相对可能性。(ibid.)。

蒯因和他的捍卫者（他们试图解释像数学上那种显然"免于修改"的陈述）经常援用这一区分。蒯因们也许能坚持说这种豁免权只是一种"实际"现象，但真正的困难在于放弃诸如"二加二等于四"这种陈述，因为我们不大可能或不愿意放弃它们。该区分并没有在原则上表明此类陈述是可被修改的，而且正如上文所见，蒯因甚至认为就连逻辑规律也可以被"修改"——只要这么做能够保留其他那些我们希望保持其真理性的陈述。因此，对蒯因而言，所谓修改的不可能性或对逻辑规律（弗雷格视其为我们的"理性"的要素）的放弃至多表达了某些心理或实际上的局限性。这些局限源自蒯因所谓的"最小切除准则"（maxim of minimum mutilation），根据这一准则，我们全部的信念之网应该尽可能少地被干扰。所以，当我们试图去协调由一系列陈述 S 暗含的某个虚假的观察陈述时：

> 我们使 S 中的某些成员免于被废除的威胁，这么做是为了确保 S 的最重要的涵义能够在不借助它们的情况下依然成立。因此，任何纯逻辑真理都应当被豁免，因为不管怎样，它们并不为 S 的逻辑蕴涵增加任何东西；此外，S 中那些各种各样不相干的语句也将被豁免。对 S 中的其他成员而言，我们将废除那个对于我们整个理论似乎是最不可信，或最不重要的成员。我们遵从最小切除准则：如果剩余的 S 中的成员依然会蕴涵虚假的直言命题，我们就尝试着废除另一个成员而恢复第一个成员……

如果问一个科学家为什么对数学如此宽容，他也许会说数学定律是必然为真的;但我以为,毋宁说,在这里我们有了一种对数学必然性本身的解释。它就在我们未加明述的策略当中,即我们可以自由地拒斥其他信念,却要捍卫数学。(1990,14–15)

蒯因有时(特别是在其后期著作中)似乎想要走得更远,他认为逻辑和数学陈述无论如何也不具有经验内容,据其所言,"数学真理的……整个无穷集都缺乏经验内容",因为数学陈述只是展示了"原初谓词[primitive predicates]的缺乏,继而强调了逻辑结构"(1998,53–55)。然而,即便从这一观点来看,数学陈述和带有经验内容的陈述之间的差别也不能被视为(初始谓词)程度上的差别。

蒯因的整体论有两个面相。它是一种语义整体论,因为它持有这样的看法,即,语句的意义是由支持或反对它的证据决定的(见1969a,78–79)。同时,它也是一种确证的整体论,即"经验意义的单元是科学整体"(1953,43)。考虑到蒯因否认在分析与综合之间存在任何实质性的区分,那么他就很自然地看到这两个面相之间有着密切关系。语句的意义来自其作为理论的一部分,而且该理论在某种程度上通过详述语句被证实的条件而赋予其意义。并不存在语句意义的进一步来源——比方说,根据意义赋予语句以真。

然而,蒯因后来对其整体论做了重要的限制。《两个教条》中所提倡的整体论是一种"总体"(global)论:

> 经验意义的单元是科学整体……如果我们做出足够强的调整,任何陈述都可以恒为真……相反……没有哪个陈述能免于修改。(1953,43)

如前所述,卡尔纳普早已预见到了这一主张,乍一看,它令人难以置信。事实上,蒯因本人也承认这种总体整体论"没必要这么强",而且他做了适当的收缩,使其变得更为温和,后者保留了这样的想法,即,陈述具有"近接观察的不同程度",只要承认它们的意义可以来自一簇更小的相关陈述就可以了(参见 Quine 1991)。但是,蒯因并不认为这种限制会影响到他对分析性反驳的力度。①

3.8 对反驳分析性之存在的回应

在《为"一个教条"一辩》的最后部分,格莱斯和斯特劳森将矛头对向了蒯因的"积极"看法,即,陈述以及它们同证据之间的关系。他们考察了这两个主张:

(i)没有哪个陈述能免于修改;
(ii)陈述不能单独地得到确证或否证[意义整体论的证实主义(verificationism)形式]。

他们对蒯因的整体证实主义的回应是想表明,即便整体论成立,我们也不能为"……与……意义相同"给出一个令人信服的解释,因此,如果我们根据同义性来加以构造,那么分析性是可以保留下来的。调整方案是这样的:无论我们接受什么样的"背景"陈述,如果有两个陈述意味着同样的东西,那么,相对于这些"背景"陈述,同样的证据就应该被视作以同样的程度支持或反对这两个陈述。蒯因在"两个教条"里所说的东西没有表明这种经过调整的证实主义的"……与……意义相同"是有问题的。

格莱斯和斯特劳森只接受第一个主张,而且他们坚持认为,改变或弃用一个概念同仅仅是放弃一个虚假陈述(同时保留其中的概念而不加更改)之间有一个区分。许多人(包括卡尔纳普)曾提出

---

① 尽管这一主张也曾受到质疑;详见 De Rosa 和 Lepore(2004)。

过类似的看法以回应蒯因这种"无豁免权"的观点。几乎所有人都承认,某个语言的使用群体也许会不再使用某个特定的语句。不过这并没有关系,格莱斯和斯特劳森认为,无论我们在什么时候用到语句,它们的否定式都会要求我们改变对表达式的意义分配(Grice and Strawson 1956;同样见 Glock 2003, 86f.)。

这条针对蒯因的反驳似乎显而易见,而且初看起来极具毁灭性。因此,我们有必要呈现一个标准的蒯因风格的回应。该回应可能是这样的:在弃用或改变一个概念和放弃或改变一套理论之间不存在任何可理解的区分。因此,在改变一个语言中的意义和改变理论之间也没有任何可理解的区分。蒯因们只接受这一点:有时候说话者会不再赞同某个他们以前所赞同的句子。在这样一种情况下,只是发生了语言的改变或概念的改变,而非理论的改变,但是,持有该主张的人事先就假定了分析 – 综合两分(或与之类似的东西,例如同义性)正是这一论证方案应该要捍卫的东西!

可是,这里同样也有一个针对蒯因的显而易见的反驳:否认存在理论改变/语言改变之分也预设了分析 – 综合两分(或与之类似的区分)不存在,因此,该说法不能生发出一个有效针对理论改变/语言改变之分的论证。由此,我们似乎陷入了僵局。

在这里,蒯因们试图用一种方法打破僵局使论争朝有利于自己的方向发展。回想下蒯因的"好的翻译",在上文中,我们曾援引这个概念展示了蒯因们会如何最好地翻译"三岁小孩是成人"这一主张。蒯因或其维护者会认为,在我们倾向于说意义发生了改变的情况与理论发生了改变的情况之间有一种直观上的差别。但为了使这种直观有意义,这两种变化均需要我们做出观察,即,在一些情况下,赞同一个语句的倾向是不同的,因此,我们倾向于基于"宽容原则"以及其他一些好翻译原则谐音地(homophonically)翻译一个理论词。当我们这么做的时候,我们将这种情况描述为理论改变。但在其他的情况下,我们倾向于非谐音地翻译理论词,对此,我们将非常自然地说,理论词的"意义发生了改变"。举个例子,当我们把牛顿和爱因斯坦的理论加以比较时,我们发现,"质量"这一概念在各自不同的基础理论原理中处于支配地位。是"质量"或其他术语的意义发生改变了吗?或者,仅仅是理论的改变?遵循他们关于意义整体论的主张,蒯因们会坚持说,没有什么事质(the matter),只有各种分立的、给定的情形所构成的连续统,因此,差别仅仅是一个程度上的而非基础性原理的不同。

格莱斯和斯特劳森知道有这样的例子。但他们指出该区分是含混的,或者说,这些例子中所用到的互有区分的一对概念似乎是不确定,因此并没有表明这里有区分(1956, 145)。但是,应该有一些清晰的关于一对互有比照的概念各自元素的情形,它们的存在足以表明,即便在某一情形下无法确定无疑地将一对概念用在所有可能的情况中,但两个概念之间还是有某种区分。

对此,某位蒯因可能会这样反驳道,我们予以关注的主要是经验理论中的陈述和概念,而那种不确定的情况在实践中无处不见,因此,分析-综合之分在科学中根本就无关痛痒。即便有人能够想象这么一种情景——一个陈述是不是"分析的"或"免于经验否证的"在其中完全不成问题,这种情景也根本就不在蒯因们或卡尔纳普们主要的关切领域(即,经验科学)之内。因此,就算有人能够捞得某个可以用在某些情形上的区分,也不会存在任何能以一种有意思的方式应用于科学事业的概念,它同卡尔纳普和其他许多人的想法背道而驰。

难道这一主张(即,我们根本无法有意思地将该区分应用于科学)就是可信的?这实际上取决于人们对数学的态度。而蒯因们对数学的看法已被证明是自相矛盾的,我们将在最后一章(6.8节)回到这一问题。

在这一争论中还有一点值得我们加以重视:假定有某个极端的情景就是蒯因所说的我们将不再赞成某个语句 s(比方说,这里的 s

是"单身汉都是未婚男人"),对此,蒯因们必须将自己局限于通过自己的理解来思考这些情形,即,在这种情境下翻译者将在两个语言/理论之间谐音地翻译语句 s。我们已经注意到,在蒯因们诉诸"好的"或"最佳的"翻译方案时,他们为"……与……意义相同"引入了一个替代品,并对此做了论证。在蒯因们的图景中,一个语句历经变化而"保持其意义"只有在语句能够或应该被谐音地在语言中得到翻译才能成立。卡尔纳普、格莱斯,斯特劳森以及其他一大波人担心的是,我们要何时基于经验证据来思考"放弃"一个陈述的可能性,但是,好像有了这个同义性的"替代品",蒯因们似乎立马就能够让这些人的担心有了着落。蒯因们表示,为了某个所谓的分析语句 s,我们可以放弃我们关于断言 s 的实践——但这还远远不够。毋宁说,为了解决对手们的忧虑,蒯因必须表明,虽然一个语句可以在语言中发生改变而始终保持其意义不变,但我们也可以放弃掉这个语句,也就是说,他必须表明,正是这样的语句它才能在改变的过程中得到谐音翻译。也许只有这样,我们才能可信地不再断言一些语句,但是,谐音可翻译性提出了更进一步的限制,许多语句可能无法满足这一要求。而且,无论会有什么样的寻常案例(比如,新婚姻法所界定的"单身"身份等等)能够满足这一限制条件,它都很可能依然存有争议。

蒯因的整体论(以及他用以支持其整体论学说的,对分析-综合两分具有重要哲学意义的反驳)遭受了各种各样的反驳。其中的一个反对意见(参见 BonJour 1998;Wright 1980)是这样的,它一开始就指出,蒯因的信念之网式的隐喻要求这个网中的元素(信念或语句)之间存在着联系,而且只有这样才能构成整个网络。这些元素之间的联系最起码要能容许我们推断出一组陈述检证或非证其他一个或一组陈述。比如说,蒯因认为,"通过对从一个理论中推导出的可观察的直言命题加以验证,我们就可以对这个理论加以验证"(1998,44)。与此同时,蒯因的语义整体论和他的确证的整体论似乎不需要任何陈述——甚至那些容许我们从其他陈述中推断出可观察直言命题的逻辑陈述——在这张网中发挥概念性或构成性的作用。但是,反对还在继续,我们用逻辑陈述(也许还有数学陈述)表述这些推论性的联系,而它们确实好像在信念之网中有一个特殊的位置。因为,如果我们根据一个可观察的直言命题被推出的规则而把该命题的"验证"当作是对推理规则的随意修改,那么,信念之网如何能够继续受到经验的作用就变得不甚明朗。这是因为,当"顽强的"经验对信念系统施加影响时,这些规则必须首先做出改变,这样,在一开始就可以让我们根据这些信念推断出这时所遭遇的经验是什么样的。但是,这反过来似乎又为推理规则指派了一个特殊的角色,而且,这种角色好像又使其免于那种它们使之成为可能的经验验证。

这一反对意见的效力还存有争议。对蒯因而言,如果他允许我们根据假设的可随意修改性而修改那些规则,那么这似乎带来了某种一致性问题。还记得我们在上文中说到,蒯因完全不需要表述推理规则的语句和其他语句之间有任何差别。他只是要求这里没有概念或认识论上的差别;我们可以调整我们对某个语句成真的信念程度来适应任何差别。蒯因认为,在我们学习一个语言的时候,我们就学习到了逻辑规律,而且这些逻辑规律,比如说数学运算规律,是"最远离观察的"(1986b, 100)。但是对他而言,这只是说,

> 数学和逻辑只是以一种间接的方式被观察所支持,自然科学的这些方面是得到观察支持的;也就是说,当其参与到一个有组织的整体时,它远在其经验边缘之上,但它同观察是协调一致的。(ibid.)

然而,最后这一点激起了另一路异议,它反对蒯因从其整体论中提取的这些结论,该反驳由普特南提出(Putnam 1975)。在上文

中我们刚刚了解到,蒯因对貌似分析陈述或必然陈述(比如,推论的逻辑规则)显而易见的不可修改性做了解释,他认为,这种陈述在我们的信念之网中起到了一个独特的核心作用。我们极不情愿放弃它们是因为"最小切除准则"使我们倾向于避免对信念体系做出剧烈的改动,但我们需要放弃其中的某些信念。但普特南指出,蒯因在这里所做的解释对许多标准的分析陈述而言似乎是错误的。普特南呼请我们思考这样的问题,"在'所有单身汉都是未婚的'这个例子中,我们已经有了最高程度上的语言约定以及最低程度的系统输入"(39)。对蒯因们而言,这个事实提出了一个看似简单但却极为严重的问题。一方面,像"所有单身汉都是未婚的"这种陈述具有高度地"孤立于"经验反例。但正如普特南指出的那样,它只有最低程度的"系统输入"——比方说,它不像逻辑规律那样,对其反驳似乎不需要我们的信念系统有大量调整。而且,即便有人以某种方式否认这一点,我们也可以轻而易举地构造出非常显白的、几乎微不足道的例子来支持普特南的观察,比如我们曾在上文中规定"A frenchelor is a French bachelor"。一旦我们采纳了这种例子,那么,即便我们承认蒯因的易谬主义在原则上能够用于其上,这一陈述也似乎显然地孤立于经验确证。最小切除准则没能解释这一特征,因为它似乎有违常理:拒斥这种微不足道的规定将严重"损毁"我们的信念系统。蒯因试图根据分析陈述或必然陈述距离观察的远近以及它们在我们更宽泛的理论中充当的角色来说明它们,因此,这么解释就似乎不大能容纳此类陈述显而易见的证据豁免权(evidence-immunity)。

普特南认为,人们所谓的"分析的"这类词就其应用来说仅仅是一个单边准则(1975,54f.)。他认为,这种定义将能够涵盖分析陈述或"根据规定为真"的陈述,比如,"所有单身汉都是未婚的",尽管它将排除相当多的成问题的物理理论陈述,比如下面这个陈述:(M)"物体的动量等于其静止质量乘以其速度"。普特南论证说,后一个陈述不应该被当作是分析陈述,而且这种看法还明显是出于蒯因们的理由。举个例子,在牛顿物理学中,动量或许会在完全弹性碰撞过程中守恒。但正如普特南所言,在狭义相对论的背景中,动量守恒定律有了更多的限制——它并不严格地等于物体的静止质量乘以其速度。这就要求我们放弃 M 是分析的这一主张。我们先前的信念认为 M 是分析的,结果我们发现这是可错的——正如牛顿物理学被证明是可错的一样(参见 Putnam 1988, 8 - 11; Quine 1966a)。因此,普特南的分析性的"单一准则"这种说法将排除许多"经典的"分析陈述,比如 M 陈述,然而,它承认"分析性"概念拥有实例。①

3.9 约定的分析性

蒯因针对"分析性"的最后一次重要抨击来自他 1936 的文章《约定真理》(Truth by Convention 1966a)。在这篇文章中,蒯因质疑了维也纳学圈的一些成员(包括卡尔纳普)所信奉的观点,即,由于逻辑规律是约定的,因此它们可能是分析的。在写作《约定真理》的那段时间里,蒯因还没有激烈地质疑"分析性"概念,但是,在这篇文章的开始几行他就表现出了对这一概念的不满:

> 过去几十年的哲学发展促成一个广为流布的信念,即,逻辑和数学是纯粹分析的或约定的。目前的研究现状是我们质疑这一对比的有效性而忽视了对其意义加以怀疑(1966a, 70;又见 Quine 1963)。

蒯因论证的核心是攻击逻辑真理的约定性,他试图表明,任何

---

① 见 Glock(2003, 90)对普特南这一例子的初步回应。

约定为真的逻辑规律一定预设了其应用的逻辑。为什么呢？考虑一个有望成为逻辑约定的 MP[modus ponens(肯定前件式)]：

> MP:"让陈述'p'和陈述'q'在表达式'If if p, then q and p, then q'中得到的所有结果为真"。

要让这一约定能够用于特定的陈述 A 和 B，我们似乎需要如下的理由:MP 以及如果 MP，那么(A 以及如果 A，那么 B 蕴涵 B)；因此，A 以及如果 A，那么 B 蕴涵 B。但是，这就要求我们在应用这个规定了此推导过程完整性的约定时用到肯定前件式。从这种例子中蒯因得到如下结论，"如果逻辑推导过程间接地来自各种约定，那么，我们就需要从各种约定中推出逻辑"(Quine 1966a, 97)。但是，如果逻辑上的约定正是由我们应该建立起的逻辑所调节，那么就不存在任何由约定所确立的逻辑。

蒯因的异议摆出了一个倒退的问题，即，任何有关分析真理的解释都试图根据逻辑规律的约定性来解释这种真理，比如石里克(1985)和艾耶尔(1946)的解释方案或许就是这种类型。不过，它所提出的质疑也许是可以解答的，像约定主义者就认为，语言中约定的公式化表达紧随行为中已实现的约定而来。蒯因本人曾认真地考察过这一回应：

> 约定的言语表达并不是我们采用约定的先决条件，就像把语法写出来并不是言说的先决条件一样；明确约定仅仅是一个完整的语言诸多重要的用法之一。因此，毫无疑问，约定不会将我们带至恶性倒退。(1966a, 98)

蒯因在这里的评论似乎承认了约定主义者的一系列回应；这便是约定源自语言，其使用先于它在一个"完整的语言"中的明确表达。然而,该评论也与他关于"定义"的暧昧看法相一致(我们曾在3.4节讨论过他关于"定义"的看法)。如前文所述,蒯因认为"新记号所明确表达的约定完全是出于缩写的目的",这一点是可以接受的,但是这种"论辩性"定义(discursive definition)只是"提出了一种在记号之间早就存在的可替换或共外延的关系,而我们本来对这些记号用法就非常熟悉"(Quine 1966, 112)。相比之下,蒯因认为,"规定性定义"(legislative definition)是这么一种东西,它"引入了一个迄今为止还没有用到过的记号……或其用法不相一致,因此,我们期望约定可以解决这种含混不清的状况"(ibid.)。

蒯因并没有为这一差别给出任何例子,但我们满可以合理地假设,比如说,我们约定象棋就是以如此这般的方式进行的游戏(这里我们可以给出一套规则,或者举出某些特定棋类游戏的例子等等),这就是规定性定义的一个例子,当我们"定义"象棋是德语"Schacht"指的那种游戏时,我们就下了一个论辩性的定义。我们举的这个例子同蒯因在其下文中谈及的两个例子是一致的:

> 只有规定性定义而不是论辩性定义或论辩性公设能够对语句之真有约定性的贡献。结果规定性公设就通过纯之又纯的约定承担了真理。(1966,112)

即便我们希望确认所谓前存在的、熟悉的用法,我们也无法定夺"象棋"和"Schacht"是不是同一游戏的不同表达。然而,法定假设(即,"象棋"指称这个游戏)并不是约定性地使象棋是如此这般的玩法"为真"。不管怎么说,蒯因还是认为这一区分空洞无物:

> 定义起初既可以用作规定性的,也可用作论辩性的。实践中没有任何定义能表明有这一区分,但它是明智的;因为,该区分完全是诸多特定的定义行为之间的区分,它与作为持久互译

渠道的定义毫不相干。

因此,规定性定义和论辩性定义之间的区分在公设以及定义的情况下指向了定义行为,而没有持久的影响。这是因为我们在很大程度上把"根据约定为真"这个想法看作是字面上的,而且它被构想得太过简单,缺乏思想上的灵活性。如此看来,约定性是一个权宜之计,它仅仅在科学发展的前沿有意义,但我们却无法用其对这些线索背后的语句加以分类。(1966,112)

由于蒯因没有看到规定性定义"持久的影响",所以他认为,该区分除了刻画定义行为外不能用来刻画任何东西。蒯因将定义的这两种形式视作"公设",这种看法进一步增强了该图景。

进一步细看蒯因在这里的主张,我们发现它是可取的。首先,蒯因将这两种定义归在了"公设"的范畴。这么做似乎有利于蒯因的论证,但是我们注意到,在这两种公设的日常用法之间有一个差别。我们会相当自然地说,其中的一个公设,比如说,就可以规定 r 是支配某个活动 A 的规则从而设定(postulate)一个规则。或者,我们也可以做出一个假设(hypothesis):例如,有人或许会假定希格斯玻色子(Higgs Boson)是存在的。即便在一个弱的意义上,这里我们也并没有"规定某个真理"(stipulated a truth);我们必须在经验上查明该实体(entity)是不是存在的。

现在,蒯因可以毫无阻碍地坚持说,在实践中,日常用法的这一特点意味着在起初用法的"线索背后"没有任何有意义的区分。但这对吗?难道在如此这般的规定和如此那般的假设之间真的没有任何可持久的差别?我们并不这么认为。考虑下述这样一个语句:

  B. 象棋中的象走斜线。

要理解这个句子,那它显然预设了某些事实和实践,比如,这个游戏是什么样的;它的棋子是什么样的;走斜线意味着什么等等。我们或许可以在这个框架下合理地说,B 有着标准的理解(canonical reading)方式——根据如下这点:

(i) B 明确表达了象棋中的一个规则。

但是,我们也可以以其他方式来使用这个句子,例如:

(ii) 表达某种归纳推广(inductive generalization),该推广与某个称作"象棋中象"的东西的移动有关;
(iii) 明确表达某种经验假设,它与某个特定的活动有关;

甚至我们可以用这个句子,

(iv) 表达下达给某人的间接命令。

即便在 B 的初始用法之后,它的这些个不同的用法依然与其应用有关。例如,那些不理解(i)与(iii)之间差别的人将无法更正一个横着或竖着走"象"的人。因为,如果 B 仅仅被看作是一个假设,也就是说,被看作是第二种意义上的"公设",那么,横着或竖着走"象"就并非是不正确的,毋宁说它只是证明了该假设本身是错误的。然而,若有人在下棋的过程中横着或竖着走"象",那他就犯了错。它们并不只是证明了一个假设为假,或驳倒了(ii)所表达的某种经验推广。

在蒯因看来,遵循规则和仅仅参与到某种有规律的行为模式之间的区分几近空洞。当然,只有在有独立的理由做出该区分的时候,无视该区分才是一种损失。但是,我们之所以有这个区分,是因为在纯粹的行为规律性和遵循规则之间有一个可理解的区分。海浪会定期地拍打海岸,钟表每一秒都会滴答作响,不是每一种规律都可以被认为是对遵循规则的实例的刻画,即便它们总是确认了某种可明述的规则。例如一个典型的钟表,它确认了这样一个规则,即"每秒滴答一次"。但是,我们似乎很难说它遵循这一规则。当然,蒯因也许不认为我们可以在确认一个规则和实际地遵循该规则之间做出任何区分。但在这个例子中,他似乎陷入了一个令人难以置信的结论——遵循规则没有任何实例,或者另一个同样也让人难以置信的结论——每一种规律性就是遵循规则的一个实例。在另一方面,如果蒯因承认这一区分可以得到行为主义式的理解,那么,他就毫无理由反对这一区分。

在第 6 章,我们会为分析性提出一个积极的解释,它将允许某些明确的规定是一种分析真理。我们将进一步扩充我们这个积极的解释,使其将数学真理作为某种"数学上的规定"而收入眼底。我们的解释将进一步扩展这个想法,即,也许存在将一个句子同它的使用联系起来的规则,也就是说,与蒯因的主张相反,这些规则能够具有"持久的影响",从而可以在其首次引入之后长时间地引导我们对某个语句的使用。在 6.6 节,我们将细致地给出与蒯因的论证相反的论证,即,在规定某种东西为真与假定这种东西为真(在蒯因的意义上)之间有一个本质性的区分。

3.10 蒯因对分析性的修正态度

蒯因的哲学在他写作《两个教条》之后逐渐成形。他早期的进展成果之一是其在《语词和对象》(Word and Object 1960)中对"刺激-分析"(stimulus-analytic)语句的刻画。刺激-分析语句是指主体经每一个相关的刺激之后会赞同某个定义,蒯因将其扩展到了一个语言共同体的说话者:"社会性的刺激分析"语句对于几乎所有人都是刺激分析的(1960,55,66)。由于赞同具有行为上或倾向性的特点,所以,蒯因认为"刺激分析性"适于充当行为主义进路的基础概念,而且该概念还构成了如下想法的一部分,即,分析陈述是指那些"不管怎么样都为真"(held true come what may)的语句(ibid.,66)。但是,蒯因认为该概念太弱,不能成为分析性这一哲学概念的"行为主义的替代品"(behaviorist ersatz),因为即便就社会意义而言,刺激分析性不仅可以应用于"有过一些黑狗"(there have been black dogs),也可以应用于"2 + 2 = 4"以及"无单身汉是已婚的"(No bachelor is married)(ibid.)。

不管怎么说,蒯因随后关于分析性的想法已然考虑到一个更强的概念。我们将在本章的结尾关注他的这一概念,而且,我们认为他的这一概念可以被理解为在他同卡尔纳普就分析性的论战中强化了卡尔纳普的立场。

在《指称之根》(The Roots of Reference)中,蒯因根据"学习过程"(the learning process)为分析性给出了一个更为宽泛的解释。但他还是继续反对说,"分析的"一词没有被赋予"任何经验意义"。不过他承认,"我们学会去理解、使用并创造陈述语句依据的仅仅是使此类语句成真的学习条件",因此,

> 诉诸分析性这样有争议的概念似乎是合理的,据其解释,"狗是动物"这个句子是分析的,因为学会甚至理解这个句子就是知道(learn)其为真。(1973,78 – 79)

蒯因还进一步认为,这一刻画也许成功地"在'没有单身汉是已婚的'或'我们是我们表亲的表亲'这些句子之间划出了一道粗略的界线,这些句子通常被说成是分析的,但它们实际上并不是分析语句"(ibid.,80),而且,目前那种意义上的分析语句是"(刺激分析)语句的一个子集,而且它们只是稍微接近那种未加批判的所谓

分析语句"(ibid.)。后来，蒯因又在《真之追求》(Pursuit of Truth 1990, 55 – 6)一书中重申了这一解释。

但是，蒯因坚持认为"分析性"概念还是会引起反对意见的。其中一种反对意见源自"翻译的不确定性"。我们至少可以援用该原则间接地反对"分析性"概念。我们将在下一章(4.3 – 4.4 节)考察该意见。另一条反对分析性的意见认为这一概念缺乏解释价值：

> 分析性的重大缺陷在于认识论上的无能，而整体论注意到了这一点。卡尔纳普曾援用分析性来解释数学尽管没有经验内容但却有意义；而整体论认为，就数学的应用而言，它已经承担了一系列可验证的语句的经验内容。(Quine 1990, 55；参见 Quine 1986c, 207)

因此，蒯因的这些反对意见越来越多地集中在这一主张，即分析性没有解释价值。这反映了蒯因的反对意见的转变，他之前反对分析性概念是由于他认为该概念不是一个连贯一致的概念，而现在一个不同的反对意见被提了出来；就认识论的目的而言，分析性概念是不重要的。现在蒯因有所让步，他认为存在着连贯一致的分析性概念，但它要比刺激分析性概念更狭窄，而且后者能够根据我们对语词意义的学习加以阐释，但他针对分析性的可理解性论证也由此丧失了很多论证效力。特别是，蒯因这种表面上的让步为卡尔纳普刻画分析性提供了可能性，因为蒯因本人在某种程度上承认该概念至少是一致的，即便它是"不重要的"，而且他转变后的态度也为卡尔纳普的捍卫者的回击敞开了大门，因为，卡尔纳普在其阐释计划中援用到的分析性概念至少是可以被连贯一致地引进来。那么，卡尔纳普的捍卫者就能指出，无论一项借用分析性概念的哲学阐释活动是不是比其他不用到这一概念的阐释活动更好，它都是，或者恰当地说,应该是一项实用的甚至是经验的阐释活动。① 一旦蒯因为一个"稍微接近那种未加批判的所谓分析语句的东西"给出行为主义式的准则,那么,卡尔纳普就完全可以依据蒯因本人的观点指出,哪种哲学阐释计划(无论是蒯因的还是卡尔纳普的)能最好地满足我们的实际目的这一问题应该是一个实际问题,它取决于验证和观察,而不是由蒯因先验地给出答案。

小　结

在第3章我们考察了蒯因和吉尔伯特·哈曼针对分析性概念和分析-综合两分的各种反对意见,同时我们也考虑到了对这些反对意见的回应。本章一开始就考察了围绕分析性的论战与哲学计划的关系。我们看到,对分析性的拒斥可能会损害这样一个想法,即存在一项特殊的哲学任务,比如说,有关先验知识之条件的研究、科学基础的研究或科学语言的澄清工作。我们注意到,围绕分析性的论战本身是哲学是否与科学连续一致(如蒯因和哈曼认为的那样),或哲学是不是有别于经验科学的某种东西(如康德、弗雷格、维也纳学圈以及卡尔纳普坚信的那样)等这些论战中的关键所在。

接下来,我们细致考察了蒯因在其革命性的论文《经验主义的两个教条》中的一些论证。蒯因所谓的经验主义者的两个"教条"是指:相信存在着可理解的分析-综合两分以及"还原论",蒯因将后者视为这样一种信念,即有意义的陈述单独地关联于"语言之外"的证据,比如说感觉经验就可以确证或否证这些陈述。我们在3.7节注意到,蒯因相信这两个教条乃是"在根本上是同一的"。我们将蒯因针对分析性的反对意见分成了若干类别:其中一些认为"分析的"一词是无法理解的,而另一些认为"分析性"是可理解的但在实

---

① Creath 代表卡尔纳普指出了这一点(Creath 2004)。

际中没有实例,还有一些意见认为它是可理解的但却没有解释效力。

在3.4节,我们看到有各种各样的子论证来支持"分析性"是无法理解的这一主张,例如蒯因论证道,所有阐释分析性的企图都是恶性循环——它们乞援于同样成问题的概念,比如同义性或意义,另外,卡尔纳普那种藉由形式语言或语义规则对"分析性"加以阐释的企图也是混乱不堪、毫无助益的。尽管如此,我们也在3.5节看到卡尔纳普对蒯因的反对意见的回应。我们特别注意到,卡尔纳普认为蒯因的反对意见实际上基于一个双重标准,因为蒯因反对卡尔纳普的东西似乎与他在塔尔斯基由T约定来阐释"真"那里所接受的东西极为相似。在3.6节,我们考察了格莱斯和斯特劳森针对蒯因而为"分析性"概念的一致性所做的极为重要的辩护,同时我们也呈现了蒯因们可能的回应路数。除此之外,格莱斯和斯特劳森还反对蒯因断定"分析性"的诸多一般定义是恶性循环,他们指责蒯因对概念及其定义采用了一个高得不合理的可接受性标准。

在3.7节,我们引入了经验主义的第二个"教条":还原论。蒯因认为,我们应该用"确证的整体论"取代还原论,因为语言(科学的语言)作为一个整体"在遭遇经验时是一个共同的整体",而不是逐句地面对经验。我们注意到,实际上迪昂和卡尔纳普本人早已透露过该想法。与之关联,蒯因对一个给定理论中的所有陈述都采取了一个易谬主义的态度。也就是说,原则上,任何信念在面对"顽强的"经验时都可被放弃,只要"信念之网"中的其他地方发生了足够多的改变。与之类似,只要其他信念有了合适的改变,一个信念也可以得到"保护"或"不管怎么样都为真"。这就引起了反对分析性的进一步论证,而且这一次来得更为彻底:事实上,根本不存在任何分析真理。在最好的情况下,将一个陈述称作"分析的"不过是反映了人们异乎寻常地强烈倾向于相信该陈述为真。在3.8节,我们考察了格莱斯和斯特劳森针对这一整体论论证的回应,它依然认可意义的相同性(sameness)这一概念,因为人们可以根据关联程度的相同性为任何一个经验证据定义该概念。接着我们考察了蒯因们会怎样对语言改变和理论改变这一区分做出回应,我们发现了这里发展出的一些逻辑论证进路——包括蒯因们的作为意义替代物的好翻译原则。

在3.9节,我们转向了蒯因有关分析性争论的另一个论证,即他不认为因为逻辑规律根据约定为真从而能被说成是分析的。蒯因认为,根据约定而使逻辑为真这种想法,为了能用到本该事先设立的逻辑约定而预设了逻辑本身。蒯因承认,也许存在着"规定性"定义,而它也有可能约定地为真,但他否认它们作为约定真理对此类语句在初始定义行为之后的用法有任何持久的影响。与蒯因相反,我们认为事实上在一些被规定为真的陈述与另一些不这么规定的陈述(相关要点我们将在第6章予以讨论)之间有着本质的、持久的差别。

在快速浏览过蒯因后来针对分析性的修正态度之后,我们结束了这一章。在其后来的作品中,蒯因承认一个"刺激分析性"的概念,但是他不认为这一概念可以满足像卡尔纳普那种工作哲学家对分析性的要求。再往后,蒯因承认某个与传统分析性概念"根据意义为真"有亲缘关系的分析性概念是一致的,但是他否认它具有任何解释价值。我们注意到,即便真如其所言,这也是对卡尔纳普的重大让步。

拓展阅读

蒯因的《经验主义的两个教条》(1953)是一篇易于理解的论文,同时它也是二十世纪哲学的经典之作。格莱斯和斯特劳森的《为一个"教条"一辩》(1956)也许不那么出名,但它依然是针对蒯因的早期回应中的极好范例,此类文本还有卡尔纳普的《蒯因论逻辑真理》(Quine on Logical Truth, 1963c)。Richard Creath 的文章 Every Dogma Has its Day(1991)为"两个教条"给出了一个极好地历史面向的概述。对于那些对蒯因和卡尔纳普就分析性的论战细节感兴趣的人,Creath 还为其编撰了一卷题为 Dear Carnap, Dear Van: The Quine – Carnap Correspondence and Related Work (Carnap and Quine 1990)的书,这本书收入了两人之间的通信以及蒯因和卡尔纳普少量未发表的作品。在本章中我们看到,吉尔伯特·哈曼是蒯因的捍卫者当中最坚定的一员,他的论文《蒯因论意义与存在 I》(1967)以及《蒯因论意义与存在 II》(1967a)为蒯因关于分析性以及相关主题做了极具说服力的辩护。最近,哈曼又通过 Analyticity Regained? (1996)一文为蒯因做出了辩护,这篇文章在一定程度上回应了 Paul Boghossian 在其 Analyticity Reconsidered(1996)一文中对分析性概念的辩护意见。此外,在蒯因方面,早期的一篇论文——Morton White 的 The Analytic and the Synthetic: An Untenable Dualism(1951)也针对分析性提出了一些抨击意见。最近,在 H. J. Glock 的杰作《蒯因和戴维森论思想、语言以及实在》(Quine and Davidson on Thought, Language and Reality 2003)一书中,他极为细致地考察了蒯因的诸多主要论证以及它们的影响。

4

分析性与本体论

4.1 导论与综述

在第 3 章,我们呈现了蒯因反对分析性概念的一些主要论证以及对其反驳的回应。在接下来的两章,我们将探讨分析性问题和更宽泛的本体论、认识论问题之间的联系。我们的研究无意做到详尽无遗,而且上述这些分门别类的论题多少是人为设置的,因为在这些讨论中,本体论和认识论上的考量很难有泾渭分明的区别。尽管如此,某些争论[例如有关数学对象和数学真理、逻辑对象和逻辑规律、普遍物、命题、意义以及其他"意向"实体(intensional entity)存在与否的问题]很典型地构成了我们一般所说的那种本体论的一部分。

在前文中我们已经看到,分析性同本体论纷争有着密切的关系。例如,康德认为分析陈述的贫乏在某种程度上支持了由先天综合陈述所表达的更为实质性的必然真理的存在。而维也纳学圈认为,我们还尚未有一个关于所谓必然真理的可能解释。卡尔纳普将分析陈述视作消除本体论问题的一种方式——这些问题都是"形而上学的"。在 4.2 节,我们将细致地考察蒯因的本体论学说,看看语言如何受到严密的控制从而揭示或去掉了本体论承诺。在4.3节,我们将考察蒯因的一个与其本体论学说相关的概念,即翻译的彻底不确定性,我们会在4.4节中关注它与分析性以及本体论问题之间的联系。4.5节将考察针对蒯因本体论观点的回应。在4.6 – 4.7节,我们将转向另一个主角卡尔纳普,并将更为仔细地考察我们曾在第2章提到的著作《经验论、语义学和本体论》(1956a)。4.8 – 4.10节讨论了分析性论争和当代本体论论争之间的一些联系,包括有关"存在"概念本身的争论、命题或数学抽象物是否存在以及如果存在,会存在何种部分学意义上的整体(merelogical sums)的问题。最后,我们将在4.11节思考一个当代图景,它同卡尔纳普的《构造》计划有着明显的相似性,曾被称为"坎贝拉计划"(Canberra project)。

4.2 蒯因的"自然化的本体论"

在第2章我们看到,蒯因采用了一种自然主义的哲学观,这种哲学观认为科学和哲学构成了理论研究的连续统。蒯因拒不承认在是否存在具有特定属性的数这样的科学(数学)问题和是否存在数这样的哲学问题、两个表达式是否是刺激同义的这种科学(语言学)问题以及"同义性"是否指称了某种抽象的心智实体这种哲学问题之间存在着根本差别。哲学问题最多只是在其一般性上有别于科学问题(参见 Quine 1966, 210)。像科学一样,哲学应当以我们的最佳理论(即物理科学)为开端,该理论本身即是常识性知识(commonsense lore)的扩展,对此我们只能接受。因此,蒯因写道:

就让我们接受物理实在吧,无论是以那些还未被理论宠坏的普通人的方式,还是以多多少少有着科学教养的方式……于是,在细致追寻的过程中,我们接受了物理实在理论,我们得出

的结论不仅特别地与我们的物理身体有关,而且也事关作为知识人(lorebearer)的我们。(1966, 217)

因此,蒯因假定我们有关世界的物理解释是研究的起点。我们将会看到,对蒯因而言,这一假想的起点同样也有诸多本体论上的影响。尽管如此,通过进一步的思索,他并不认为该假设完全不受引导,因为他意识到实用准则应当能够影响到我们对一个理论的接受与否,它们包括(信念的)保守主义(最低限度的信念改变)、简单性、一般性、解释力度以及可反驳性(参见 Quine 1966, 233f.; Quine and Ullian 1978, 64 - 82)。这些准则能够引导并形成我们的假设系统以及我们对各种子理论的接纳。但是,它们并未向我们提供确定性以及类似的东西。回想下,我们在第 2 章曾提到蒯因非常支持纽特拉的船喻;就像大海中航行的水手,我们无处下锚,在一开始也没有任何先天的确定性。我们只能以我们已有的、最简单、最保守、最一般的解释性理论为起点。

蒯因有关这种当前最佳理论的态度是一种易谬主义。据此,一个理论可以在任何时候都被另外一种理论替代,只要它能更好地塞进蒯因的实用准则里头。我们可以暂时接受当前理论所假定的实体,无论它们是不是肉眼可见的日常物体——就像桌子和绵羊,也不管它们是不是就像染色体或亚显微物体(例如电子)那样的微观物体。实体都是假设之物(posits),哪怕像桌子和绵羊这种宏观物体极有可能在未来的理论变化中得以留存(参见 Quine 1966, 210 - 211)。这些假设之物是我们信念之网的一部分,也是我们概念设施(conceptual apparatus)的一部分:

> 我们谈论外部事物,谈论事物的正确概念,这些只是一架概念设施,它帮助我们预见并根据先前感觉接收器的触发控制我们感觉接收器的触发。(1981, 1)

然而,蒯因在这里并不是因为这种假设之物仅仅是虚构的,就如同"虚构作家"那样提出一个关于理论上的假设之物的观点,好像我们引入它们只是出于工具性的目的,相反,如前文所述,真正的原因是蒯因相信我们必须"默默地接受"我们的当前理论并将其当作是真的而接受下来(1960, 3 – 4; 1981, 21)。他坚称,"说一个假设之物是假设之物并不意味着我们要对其予以特别对待",它们是真实的,只是因为理论假设了它们(1960, 22)。如果某个理论假定了外部世界的对象,那么在一个科学脉络中我们就会认为它们是真实的,因为"科学家所用到的独立于语言的实在概念来自其最早的印象"(1966, 220)。因此,只要我们把某个理论当作是真的而接受下来,我们就一定会承诺要探究特定实体(外部事物)的存在,据此,蒯因将其所思所想视作一种实在论态度。① 就这种实体而论,我们是实在论者,这仅仅是因为它们被要求最好能使"我们的经验之流"有意义(参见 1953a, 16 – 18)。

虽然哲学探索仅仅在一般性的程度上有别于科学探索,但蒯因相信,哲学家们并没有一项特别的任务,好像它有别于经验实验和观察一样。而该任务源自这样一个事实,即一个好的理论不能仅仅是收集证据,它应该是对证据系统化的组织:"理论应该服从于可观察的准则——越多越好,而且它应该使其适应系统化的定律——越简单越好"(1981, 31)。科学需要语言,而这种语言多多少少可以是系统化的。在其不那么系统化的日常形式中,语言受制于含混性和多变性,例如,由诸如"我"、"这个"、"现在"这些索引词或"指示词"带来的多变性(1966, 222 – 224)。我们的语言和理论更是易于具体化,甚或发生某些假设之物的实体化(hypostatization),例如缘故(sakes)或独角兽这些来自惯用语言表达式的实体化(见第 2 章

---

① 蒯因的观点是否最好被理解为某种形式的"总体工具主义"(global instrumentalism)或某种形式的"实在论"是一个有意思的话题,但我们不在此处展开讨论。

蒯因的相关讨论)。前系统化语言的含混性、多变性及其本质给哲学家带来了一项特别的工作：

> 通过选择恰当的语言,科学家能够加强客观性并减少语言带来的干扰。而关注从科学话语中提取其本质的我们能够有益地净化科学语言,从而在另一个方面合理地推进实务科学。(ibid., 222)

蒯因在这里的提议听起来相当的卡尔纳普——回想下卡尔纳普的观点:哲学-科学家为着阐释的目的"引入了一个新言说方式的系统,并使之服从新的规则"(Carnap 1956a, 206)。但在蒯因那里,两者之间有着本质上的不同,因为蒯因认为语言更深层次的系统化是现有科学理论的系统化,同时它还含有本体论承诺,而不是一个有关诸多可选语言的提议。这里的差别很微妙,但却非常重要。我们已经看到,蒯因乐意接受任何实体或范畴,只要我们当前的最佳理论需要它们,除非或直到我们有了一个更好的可用理论。而另一方面,卡尔纳普对我们能够以任何一般的方式言说本体这种想法不屑一顾。对他来说,在试图寻找超语言的(language - transcendent)真理方面不存在任何真正的问题(参见2.2.2节)。他认为,任何此类企图都混淆了内部问题和外部问题。如果将纽特拉的船喻加以引申,我们也许可以说,卡尔纳普并不认为我们困陷于大海中航行的一艘孤船,毋宁说,我们是造船厂的客户,甚至是轮船设计者,我们可以自由地选择最适于我们需要的船。

蒯因对科学语言的"净化工作"需要将此种语言整编到一阶逻辑的"标准记号"(canonical notation)当中。他的指导思想是,像"这里"、"那里"以及"现在"这些"指示词"将提供"某种客观性,从其入手是符合科学目标的:就不同的说话者和场合而言,真变成了不变量"(Quine 1966, 223)。此外,蒯因还认为,对科学语言的整编工

作同样也会在概念上澄清其本体:

> 通过将模糊不清的结构或概念改述为更清晰的元素,我们设法做到了消除,每一个消除都是对科学概念图式的澄清……出于我们所关注的框架的广泛性,这里的客观性被称作是哲学上的客观性;但是,这里的初衷和科学上的初衷是一样的。追求一个有关标准记号最简单、最清晰的总体模式并不有别于追求终极范畴,即对实在最一般特性的描绘。(1960, 161)

蒯因将科学语言整编到标准记号的计划显示出语言承诺了什么样的本体论范畴和实体。再说一次,他在这里同卡尔纳普有一个非常重要的差别。卡尔纳普不曾说过一种语言有承诺任何实体。对他而言,是否有任何东西存在是一个语言之外的问题。存在的归因问题也不是一个语言问题,而是一个由给定语言所表述的理论问题。然而,蒯因模糊了任何此类区分,如上引文所言,标准记号并不有别与对实在的终极范畴的追求。为什么呢?

也许读者们已经猜到了答案,没错,它又将我们带回到了分析性之争。在第3章我们看到,蒯因拒绝接受任何语言/理论之分,因为他认为,这种区分取决于那类陈述的存在,而这种陈述的真值"不论事实是怎么样的,它总能得到空洞的确证;此种陈述正是分析陈述"(Quine 1953, 41)。这种意见来自蒯因的语义学和确证的整体论,对此我们在第3章已经有过讨论。蒯因坚持不懈地推广迪昂式的整体论,后者曾得到卡尔纳普的赞同,但蒯因将其推进至一种语义学形式的整体论并拒绝接受在"语言之真"和事实之间有任何重要的差别。因此,对蒯因而言,理论的本体论承诺就是语言的本体论承诺。虽然蒯因确实提倡某种本体论的相对性(我们将在下文中予以讨论),但它同卡尔纳普基于宽容的原则毫不相干,后者主张我们可以在道德上无约束地选择某种逻辑和语言。而蒯因认为,卡尔纳普对可选语言形式的宽容不可能有任何益趣。从我们已接受的物理实在理论出发,我们就是从其关于实在的终极范畴出发。与此相反,卡尔纳普认为,我们对语言形式的选择恰恰是有意义的事情。对他而言,我们不应该或者说不能提出一个新的语言形式这种说法同我们不能设计出一艘更好的船这种说法一样荒谬。虽然我们的设计可能或不可能比我们已有的东西更好,但我们确实有可能提出一个新的建议。当然,和卡尔纳普一样,蒯因赞同对语言进行改编,他也承认这么做可以澄清我们当前理论中的本体论范畴究竟是什么,而且通过作为消除的阐释工作,它也可以表明哪些东西是本质的,哪些是非本质的。但是,在整编工作中,我们无法采取一个中立的态度。其结果就是,在蒯因和卡尔纳普的想法(我们的本体论承诺或许与我们采纳的语言有关)之间没有任何关联。因为我们并不身处卡尔纳普所设想的那种位置上——我们发现我们困在一条船上。[①] 这里,我们将简单浏览一下蒯因所设想的那种整编工作,看看它是如何增强科学语言的客观性以及如何揭示出其本体论承诺。[②]

我们注意到,蒯因首先想使语句真值对于不同的说话者和场合成为一个不变量。因此,他着手将包含着指示词的语句替换为"可观察的直言命题",后者是形如"whenever this, that"的一般陈述(1990,10;同样见1966,223-224)。这种陈述是观察陈述的复合陈述,但是,

---

[①] 纽特拉之船这一类比在某些方面是会让人误入歧途的。例如,一艘船,就说我们起航时的那艘,在某个给定的背景上漂泊,其附近海面上还有些许漂浮着的碎物。虽然他们各自的理由有所不同,但蒯因和卡尔纳普本该认为这一背景本身是可变的。蒯因会认为,通过经验调查,全部的船+海洋+漂浮物都是可以被发现的。而卡尔纳普则认为,船+海洋+漂浮物的某些特征是约定的,是我们选择某一语言的结果。蒯因式视角引发了这样一个问题,即科学理论结构的目标是什么。如果不存在一个背景可以让我们评估船的好坏,那么,什么使得某一船+海洋+漂浮物的提议比另一提议更好就变得不甚清楚。

[②] 对蒯因理论更为彻底的讨论,可参见 Orenstein(2002)以及 Hylton(2007)。

"whenever"并不是要使时间具体化或对其进行量化。它意欲表达的是一种不可还原的一般性,其先于任何对象化的指称。这种一般性大概在说,一个观察语句所描述的情况总是不变地伴有那些由其他观察语句所描述的情况。(ibid.)

例如,"柳树长在水边时,它会弯向水面"这个可观察的直言命题,它容许通过观察来验证或否证。其本身也可能被其他的理论陈述所蕴涵,比如这个假设"柳树的根系主要滋养整个树",当我们将其同其他的理论陈述结合起来时,它就蕴涵了上述那个可观察的直言命题(11)。

为了清楚地看到理论如何可以蕴涵一个可观察的直言命题,我们必须弄清理论的诸多陈述之间的推理关系。蒯因认为,我们可以通过更深层次地将语言整编进一阶逻辑而做到这一点。一阶逻辑是一种完备的推理系统,除了承诺至少存在一个对象之外,其良好定义的句法没有为其强加任何具体的本体论承诺。因此,蒯因发现它就是逻辑整编的最佳语言。此外,蒯因还认为,一阶逻辑足够强,它能够消除可被消除的本体论承诺(回想下第 2 章的内容,对蒯因而言,阐释即消除)。例如,单称词项(比方说专名和索引词)表面上看似乎承诺了其指称对象的存在。像"帕伽索斯"(Pegasus)似乎就指向了某种有翼的马,而且谈论帕伽索斯似乎承诺了这种马的存在(1953a, 3)。但是蒯因强调,我们可以借用一阶逻辑的机制通过罗素的描述语理论消除这种表面现象。而要能做到这一点,蒯因需要将"帕伽索斯"转写成一句描述语,他是通过下述方式进行的:

根据假定(Ex hypothesi),being Pegasus 这个属性是无法分析、不能被约简的,但如果我们采用其动词形式"is‐Pegasus"或"pegasizes",那么名词"Pegasus"本身就可以被视作一个派生词,而且它终究与表达式"the thing that is‐Pegasus"、"the thing that pegasizes"是同一的。(ibid., 8)

蒯因并不否认这种同一性是人为的。对他来说,这种做法只要是可能的就足够了,如果我们采用该做法,那么我们就能将涉及"帕伽索斯"这类名词的陈述替换为在一阶逻辑中可表达的罗素风格的限定描述语。更一般的:

> 省略掉的虚饰主要是名称。这又只是权宜之计而且完全是冗余的,原因是:考虑一下名称"a"以及任意一个含有它的语句"Fa"。很清楚,"Fa"等价于"$\exists x(a = x . Fx)$"……我们同样也总可以把"a ="当成一个简单谓词"A",从而丢弃该名称"a"。(Quine 1986b, 25)

因此,"帕伽索斯存在"能够被"$\exists x(Px)$"所替换,这里的"Px"指"x pegasizes"。按蒯因对变元 x 的客体化解释,这个式子表明在量词辖域内至少存在一个元素,它满足谓词"P",换句话说,至少存在一个东西是帕伽索斯。

蒯因认为,如果将这种整编应用于某个理论的所有陈述,我们就能轻松地确认该理论的本体论承诺。[①] 这些承诺将是"理论中一些不得不为真的谓词,这样才能使理论为真"(1969, 95;参见1953a, 15-16)。也就是说,为了使理论为真,变元的值所要求的实体给予了我们"终极范畴",当我们选定了一个理论的时候,我们就承诺了这些"终极范畴"。因此,经过整编的理论语言不仅澄清了推出可观察直言命题的推理关系(通过一阶逻辑的推理规则),而且,一旦我们借助罗素式的描述语将名称这类"虚饰"整编到该语言

[①] 我们用了"理论"一词而非"理论/语言"这样的表述,原因是蒯因不认为理论和语言之间有真正的区分。

当中,它还向我们展示了该理论中的本体论承诺。这些承诺被揭示为该理论中真陈述的受约束的变元的值,从而蒯因给出了他关于本体论承诺的著名说法:"存在就是成其为一个约束变元的值"(To be is to be the value of a bound variable)(1953a, 15)。

蒯因认为,整编到一阶逻辑的这种做法将在另一个方面有助于揭示我们的本体论承诺,因为它用恒等号(identity sign)、量词以及变元揭示出:对存在着的对象的谈论预设了它们的同一性条件(identity condition)。蒯因认为,只有给定我们所设想的对象的同一性条件,它们才是可理解的(1969, 23)。更一般地说,他认为,要是我们没有关于持存物体的同一性、个体化标准,那我们就完全无法谈论这些物体以及它们的性质。例如,谈论未指明的狗

> 简直没有意义,除非我们已经可以一般地说,如果任何一条狗经历如此这般的变化,那么,在适当的时候,同一条狗也会做出如此这般的行为。只有随着量词或其等价物(多元谓词中的关系从句)的出现,这种关于长程因果关系的一般谈论才会成为可能。(1981, 7-8)

据此,"无同一不实体"(there is no entity without identity)(ibid., 102)。我们需要一个关于物理对象或其性质的个体化原则方能言说这些对象或其性质。

蒯因的结论是,当我们把同一性标准和本体论承诺结合起来的时候,前者就揭示出了当前的本体论承诺是由三个显而易见的范畴构成的:普遍物(universals)、类以及物理对象。蒯因认为普遍物是不可或缺的,因为它们由一阶逻辑公式的谓词字母(the predicate letter)所蕴涵,而这些公式被我们当作理论的真陈述的翻译:

> 普遍物都是不可归约地要预设的。通过对谓词字母加以

约束来设定的普遍物,绝不能通过某个单纯约定性的记号缩写而解释掉。(1953,122)

在 2.7 节我们看到,蒯因认为,类作为一种抽象物非常特别,它对于任何有关数学的阐释都是不可或缺的(参见 1953,122;1960,262f.)。在上文中我们也注意到,实务科学家预设了物理对象。而像命题、意义、同义性等内涵对象,蒯因认为它们缺乏同一性标准(参见 1960,203)。特别是蒯因认为意义不具有同一性标准(1960,206 – 207 同样见第 2 章引文)。

蒯因的本体论承诺、同一性标准及其相关的本体论学说引发了白热化的哲学论争。对他的反对意见包括:认为其同一性标准与我们承认的那类内涵实体(例如"意义")完全相容(Strawson 1997);认为他企图消除像索引词这类指示词的尝试将削弱科学的解释力(Perry 1997);认为其本体论承诺无法把握我们日常的、有关存在的承诺(Azzouni 2004;Dummett 1981;Glock 2003;我们将在 4.9 节考察阿祖尼的反对意见);以及,认为他通过谓词来处理名词的做法归并了它们各自不同的功能,从而抹杀它们之间的重大差别(Geach 1951)。我们认为这里还有一个小问题,即,如果将语言的翻译当作是其日常的用法,那么,蒯因提议的那种整编将同时严重地受到科学语言和日常语言的制约。然而,我们认为蒯因本人也无意以这种方式使用语言的翻译。因为,正如我们上文所引的评论,其整编工作"将净化科学语言,从而在另一个方面合理地推进实务科学"。他很好地意识到,他的建议只是一种"理想图式",它对于科学工作来说少有实用价值。诚然,这一观察本身并不能让这些建议免于与之处在同一个层面上的许多批评。但是,它着实可以让蒯因对一些最平淡无奇的反驳有一个缓冲。他无需坚持认为名词"Pegasus"是属性词"pegasizes"的派生词,相反,我们可以仅仅按其本身对待它,正像他说的那样(1953a,8 引文见上)。①

4.3 翻译的不确定性

翻译的不确定性(indeterminacy of translation)是蒯因最著名同时也是最具争议的观点之一。如果这一观点成立,那它对分析性以及蒯因的本体论学说就有着非常重要的影响。该观点在过去的几十年中曾得到过集中的讨论。② 而近些年来,关于它的争论有所衰减,这无疑释放了一个信号,即人们对其兴趣在减弱。尽管如此,它依然在蒯因的思想中扮演了一个重要的角色,我们理应对其加以考量。这里,我们的目标将仅限于考察它是不是为蒯因对分析性的反驳及其自然主义提供了独立的论证,其中,"独立的"是指它不会预设自然主义,而且也不会预设一个有意义的分析-综合之分(虽然他有时候确实预设了这一点)。我们将论证它并非是独立的。

蒯因在其《语词和对象》(Word and Object, Quine 1960, 26 - 61)一书中细致地引入了翻译的不确定性。我们已经看到,蒯因认为,它有助于将言语表达处理为"因果脉络"中的言语表达,因为我们可以通过观察和试验来确立何种刺激将激起对给定一句话的赞同或反对这类行为,这就是其彻底翻译的观点(radical translation):对某个"迄今为止还未与外界有接触的人群"的语言的翻译,或对我们不与其共享任何历史、文化联系的"土人"的语言的翻译(ibid., 28)。彻底翻译至少在一开始将其限定在一些习惯性的做法上,即"(语言学家)看到的那些土人们表面上的可观察的行为、发出的声音以及他们的其他方面"。语言学家会关注土人赞同一句话的倾

---

① 对于以此种方式消除名称的做法,这里还有其他一些反对意见。其中一个反驳认为,"Pegasizing"这一概念只有借助引入它的名称才能得到理解。见 Glock(2003)。

② 关于这一议题更为细致的讨论,可参见 Kirk(1986)、Glock(2003,第 6 章)以及 Hylton(2007,第 8 章)。

向,他们只要求一个或"真"或"假"的结论:

> 语言学家尝试性地将土人的一句话与已观察到的说出这句话的情景联系起来,希望这句话将会是与该情景相联系的简单的观察语句。为了核查这一点,当这一情景再次出现时,他本人会主动向土人说出这句话,看看他们赞同与否。(1990, 39)

观察语句是这样一些句子:它报告了某个给定场合周围的环境的某个可观察的特征(1960, 42)。蒯因进一步假定,宽容原则大致是说,"一个断言照其字面看为假这种情况很有可能取决于语言中潜藏的偏差"(1960, 59; 1969, 46)。基于这样一个有限的基础,即已被观察到的说出一句话的情景和宽容原则,蒯因力图从彻底翻译的观点来理解土人的语言中有多少内容可以被我们弄清楚。

蒯因对这一问题的回答并不出人意料:就彻底翻译的观点来看,我们极大地受限于我们能够搞清楚的东西。他认为我们可以知道以下诸项的意思:

1 观察语句;
2 土人语言的真值函式算子;
3 我们在第3章介绍的"刺激分析性"概念;
4 "刺激同义性"概念,或者这一想法:两个表达式展示了同样的刺激意义,例如"单身汉"和"未婚男子"(参见1960, 38, 46 - 47, 55 - 57, 68)

土著话和英语话语之间的相互关系构成了语言学家的"分析假说",这些假说符合或至少在一个宽泛的意义上符合(1)~(4)。一般而言,蒯因不认为从彻底翻译的观点出发我们就能期望得到超过这样一种关系的东西。特别是,蒯因藉由彻底翻译这一概念引入了翻译的不确定性观点:

我们可以以不同的方式制作将某一语言翻译为另外一种语言的翻译手册,所有这些翻译手册同整个言说倾向是相容的,但它们之间是不相容的。(27)

蒯因的核心观点是,对于某一语言我们可以有两个甚至更多个"相互竞争的"翻译手册。翻译手册"将语句和所有我们所关心的行为协调地关联了起来",由此它将观察语句翻译成了语言学家的家庭语言(1990, 48)。① 两个语言之间的这些个相互关系中每一个都可以完全同已观察到的言说行为相容,包括言说倾向,但是它们并不"在英语语境中可相互替换",在这个意义上,它们之间并不等价(ibid.)。因此,在蒯因最著名的例子中,像"Gavagai"这种场合句可能在遇到一只兔子时被说出,而且它可能被译为英语"(看哪!)兔子"。然而,对于每一个言说场合也许存在着"顽固的误差"(persistent discrepancy)。比方说,土人那里有一种"当地特有的兔蝇(rabbit-fly),而语言学家对此毫不知情",土人在遇见这种东西时会说"Gavagai"。现在,另一本翻译手册就将"Gavagai"翻译成了英语中的"(看哪!)兔蝇"。蒯因认为,语言学家也许能够通过进一步的查验将有关兔子的表达式同有关兔蝇的表达式区分开来(39)。假定从事彻底翻译工作的人不得不面对有限的语言材料,那么蒯因就会认为,显然总是会有另外一个可供选择的、并与"Gavagai"这句话相一致的翻译,例如"未被分割的兔子的肢体"或"兔子的某个阶段",这些翻译依然同已观察到的土人的行为是协调的,他还评论到,"一个人只有深入思考可能的材料和方法的本性时,他才能领会

---

① 针对蒯因的这一主张,即可以存在一些能够符合所有语言行为但却不相容的翻译手册,Ken Gemes 提出了一个有意思的反驳。Gemes 认为,蒯因在理论(那些对所有观察都取得一致的理论)的等价性方面的看法隐含着这样一个观点,即任意两本对语言行为做出同样预测的翻译手册("翻译理论")应被视为等价的而非"不相容的"。见 Gemes (1991)。

不确定性"(72;又见47)。

翻译的不确定性的早期版本曾引起一些困惑,其一是说它暗含了两个互有区别的主张:一个关心的是完整语句的翻译问题,而另一个关注的却是语句特定的一部分的翻译问题。后来,蒯因承认这两个主张需要区别对待:(i)指称的不确定性(ii)语句层面或"单字句"(holophrastic)的不确定性(Quine 1970,182;参见 Orenstein 2002)。指称的不确定性[蒯因又称之为"指称的不可测知性"(inscrutability of reference)]基于这样一个事实,即,将意义归属于一个整全的语句和将其归属于语句的某个部分(比如单词)之间存在着某种"间隙"。蒯因认为,对于整个语句的使用来说,其个体部分的指称"仅仅是一种附属物":

> 科学事业始于观察的真语句,终于理论的真语句。这两者通过某种结构相联系,而对象在该结构中充当了节点的角色。对于观察语句的真值而言,特定对象会是什么样的根本就无关宏旨。(1990,31)

这一主张对指称理论有很重要的影响。即便我们假定语言学家可以为一个给定的语句指派某种意义,比如某种刺激意义,他也无法确认该语句中的个体词项指向了什么。毕竟,一个句子中的词项有着"相异的解释","它们彼此抵消,由此维系了整个语句的同一翻译"(ibid.,50)。蒯因还为这一想法给出了一个一般的理由,该理由源自他为单个词项的指称对象设立的个体化和同一性标准,而只有精通了当地语言,我们才能知道某个词项的诸指称对象本身是什么:

> 指向某只兔子的同时,你就已经指向了这只兔子的某个阶段、兔子必不可少的某一部分、兔子之聚合物(the rabbit fu-

sion),也就指向了其显示出的兔性(rabbithood)。而指向兔子必不可少的某一部分的同时你也就已然指向了其他那四个方面。而无论你指向哪一个,你也就同时指向了其他方面。在刺激意义本身中并无区别的东西不可能用手指而有所区别,除非在指示的同时你还可以伴以是同是异的提问:"这只 gavagai 和那只 gavagai 是同一只 gavagai 吗?","这里是有一只还是两只 gavagai?"然而,要问这样的问题就要求我们的语言学家对当地语言的掌握程度远远超过我们迄今为止对其所做的解释。(1960,53)

换句话说,单独来看某个当地语句的某个组成部分,它也许可以被不相兼容地选译为"与……是同一个个体"、"与……是同一个部分"、"与……. 是同样的性质"等等之一,从而为我们当作单词句考察的所有当地语句保留了同一的刺激意义。但即便我们接受了这一点,这些组成部分的指称仍然不足以用语言学家们认为的有效证据加以说明。

蒯因还为指称的不确定性提出了第二个论证(参见 1969, 55f; 1981 18 - 19; 1990, 31 - 32)。他的这个想法是要考察对象(比方说,我们平常所说的本体论上的对象)到对象的某种映射(mapping)。就最简单的情形而言,这种映射可能会是同一函式(the identity function),它将每一个对象映射到自身。比较不常见的情形是它将一个对象映射到了某个代理上,例如其"宇宙之补"(cosmic complement)——也就是除了该对象以外的所有(时空中的)东西的集合。这种"代理函式""f"可以让我们重新解释每一个语句,例如,根据指称结构(referring expression)x 的宇宙之补我们就可以重新解释该指称结构。得到重新解释的语句将不再是有关 x 的语句,而变成了关于 fx 的语句。而出现在该语句当中的谓词也由此得到了重释,它们不再关于 fx 为真,而只是作为 x 的原始谓词为真。其结果

就是:

> 我们将所有语句保持原样——每一个字母都没有发生变化——而仅仅是对其加以重新解释。观察语句依然与之前同样的感觉刺激保持关联,而且其中的逻辑联系依旧原封不动。然而,只要你乐意,你就可以大幅地增补理论对象。(1990, 32)

除了上述指称的不确定性之外,蒯因还持有一种"单词句的不确定性"观点,即,语句被当作一个整体而具有的不确定性。蒯因认为,"Gavagai"这个例子表现了这种不确定性;我们将其作为一个句子译为"(看哪!)兔子"(1970, 182)。蒯因还认为,对于反思"可能的材料和方法之本性"是否对从事彻底翻译工作的人是有效的来说,这种不确定性非常之明显。尽管如此,蒯因似乎也为单词句的不确定性提供了第二个论证。[①] 该论证将我们引向了"蒯因–迪昂"论题(参见3.7节)。蒯因似乎认为它也能用于论证不确定性:

> 如果某个理论中的英语句子只有当它们作为一个整体时才有其意义,那么,也只有当我们将它们整体地译为阿兰达语(一种土著语)时,我们才能对此做出辩护……只要该理论净余的经验蕴涵作为一个整体在翻译过程中得到了保留,那么任何一个将英语句子译为阿兰达语的翻译将和其他句子的翻译同样正确。但是我们希望,对于这个作为一个整体的理论,句子成分的诸多不同翻译方式能够表现出同样的经验蕴涵;在翻译一个构成句(component sentence)的过程中出现的偏差将在翻译另一个构成句的过程中得到补偿。(1969, 80)

---

① Hylton(2007, 220)曾强调指出,这里有一个独立的论证。

换言之，我们能够用不止一种方式来翻译某个理论整体中的语句，同时还保留了同一的经验蕴涵。

4.4　不确定性论证的影响：本体的相对性与分析性

两种形式的翻译的不确定性论证使蒯因得到了三个不同寻常的结论。其一是他颇具挑衅性的主张（虽然人们有时会误解它）：指称的不确定性始于"家中"，而它的必然结果就是本体的相对性：

> 指称的不可测知性更接近于我们自己的家，而非"邻居"；我们可以将其用于我们自身。若是一个人可以有意义地说他是指兔子和公式而不是指兔子的诸阶段和哥德尔数，那么其他人这么说时也同样有意义。归根到底还是杜威（Dewey）强调的那句：不存在私有语言。（1969，47；又见1990，52）

蒯因在这里似乎想表明，我们对土著民的表达式的指称所做的说明是证据不足的，同样的道理，我们对某个人自己特有的表达式的说明也是证据不足的。这表明即便在真诚审慎地说话，我们事实上也并不知道我们指称的是什么，因为在这种情况下并没有什么"事实"（1969，47）。作为一个一般规则，我们通过替换我们语言自身的音素串从而"谐音地""翻译"我们自己的语言（ibid.，46），但是这种翻译是自然的，并没有受到任何外部的强迫，因为我们还会有其他可供选择的翻译：

> （我们可以）系统化地将我们的"邻居"显然是对兔子的指称重译为他实际上是对兔子的诸多阶段的指称，同样我们也可以把他显然是对公式的指称重译为他实际上是对哥德尔数的指称，反之亦然。通过巧妙地调整我们对邻居用到的各种各样

的连接谓词(connecting predicate)的翻译,我们就可以抵消掉本体转换带来的问题,从而使所有这些重译同我们邻居的言语行为相一致。(1969,47)

因此,我们邻居的本体论和我们自己的本体论是不同的;我们可以想象,他会谈论兔子的诸多阶段与哥德尔数而不是兔子和公式。他的本体论因此也与我们所选择的翻译有关,但至于何种翻译方案是正确的则无关紧要。我们在接受邻居、我们自己或其他人的本体论的同时也必须接受它的背景理论,并且当我们翻译另一个说话者的话时,我们也必须认为他采纳了他的本体预设(ibid., 66 - 67)。当然,我们的翻译必定同我们已观察到的邻居的行为保持着协调。若假定我们的翻译确实如此,蒯因就表示,我们能够将邻居的话语翻译为诸多可选的本体论之一,而这些本体论之间是不相容的。因此,本体论与一个人翻译他人的话语的方式是有关系的。

然而,蒯因也意识到,指称的不确定性始于家中这个想法会面临不一致的威胁。① 因为如果这个想法成立的话,那么指称将"似乎不但在彻底翻译的情形中而且在家中也变得毫无意义"。(1969,48)这似乎给翻译的不确信论题本身带来了一个一致性问题,因为有人可能会问道:

> "'兔子'真得指称'兔子'吗?"也许有人会以这样的问题予以回击:"你问的兔子是何种意义上的"兔子"?"这样就倒向了无穷倒退。(ibid., 48 - 49)

蒯因在一定程度上赞同这里出现的极端结论,但他对其做了非常重要的限制。回想一下,蒯因曾认为我们总是在某个"继承理论"

---

① Gemes(1991)指出,蒯因在此处的观点有别于一致性问题。

内言说,而且总是处在这样一个过程当中,即,"我们依旧严肃认真地对待我们自己的科学、我们特有的世界理论或比较松散的准理论,而不管它是什么样的。"(1960,24)。我们总是可以退回到这一理论或"背景语言"中去(记住,蒯因避免在理论和语言之间做出任何实质性的区分):

> 背景语言会为"兔子"的指称是什么这样的问题赋予意义,但仅仅是相对意义;该意义相对于这个背景语言。任何以某种绝对的方式对指称的质疑就像是在要求一个绝对位置或绝对速度,而不是在要求相对于某个给定参照系的位置或速度。(1969,49)

蒯因相信,指称的不确定性坐落于我们"默认的"家庭语言中。同样,我们可以选择我们的"家庭语言翻译手册"作为同一函式(而不是宇宙之补那种代理函式):"于是,指称就可以以去引号范式(类似于塔尔斯基的真理范式)得到解释;因此,'兔子'指称兔子('rabbit' denotes rabbits),无论它们是什么,而"波士顿"指称波士顿('Boston' designates Boston)"(1990,52)。

无论这一回应会不会祛除蒯因主张(即,指称的不确定性能够用于我们自身)中潜在的不一致,它都出人意料地为蒯因-卡尔纳普就分析性的论战增添了一个饶有趣味的论题。回想一下,在《两个教条》一文中,蒯因驳斥了卡尔纳普在阐释"分析性"时祈求元语言的做法——无论这个阐释方案是由充分性条件给出的,还是由定义给出的。蒯因认为,"就人工语言而论,它当中的分析陈述之所以会被认为是分析的,只是因为它们在日常语言中的具体翻译具有分析性,因此,通过我们翻译日常语言的翻译规则"来阐释分析性完全不具有任何启发性(1953,36,全部引文见3.4节)。如前所见,卡尔纳普认为,诉诸元语言的做法是完全合法的,因为元语言无非是某个给定的调查者共同体所共享的语言,而且我们对它有着"固定的解释"(以上参见 Carnap 1963a, 930)。然而,在对指称不确性的讨论中,蒯因提请我们在"表面上"(at face value)接受我们的背景语言,这就表明蒯因很难反对卡尔纳普也用背景语言来阐释"分析性"。诚然,考虑到蒯因是赞成"去引号范式"(disquotational paradigm)的,那卡尔纳普当然能说"'分析的'指称分析性",而且,"分析性"概念到底指什么又得看作为哲学语言的英语以什么语言为背景语言。还有,就算作为哲学语言的英语多少是有异议的,它也并不妨碍卡尔纳普用日常语言断言"'同义性'指称同义性"。当然,《两个教条》的作者依然可以反对说,他并不知道这些说法意味着什么。但是,正如格莱斯和斯特劳森精心说明的那样,如果我们的背景语言是英语,那么蒯因似乎属于少数派。对于蒯因来说,这里还有一个很自然的问题:用"分析性"指称分析性这个说法来"解释"分析性最多只能告诉我们指称项是什么,而它并没有解释"分析的"一词是什么意思。尽管蒯因可以这么来回应,但在他那里这种诉诸意义的做法并不一致。

不确定性论证的第二条结论同样与分析性有关,不过,这次是单词句的不确定性。如果我们又一次认为分析性是指根据意义为真,或是指陈述经过同义替换后仍能保持其真值不变,那么,翻译的单词句的不确定性就会为分析性概念提出一个潜在的、更深层次的问题。我们在 2.8 节看到,蒯因在《语词和对象》中宣称,如果内涵概念(例如"意义"、"同义性"以及"命题")有任何意义的话,那么它们必须能根据言语行为,特别是根据对刺激的言语回应加以说明,因为,说话者的话同影响他的刺激之间的关系正是我们学习和教授语言所需的全部东西。然而,翻译的不确定性论证却让我们相信,这句条件句的前提是错误的。如果就像蒯因认为的那样,相互竞争的翻译手册同全部言语行为都是相容的,而且它们之间总是不可能等价的,那么,某个翻译与言语行为之间的相容性就不能保证意义可以得到保留(这里所说的意义至少要比蒯因的"刺激意义"更丰富)。① 因此,就直观而论,我们永远无法确定意义。只有在少数情况下我们可以通过言语倾向来解决诸如刺激意义、刺激同义性的问题,而意义和同义性问题一定同客观事实无关。如此一来,基于意义和同义性概念所定义的"分析性"就没有了明确的内容。蒯因也同样意识到了这一后果,即他的不确定性论证的一系列结论会给出这样一个主张:只要分析性概念是基于同义性直观的,那么"认为这些结论清除掉认识论上的两分——分析真理是语言的副产品而综合真理报告了世界之所是——将是一个谬见"(1960, 67)。②

不确定性论证对分析性的影响同它对本体论的影响息息相关,这一影响还不光带来了本体的相对性这一看法。蒯因认为,不确定性论证说明我们无法断定两个相互竞争的翻译手册中哪一个是正确的,同样,我们也"无法断定词典编撰学家对错与否"(1953, 63)。作为一个必然推论,意义、同义性、命题以及传统上我们所设想的内涵实体没有任何本体论上的地位。它们不能被当作是世界的组成部分,而且我们有关世界的最佳理论也不需要它们。从单词句不确定性的观点来看,"我们没有任何有关语句意义的一般概念称得上是关键性的语义团(critical semantic mass)",而所谓关键性的语义团只属于"可检验的语句和语句集",例如蒯因所认同的可观察的直言命题和逻辑联结词(1990, 53)。此外,命题还根据同义性得到了典型的刻画;如果一些语句是同义的,那么它们就表达了相同的命题。但是,由于翻译的不确定性带来的限制,唯一可被接受的同义性概念(即刺激同义性)还不足以使任何命题的状态能够成为"超越语言的语句的意义"(ibid.),因为,

---

① 见 Gemes(1991)。
② 分析性并不要求严格的同义性,对此,我们将在第6章给出论证。

如果命题充当了命题态度的对象,那么那种宽泛意义上的同义性(刺激同义性)将无法成为命题的同一性标准,即便它得到了充分明确的表达。它将变得过于宽泛,因为它会认为所有的分析语句都是同一命题;毕竟,一个人当然不想将所有在信念背景或间接引语中的分析语句都当作是可以互换的。(1960, 201–202)

换句话说,如果不确定性论证提供的仅仅是刺激同义性,那么"二加二等于四"和"单身汉都是未婚的"将变成同一个命题,因为英语说话者总是会赞同它们的。但它一定不能是这种情况:"R相信二加二等于四"和"R相信单身汉都是未婚的"是可以互换的。所以,只要我们在一个更为丰富的"直观的"意义上将其理解为,同义性是不确定性的题中应有之义,那么,命题之间就具有同义关系。

4.5 对蒯因不确定性论证的回应

蒯因的不确定性论证催生了一大批卷帙浩繁的二手文献。对其反驳包括:认为他对彻底翻译所加的限制强得不切实际,而且这一限制依赖于一个无法证实的、先验的行为主义立场(参见 BonJour 1998; Chomsky 1975; Putnam 1983; Searle 1987);认为不相容的翻译手册不可能对当地所有语句的赞同条件都是可靠的(Evans 1985);认为代理函式这个概念引发了不可接受的后果(Mellor 1995);认为其论证的误区(似乎)是预先假定了根本就不会发生的事情(Glock 2003);以及认为他的论证不正当地从行为的不确定性滑向了某种更强的东西(Putnam 1983; Ricketts 1982)。这里,我们将重点关注其中一条非常强有力的批评线索,它同我们最后提到的那条反对意见有关。蒯因有关不确定性的结论产生自彻底翻译这个前提(尽管有不少人并不接受这个前提,参见 Glock 2003; Kirk

1986），但我们不打算排斥这一点。相反,我们将会论证,根据乔姆斯基(1975)给出的一条批评,该前提需要翻译的不确定性,而且彻底翻译这一主张太强了,使得蒯因的结论仅仅具有非常有限的价值。

我们为什么会这么说？回想下前文中提到四项内容,蒯因认为彻底翻译能够"产出"(1)～(4)这四项（亦即彻底翻译能够处理的东西）:(1)观察语句;(2)当地语言的真值函式;(3)"刺激分析"语句;(4)"刺激同义"语句(1960, 68)。对于这四个条件,希拉里·普特南注意到了一些相关的问题[他稍加改动使之成为(1'）～(4)]:

> 归根到底,(蒯因的)立场与以下这个说法并无多大的差别,即(1'）～(4)这四个条件是"翻译"概念的意义假设(Meaning Postulates),而且是"翻译"这个概念全部的意义假设。(1983, 171)

蒯因当然不会欣然接受"意义假设"这个说法,在《两个教条》一文和其他地方,他对这种说法予以了驳斥。但是,蒯因的解释究竟怎么就可以让我们接受(1)～(4)是一个翻译最多所能产出的东西？它只是对何为翻译的解释,还是蒯因有令人信服的理由让人恰能接受这些结果?①

我们注意到,蒯因很可能会如此回应:所有对语言学家有效的证据不足以决定任何一个翻译,而且我们一旦做出深入的思考,我们就会发现这种非决定的状况实在是显而易见。但什么东西在这里可以算作证据呢？除了蒯因所谓行为上的证据以外,为什么这些证据就不能包括其他类型的证据,（例如普特南所指出的）"人类普

---

① 我们将在第 6 章回到蒯因所建议的翻译的地位问题。

遍的、独立于文化的心理"呢？难道就不能有超出蒯因的允许范围而且是关于人类语言使用情况的心理学一般结论吗？难道我们就不能诉诸这种东西从而筛选出更可取的翻译手册吗？普特南恰当地指出,蒯因会说"不,不存在这种证据",因为"他接着会说,无论我们通常所接受的分析假设是正确的,心理学上的一般结论也是正确的,还是与既存分析假设惯例不合的分析假设是正确的,而心理学上的一般结论是错误的,这类证据都完全不存在"(ibid.)。换句话说,蒯因很可能会说,如果某个心理学上的一般结论可以支持某一个翻译手册,那么,也许就会有另一个与已观察到的行为相一致的翻译手册拒绝所谓心理学上的一般结论。

然而,普特南的评论显露出这样一个事实,即,蒯因的论证必须做出一个相当强的假设,以便回应何种类型的证据对哲学家—语言学家是有效的。也就是说,蒯因必须拒斥任何对心理学或语言学实体的诉求,因为这些东西无法通过他所偏爱的行为词汇得到表述。

普特南对翻译不确定性的反对意见碰巧与语言学家诺姆·乔姆斯基(1975)早前的异议不谋而合。乔姆斯基表达了和普特南一样的困惑:为什么语言学家一定得受限于"分析假设"而无法超越(1)~(4)这四项呢？乔姆斯基并不否认语言学家确实受限于那些不确定的翻译。但是,他也质疑到:

> (蒯因有关它们的陈述)是重要的。无可否认,如果某个"分析假设"系统超过了证据,那么我们就有可能设想那些与证据并立不悖的替代物,比如蒯因对刺激意义和真值函式的联结词所做的"真实假设"。因此,就这个方面而论,语言的情形或"常识性知识"同物理情形并无任何区别。(Chomsky 1975, 63)

即便是有效证据也无法充分地决定(underdetermine)物理理

论,因为无论蒯因还是乔姆斯基都无法否认这些物理理论。让我们来考虑某个物理理论(比方说广义相对论),毫无疑问,有效资料也不足以决定该理论,因为其他理论也有可能适配于同样的资料。这里,乔姆斯基轻而易举地就将物理理论的非充分决定状态(underdetermination)引向了翻译所具有的更高程度的不确定性。当然,无论对语言学还是物理学来说,资料都无法充分地决定理论。但乔姆斯基认为这一点几乎不值一提。

乔姆斯基的反驳还有第二个面向。我们允许物理学家设想实体、定律以及结构上类似于试探性理论的东西以便解释某类现象。但是,蒯因并不允许语言学家有这种自主权:

> 物理学家是在某个试探性的理论框架下工作。而(在蒯因看来)语言学家、心理学家不能对各种各样"常识"的"概念体系"加以研究……这是对经典的经验主义教条一个相对比较清楚的表述。它的每一步都涉及某个经验假设,而这个假设可能为真,也可能不为真,不过,蒯因似乎并不把证据看作是必要的。(63)

在乔姆斯基这样一位实务语言学家看来,蒯因所做的经验限制太强了——它们确实是教条的,而且与实际上的语言实践并不吻合:

> 我们很难发现这一教条为什么要比任何其他教条得到更严肃认真的对待。已知的语言学习过程或人类心理学(或与之相当的东西)并不支持这一教条……一般而言……它与那些并非不值得考虑的信息(而现在它们是有效信息)是冲突的。(66)

乔姆斯基认为语言学家可以和物理学家一样提出试探性的理论,即便这种理论断言了蒯因所不能接受的意向现象和内涵现象,例如,无意识原则、与生俱来的语言能力、语言和言语的两分或能力(competence)与表现(performance)的两分(64 – 65)。

乔姆斯基还有另外两个反对意见,而这两个反对意见提出了一个令蒯因特别尴尬的严重问题。照乔姆斯基的看法,蒯因夸大了这一平淡无奇的观察,即证据对理论的非决定性,而更令人难堪的是,他用他的扶手椅哲学取代了由实务语言学家发展出来的经验方法。蒯因为什么拒绝承认像乔姆斯基这种实务语言学家所做的工作是经验科学的一部分呢?

蒯因曾对乔姆斯基给过详尽细致的回应(Quine 1975)。他对这两个反对意见的回应可谓开诚布公。蒯因承认,翻译的同义性和物理理论对于所有可能的资料都是非决定的,也就是说,

> 对自然所做的所有可能的观察……与物理理论是相容的,但这些理论之间是不相容的。相应地,对言语行为所做的所有可能的观察(无论是已观察到的还是尚未观察到的)都与翻译的分析假设系统是相容的,而这些系统之间是不相容的。(1975, 302 – 303)①

蒯因还进一步认为,物理学家和语言学家会根据他们现有的理论做出预测(303)。不过,他认为这里同样也存在着一个重要的差别:

> 物理学理论是我们最终的参考。并不存在比物理学更高、更可靠的,所谓正当的第一哲学,仿佛我们用不着诉诸物理学

---

① 更深入的讨论可参见 Gemes(1991)。

家的头脑……当然,尽管语言学是自然理论的一部分,但是,翻译的不确定性并不仅仅是我们自然理论的非充分决定性的一种特殊情况。它们是很相似,但我们仍须做一些补充。我对电子、μ介子以及弯曲的时空采取了彻底的实在论态度,因此,尽管它们在方法论上来讲是非决定的,但它们也同当前的世界理论相符合。无论有关自然的全部真理是已知的还是未知的,是可观察的还是不可观察的,是属于过去的还是属于未来的,让我们从实在论的观点出发来考虑它们。翻译的不确定性的关键在于,它甚至禁得起这一真理的考验,也禁得起有关自然的全部真理的考验。这就是我所说的,哪里用到了翻译的不确定性,哪里就没有正确的选择;即便在一个已被普遍认可的非决定的自然理论内部也不存在所谓正确的选择这回事。(303)

这段醒目的文字表明,蒯因的翻译的不确定性论证实际上预设了某种有关物理学的"实在论观点",而根据这一观点,像何种翻译是正确的翻译这种语言问题根本就不成问题。据此观点,意义、同义性、语言/言语之分以及像乔姆斯基的"心灵固有的性质"这类东西都不是实在的。它们为什么不是实在的呢?对此,蒯因似乎并未论证物理学与其他科学有何不同,也未论证它为什么要比其他科学(例如语言学)更为基础(在4.11节,我们将探讨"坎贝拉计划",它也要面对类似的问题,即如何挑出一些基础事实使得其他所有的东西都随附于它)。

毫无疑问,如果意义是实在的,那么蒯因就没有任何理由说"翻译的不确定性甚至禁得起全部真理的考验",因为,如果乔姆斯基的语言学范畴得到了承认,那么像"这个人说的是何种语言?"、"'q'和'r'是同义的吗?"等等这类问题就会有一个真正的答案。这些答案不可能是不确定的,因为就算资料无法充分地决定一个给定的翻译(而乔姆斯基认为是可以的),语词的意义是什么或哪些语词是同义的也是一些事实。现在,蒯因可能会回应说,他不认为这些东西是实在的,因为它们在科学上是不被认可的,但正如我们所见,乔姆斯基这样的实务科学家会说,它们是科学的一部分,因此也不存在所谓的翻译的不确定性。

就我们的目的而论,蒯因同乔姆斯基论战的重要性不在于谁的语言学理论是应当被采纳的语言学理论,而是在于它表明,为了使翻译的不确定性论证以及这些论证对分析性的影响能够发挥作用,蒯因所必须做出的假设。蒯因对"电子、μ介子以及弯曲的时空采取了彻底的实在论态度",据此,"翻译的不确定性甚至禁得起这一真理的考验"。换句话说,他的这一立场在一开始就将乔姆斯基这类语言学家提出的实体排除在外。和其他人一样,蒯因随意预设了一些他希望看到的设想。但是,如果这些假设需要表明其他的哲学或语言学假设是无根据的,那么我们就需要对为什么采用这些假设给出进一步的理由。对此,蒯因给出的理由是,这些假设是"当前世界理论"的一部分。那么,到底是哪个理论呢?这里有没有一个理论标准将乔姆斯基的理论排除在外,而又仅仅将蒯因所中意的全部现象(电子、μ介子等等)尽收眼底?这一问题尚未得到回答。

我们认为,翻译的不确定性论证及其影响并不支持蒯因在一开始就采取一种强物理主义假设。蒯因同乔姆斯基的论战表明,他所做的假设并不止于自然主义。毋宁说,他的假设要求一种更强的物理主义主张——它仅仅承认所有可被支持的物理实体、定律以及一些解释性的东西。意义、同义性、命题等等在其立场下几无容身之地,这一点并不奇怪:因为这种实在论态度将电子、μ介子以及弯曲的时空视为基本的"自然真理"。不过,它也不是格外有趣。

这里,我们的反驳是:蒯因的论证预设了物理主义,它削弱了他试图反驳心智(意向)实体和内涵实体(比如,意义和命题)的论证效力。换句话说,我们不认为这些论证支持蒯因的如下结论:

> 我们看到,在表面上接受意向性用法就是假定翻译关系在某种程度上是客观有效的,虽然相对于言语倾向总体而言这种翻译关系在原则上是不确定的。这样的假定在科学认识上几乎没有什么益处,如果它没有比语义学的和意向性的日常用语所预设的那种想象的翻译关系更好的根据的话。(1960,221)①

尽管如此,蒯因的一些捍卫者试图针对循环论证的指责为蒯因做出辩护。一个屡屡被提及的辩护是这样的:他们承认蒯因的论证是循环论证,但他们不认为这种循环有损蒯因的哲学立场。对此,里夏德·舒尔登弗莱(Richard Schuldenfrei)给出了最为细致的辩护,他承认蒯因的论证是循环的,但这并没有让蒯因的论证失效,因为照蒯因的解释,被算做证据的东西其本身必须来自经验研究,这一解释支持蒯因对物理理论所做的假设(见 Schuldenfrei 1972;又见 Hylton 2007)。这一路辩护引出了蒯因的自然化的认识论。因此,我们将在第 5 章回到这一论题并接着讨论针对循环论证指责的一些相关回应。②

4.6 卡尔纳普的《经验论、语义学与本体论》

在 2.6 节,我们概述了卡尔纳普(1956a)那篇著名的文章《经验论、语义学与本体论》(ESO)。在那一节,我们看到,卡尔纳普对"外部"问题和"内部"问题做了区分。卡尔纳普写道,"我们将框架内部的某种新型实体的存在问题称之为内部问题,而将作为一个整体

---

① Glock(2003)曾详尽论证并给出了一个类似的结论:蒯因预设了很多物理主义和反内涵主义的论点,但他并没有为这些论点给出论证。

② 关于内涵实体或概念的实在性问题,有一场高度复杂且还在进行中的论战。对于其中值得注意的交战,读者们可参见 Katz(1974) 和 Harman 的回应。

的实体系统的实在性或存在问题称之为外部问题"(1956a，206)。只要我们所详述的语言框架足以为内部问题赋予意义,那么这些问题(比如,"是否存在比一百大的素数?"、"有些树是不是落叶植物?")就可能会有某个答案。对于素数那个例子,我们可以用"纯逻辑的方法"通过查看语言的规则系统的后承得到一个答案,而当一个陈述与物理理论的其他原理有关联的时候,我们也可以通过寻找或验证该陈述的经验后果来得到一个答案(例如,上文中有关树的那个例子)。只要哲学家或科学家提供了对规则的详述以及与回答问题相关联的方法,那么,他就至少在原则上为他的问题提供了一个"清楚的认知上的解释"。哲学家应当提供一个语言框架,而在这个框架下,问题不但是有意义的而且是可回答的。

相形之下,外部问题(例如,"数真的存在吗?"或"实际上存在物理对象吗?")常常缺乏认知内容。由于它们并不在某个框架下,因此,我们也就没有任何清晰的证据标准或证成规则能够赋予这些问题以意义(同样,这些问题也就没有答案)。只有当这些外部问题是"要不要接受这些语言形式这样的实际问题"时,它们才有内容,但是,这种实际问题最多只是在关心我们采取的这些形式是不是"方便和有益的"(ibid.，218)。哲学家们试图去回答外部问题,但却没能看到他们所给出的回答并不需要理论证成,甚至不具备理论证成的能力。卡尔纳普写道:

> 因此,在内部意义上就"存在着数吗?"发问的人既没有断言一个否定性的答案,甚至也没有认真地考虑一个否定性的答案。我们似乎可以合理地认为那些哲学家……并没有牢牢记取什么是内部问题。而且,如果我们问他们:"如果我们接受它,那你的意思就是说数的框架要么是空洞的,要么没有这样一个框架?"他们很可能会如此回应:"根本不是这样;我们的意思是说,在接受一个新框架之前这里有一个问题"。当他们说

> 这里有一个事关数的本体论状态的问题时，他们也许会试着解释他们到底想说什么。他们会说，该问题事关数是否具有我们称之为实在性（原文如此）的形而上的特征……不幸的是，这些哲学家还远远未能用一般的科学语言明确地表达出他们的问题……除非他们提供了某种清晰的认知上的解释，否则我们还是会认为他们的问题是一个伪问题，也就是说，该问题伪装成了理论问题的样子，而事实上它是个非理论问题。（1956a，210）

此处我们将会论证，ESO 中的不少内容实际上支持蒯因后来给出的图景。接下来，我们将对卡尔纳普在 ESO 中给出的一些建议予以驳斥，我们会强调指出，在我们看来，这些建议既没有明确的目标同时也是不必要的，而且它们自然而然地导向了一种蒯因式的图景（包括对分析性的拒斥）。

在卡尔纳普关于"本体论"问题的哲学图景周围还萦绕着一些更有意思的哲学问题。难道我们就应该附和卡尔纳普并认为哲学家们对数是否存在这类内部问题并没有真正的兴趣（或者说他们并没有真的在问及这些问题）？这里有一些反对卡尔纳普建议的好理由。某位哲学家可能会这样回应卡尔纳普："瞧！卡尔纳普，我想知道是不是存在着数。我想知道是否真的存在着数。我知道我们大多数人会同意这种说法，即至少有一个数比二大比四小，因此，这里最起码存在着一个数。事实上，当人们说什么是'真的'的时候，他们的意思并不是说它真的为真。此外，我不知道您拐弯抹角地谈到'形而上的特征——实在性'时是在谈什么。我甚至不知道'实在性'这种特征是什么东西。我只是想知道'存在着数'这个陈述是不是真的。还有，我是在用日常英语提出这一问题。所以，那种祈求某种可能的或实际的人工语言并在这种语言中讨论什么为真的做法似乎与'存在着数吗？'这一问题毫不相干，因为该问题是一个说英语的哲学家提出来的,它有一个肯定的答案。而且我们很难确定'内部'问题是不是有一个肯定的答案。一些哲学家会认为他们的直觉告诉他们存在着数,而另一帮哲学家会说他们的直觉恰与之相反。就算我们认可这些人的直觉,但是,难道我们就应该用直觉来裁定这一问题?(我还要提一句,至于最后这句话中的'应该',我的意思是说,一个'内部'问题应该与在我们实际的语言中被当作证成的东西有关。)另一些人,例如密尔,认为经验证据支持数的存在。这对吗?事情根本就不是如此直截了当,因为我们无法直截了当地对内部问题做出回答。难点在于,我们是根据我们实际上所用到的证成概念要么给出一个肯定的回答要么给出一个否定的回答。在某种程度上,这里的模糊不清只是因为什么为真关乎我们在实际的语言中所用到的概念,包括证成概念等等。因此,与您卡尔纳普的主张相反,对数是否存在这个内部问题的正确回答远不是微不足道或平淡无奇的。而且就算对此问题的回答是微不足道或平淡无奇的(当然,算术在实践上是有用的),我也并不关心它。重申一下,我只是想知道是否真的存在着数。"

针对这一反对意见,一个卡尔纳普主义者可能的回应也许会诉诸这一区分:模糊、不精确的自然语言和精确的、在科学上可接受的人工语言(尽管它是人为构建出来的)。卡尔纳普可能会说,在日常英语中,"数"一词是模糊、不精确的(就当前目的而言,"日常的"和"自然的"被当作是可以互换的)。在日常语言中,有关数的词汇的使用规则是不确定的,甚至在很多方面都是含混的。卡尔纳普也许会说,我们无望在日常语言中发现支配数的"那个"(the)正确的规则。替代方案是考察各种各样精确的人工语言并使它们能够很好地满足实际的日常用法,而且这些人工语言的精确性避免了那种有关自然法则和日常语言规则的不确定性。但是,一旦我们转向这种精确的、在科学上可被接受的人工语言,那么不确定性也就不复存在了。这种语言的规则将支配那些相互之间有联系的概念的正确用法,因此我们将根据这些规则对"内部"问题做出回答,它们也就不再聚讼不止了。当然,这里还是会有一些相关的争议,例如,经验资料是不是共同地支持这个假设。尽管如此,它们也不再会是徒劳无休止的,在历史上曾经让哲学家们陷入困境的"形而上学"问题。

  我们觉得这一回应基本代表了我们在前文中所呈现的卡尔纳普的哲学态度。但它是不是有效的呢?让我们来考虑这样一个问题:是不是存在着原子。几个世纪以来,即便在科学家当中这一问题也是有争议的。事实上,该论争与这些问题有关——原子是不是"可观察的"?它们是不是一些"形而上的"设想?它们在经验物理学中合法吗?不光是马赫本人,像奥斯特瓦尔德(Ostward)这种马赫主义者也曾带有贬意地认为它们是"形而上的"东西。[①] 设想一位卡尔纳普主义者参与到玻尔兹曼主义者(他们相信原子是实在的)同马赫主义者(他们否认经验资料支持原子的存在)之间的论争当中。卡尔纳普主义者也许会向这些科学家们解释:你们的困惑是由不精确的自然语言造成的。我们可以根据支持原子存在的资料采纳一种语言,我们也可以根据不支持原子存在的资料采纳另一种语言。我们甚至可以同时采纳这两种语言:在其中一种语言中原子之存在是分析的,而在另外一种语言中其不存在是分析的。因此,争论原子存在与否毫无意义。我们真正要做的只是采用一个有着精确规则的语言,从而使这些有关原子的内部争论得到良好的定义。然而我们觉得,一个很自然的回应可能是不知所云,愈加困惑。毫无疑问,科学家们会说,是否存在原子这一问题以及相关问题(是不是有一些资料支持原子之存在)并不是由某种类似规定的东西决定的,也就是说,一个规定了一些规则的人工语言无法回答这个问题。我们想知道的是,如果我们所说的"原子"(其本身是有争议的)、"得到证成"是可以被接受的,那么原子是不是存在的;我们是

[①] 比如 Atchinstein(2007)。

不是基于经验资料证成了原子的存在。即便有人在使用带有各种各样规则的语言，它也根本无助于解决我们感兴趣的问题——是否存在着原子！事实上，经验资料已经使最具怀疑精神的科学家也相信原子是存在的，而且这也表明，科学规则至少在一些重要的情形下能够提供清楚无误的裁决。但是这一事实并没有帮到卡尔纳普主义者。卡尔纳普主义者认为，我们没有必要等待进一步的经验资料来解决这个问题。科学家们本来就可以通过规定来解决方法论上的问题，而且这种规定终结了方法论上的争执（例如，资料是否证成了原子是存在的这一主张；是否存在着原子等等）。在一些语言中，资料于此时证成了"存在着原子"这句断言，而在其他一些语言中，资料于此时并没有证成该断言。这里，其他一些语言是这种语言：在其中，"存在着原子"是一句分析陈述，而在这些语言中根本就不存在任何令人关注的内部问题。

在卡尔纳普主义者方面，有人可能会这么回应：就"存在着原子"这个句子而论，它是一个外部问题，因此我们应当予以最大的关注。但是，这并不符合科学家在那个时候所做断言的自然解释。怀疑论者本该承认，用"存在着原子"这句话来做经验预测和解释在实用方面有着诸多的优点，但他们当中许多人要么否认原子的存在，要么否认对这样一种"形而上的"、超越证据的（evidence-transcending）断言的证成。对于一个设置了原子的理论来说，它在实用方面的益处并没有引起太多的争议。他们所争论的是，是不是真的存在着原子以及科学家们是不是证成了原子的存在。在我们看来，这些争论当中有意思的一幕是它们将卡尔纳普本该考虑的"内部"问题牵涉了进来。

哲学家所关注的"是否存在着数"这样的问题也指向了此类情形，而且我们对这种问题的解释也是相似的。但事实上，它们更令人费解，因为我们根本就不清楚何种证据能够支持或否证数的存在，此外，这里还有很多很困难的关于证成的问题。关于证成本身在方法论上的问题似乎是非经验的,而且我们很难辨别一个内部答案究竟是不是"数本身是否存在"这类问题的答案。因此,唯名论者、柏拉图主义者,甚至那些接受卡尔纳普所谓内部/外部两分的人在一般意义上会说,当前的困难在于这类问题所引发的无穷无尽的争议,而不是确定它是内部问题还是外部问题,也不是某个语言的诸规则能否通过规定断言某个语句这种问题。

因此,在一些耐人寻味的历史情景中,科学家们似乎就一些"内部"问题争执不休,即便它们相对于"外部"问题更容易回答,要是这样的话,哲学家也许同样可以争论内部问题。但若是根据卡尔纳普的建议,我们只能问及两类问题:内部问题和外部问题,那这也就没有表明哪里出了问题。(这里我们关注的是存在性陈述或"本体论"陈述,但这一区分同样对其他类型的陈述有效。)即便我们的这一论断是对的,即内部问题是科学和哲学的首要关切所在,卡尔纳普也能毫不动摇地说,解决这类问题的难点在于自然语言的模糊、不精确以及不确定性。就科学的目的而论,这类争论之所以成为可能正是出于这样的理由:我们应该采用得到精确详述的语言,而这些语言带有良好定义的规则,它们可以裁定所有这类分歧,例如,这些语言中的陈述是不是可由某个经验或某些规则加以证成。

基于各种各样的理由,我们发现,卡尔纳普在 ESO 中对待这些哲学论争(无论是关于"本体论上的"争论还是其他争论)的方法很难让人满意。首先,让我们想一想,诉诸精确的人工语言这种做法对于解决哲学家们所关心的问题(例如,"是否存在着数")能有多少帮助。设想有人读到了一些柏拉图主义者关于这一论题的看法,以及某些唯名论者反对数之存在的论证。基于读到的这些东西,他们开始不确定他们在文法学校学到的东西是不是真的存在。柏拉图主义者和唯名论者都有一些非凡的论证:或是赞同数的存在,或是反对其存在;同时,他们对各式各样方法论上的主张(例如,有主张认为直觉证明了数是存在的这一信念是正当的,而另有主张认为经验证据支持或削弱了我们关于数的信念)也莫衷一是。实际上,卡尔纳普建议,裁定这一争论的方法是去考察某个精确定义的人工语言,而该语言包含"存在着数"这一语句,同时,我们看一看该语言的规则是否蕴涵了该语句本身,或者,我们迄今为止所获得的证据是不是支持数的存在。但是,这如何恰好有助于解决我们一开始的困惑呢?它能不能奏效还很不明朗,而且我们甚至可以说它同哲学家们感兴趣的东西毫不相干。

考虑另外一个与之相关的问题。这本书的大部分读者将在介绍性的大学哲学课程中学习哲学。通常,在课程的早期阶段,问题多是某些行为在道德上是否正确、某个政治系统或法律体系是否正义等等。某位聪明的学生并不觉得这其中有什么困扰。"我们只要严格地定义我们的用词就好了",他会说,"告诉我你的'道德的'是什么意思,给我一个严格的、用来确定是否道德的规则,据此我们就可以对 X 是否道德给出一个正确的回答。"也许有人会忍不住向这位学生解释,尽管这一规定可以在某个意义上"解决"所谓的"道德"问题,但它根本就无关宏旨。某人可以规定杀婴取乐"在道德上是值得称赞的"(即"杀婴取乐在道德上是值得称赞的"这个句子在我们从今以后所说的语言中被规定为真),但要是我们在一开始确实想知道(根据我们实际的道德观)杀婴取乐是不是真的道德或不道德,那这种做法就几乎没有帮助。不幸的是,卡尔纳普在 ESO 中的建议很像是这位大学生意见的精致版本,后者不过是想要为一些哲学家感兴趣的概念规定意义,以此解决我们的诸多分歧。

即使我们指出这种解决哲学分歧的规定性"方案"毫无价值,而且它本身并没有揭示出这一路线的问题所在,卡尔纳普也可能简单地反驳道,"当然,我知道哲学家们还是会陷入徒劳无益的争辩当中。我的观点是:这位大学生刚刚所说的东西基本是正确的,但要超出某个精确语言的规则,问采用一个带有这些规则的语言是否会为实践带来各种优点,那我觉得这里便没有任何东西需要争辩"。

我们将在接下来的章节中继续讨论卡尔纳普在 ESO 中的观点。首先，我们将提出一些问题，它们很自然地引出了蒯因的观点——它同卡尔纳普的观点形成了鲜明对照。

4.7　蒯因主义者以及其他人对《经验论、语义学与本体论》的回应

就某些重要的方面而言，卡尔纳普在 ESO 中的观点非常接近蒯因在 TD 中（以及他于此之后）的观点。在这一节，我们将重申蒯因主义者所做回应的一些关键特征，并对卡尔纳普和蒯因之间的各种分歧加以澄清，当然，就他们的一致之处我们也会给予重视。

卡尔纳普曾长期坚持，任何语句都可被当作是分析的（参见 2.2.4 节）。在我们看来，这一观点在一个相对不重要的意义上是正确的，而在另一个意义上，即在一个卡尔纳普不得不接受的意义上，它是不正确的。在《语言的逻辑句法》一书中，卡尔纳普允许将一个有关某种物质的热容的陈述添加到一个理论当中，并将其作为一项规定，一个分析断言。这里有一个潜在的麻烦：将一个涉及某些表达式的陈述当作是分析陈述这种做法不可能与包含于其中的那些表达式的意义无关。这一点相当明确，因为我们所用的那些表达式来自某个背景语言，而该语言已经预设了表达式的意义。对于"猫在垫子上"这个句子，如果我们已经知道了"猫"、"垫子"以及该句子中的其他词项是什么意思，那我们就不能简单地规定"猫在垫子上"（这里，我们是在一个相当直觉的层面上进行的。我们的解释优先考虑在经验上不可消灭的规定。该解释见第 6 章）。我们的理由直接来自直觉：假定我们已经知道"猫在垫子上"是什么意思，那么该陈述就表达了一个在经验上可被消灭的断言。即便对于卡尔纳普来说，这种规定也应该被认为是"分析的"，但无论该规定作为一个陈述具有什么样的其他特征，它都不是经验上可作废的——至少

对于"猫在垫子上"是否为真这个"内部"问题而言,对该问题的回答并不需要借助经验资料。卡尔纳普认为,分析陈述的一个特征恰恰来自语言规则而不是来自经验资料。但是,人们无法清楚一致地将用在某个特定场合的同一个句子既当作在经验上可作废的又当作经验上不可消灭的。如果有人这么做了,那么该语言的被给定的规则将自相矛盾:这些规则将既承认支持某些陈述的经验证据而又将它们拒之门外。正如我们在第 6 章的深入讨论揭示的那样,如果规定某些陈述是不可消灭的,又假定这些陈述的诸多特征在适当的地方已经得到了理解,那么我们就必须对我们可以加以规定、可以"添加"到某个语言实践中的陈述做出必要的限制。就支配实践的可理解的规则集合而言,任何实践都应当是一致的,而且,对于我们已做出的规定不应有例外情况。

对于卡尔纳普而言,这里还有另一个相关的问题:我们规定的规则支配着表达式的用法,但它们并不独立于表达式的意义。因此,句法序列 s(在一个语言中,语句 s 是一项规定)与某个语言中作为一个经验上可作废的描述性陈述 s 有很大的差别。关于这一点我们已经在 3.9 节讨论过了,我们将在第 6 章回到这一论题。简单地说,某个句法串在某个人工语言 L 中为真(ture – in – L)这一事实并不意味着 s 在英语中也为真。

在卡尔纳普看来我们可以规定任何语句,对此我们表达了担忧并且给出了我们的反对意见。但是,卡尔纳普的观点还很自然地导向了蒯因式的图景,而该图景不仅放弃了分析 – 综合两分,而且还放弃了"理论改变 vs. 语言改变"两分。原因如下:如果任何语句(包括有关热容这类似乎在经验上可作废的陈述)都可被打上"分析的"标签(即便这么做可以通过正确翻译最低限度地保留了它们的意义),那正如蒯因指出的,我们就很难看到分析语句和综合语句之间到底有什么差别(参见 2.2.4 节和 3.7 节)。这就好比说在两个"语言"之间存在着没有差别的区分:一个"语言"中包含着这么一项规定：LEAD ＝"铅的热容是 C……"，而另一个与该语言类似的"语言"中并没有包含这一项规定，但它却允许我们通过经验证据断言语句 LEAD（为真或可以证明是成立的）。我们对采用一个含有语句 LEAD 的"语言"做了辩护，而卡尔纳普会把这一辩护说成是规定性的，或对于"实用"目的而言是分析性的（因为当我们对"铅"这种物质做出一些预测时，使用这样一种语言会带来许多优点）。但当我们采用了一个并没有规定 LEAD 的"语言"时，卡尔纳普会说，我们现在的情形是把用来对语句做辩护的"内部"规则当成了实际的经验证据，从而"在内部"确认了 LEAD 为真。但是，人们不能指责蒯因主义者对这些区分的要点一无所知。基于对 ESO 的解读，如果它所做的只是任意地把一些改变称作是"发生在语言中的"改变，而把另外一些改变称作是"发生在理论中的"改变，人们会很自然地怀疑这些区分的相关性，因为被我们接受为真的语句合集是同一个集合，而且我们似乎是出于同样的理由接受其为真。

还有一个相关的问题是卡尔纳普在 ESO 中所表现出的模糊性，他对什么算做采用一个新语言的"实用理由"语焉不详，而与此截然相反，经验性辩护与"来自语言内部的"规则却是一致的。大体上说，他想对 LEAD 这样的语句加以规定，而且可以出于实用理由选用一个或多个相应的语言，但是我们很难发现，什么样的"实用"原则可以让我们偏向于选取这样一种语言，使得它不仅仅具有那些标准的、经验的理论优点（例如，在经验上可预测、可获得充分的解释等等）。但是，如果这里有可用的准则，那么选取一个语言系统的"外部"实用准则似乎坍缩为一个内部的、"经验的"选取准则。如果这样的话，卡尔纳普关于这一议题的观点似乎非常地接近蒯因的观点，这让人感到很不安，因为后者否认在认知理由和实用理由之间有任何区别。①

"内部"陈述这一概念也不甚清楚。从卡尔纳普对这一概念的使用来看,他的所谓"内部的"似乎在狭义上意味着"内在于语言"(internal to language),也就是说,它意味着某种东西"能够基于语言规则孤立地得到解决或回答,而无需诉诸经验证据"。尽管如此,在其他一些地方,卡尔纳普似乎又允许经验问题也可以"内部地"得到解决:因为就宽泛意义而言,语言规则指定了语句所处的条件,所以,原则上我们可以通过经验证据确证或拒斥这些条件下的语句(因为"原则上"卡尔纳普并不要求我们能够立即回答每一个内部经验问题)。在我们的讨论中,我们对"内部的"这一概念做了宽泛的解释。但不管怎么说,就算我们在狭义上解释了"内部的"一词,它也无助于卡尔纳普回避这一问题,即,规定一个已经有意义的非规定性的语句所引发的一致性问题。同样,它也无法把卡尔纳普从蒯因主义者的忧虑中解救出来,因为,后者不认为在出于实用理由选用一个带有"语义规则"或诸多规定的语言和出于经验理由改变某个语言内部的理论之间有任何区别。我们将在"内部的"一词的宽泛意义上进行我们的讨论,但大体上说,无论在什么意义上进行讨论,我们认为我们都能给出类似的论证和反对意见。

读者们可以在第6章看到我们的正面观点,就卡尔纳普的观点和我们倾向于采纳的观点而言,我们希望我们能够呈现出两者之间的差别。我们不认为哲学问题可以通过为人工语言规定严格的规则而得到处理。在我们的正面观点看来,一个规定性的陈述或"类分析的"(analytic-like)陈述关乎它如何被理解;关乎规则或约定如何决定了我们语言中的语句的意义。因此,和卡尔纳普、蒯因的观点不同,我们认为,在把语句理解为一项规定和把语句理解为日

---

① 蒯因这一系列批评可能也源自卡尔纳普在《句法》一书中对物理语言的处理方案。参见我们在2.2.4节末尾的讨论。

常的、经验的描述之间有着重大的差别。与此看法相关,我们认为,约定或支配着我们对数学陈述(有意思的是,它们在经验上是不可废弃的)的使用且已经得到充分理解的规范在一定程度上构成了它们的意义,而且,正是它们使数学陈述成为与经验描述截然不同的东西。在我们看来,经过正确翻译之后,这一差别应该得到保留(这里,我们无须假定正确翻译是唯一的)。我们认为,只要留意到这些差别,我们就能避免蒯因及其他人针对分析-综合两分提出的大量反对意见,而反观 ESO 时期的卡尔纳普,他对反对者的回应似乎处在一个不利的位置上。

通过进一步考察 ESO 中卡尔纳普对哲学方法论的讨论,我们发现,卡尔纳普所关注的例子全都是一些"抽象物"(除了那个极为困难的有关时空点的例子),也就是说,我们关于这类实体的知识似乎是非经验的。我们在第 6 章的正面立场将与卡尔纳普的想法保持一致:这种类型的实体是特殊的,它们在哲学讨论中别具特色,我们所声称的、关于指向这类抽象物的陈述的知识最好可以借助类似分析性这样的概念加以解释。然而不幸的是,在我们看来,卡尔纳普并没有强调这一点,也没有澄清这类实体为什么这么特殊,它们如何就与电子这样的实体不同了。相反,他把注意力放在了内部/外部两分上,而且并没有清楚地在出于经验理由接受某一陈述和出于实用上的优点采用某一语言(其规则包括具有同样句法形式的语句的规定)之间做出区分。我们认为,卡尔纳普过度概括了分析-综合之分的适用性,导致他给人这样一种感觉:(就像蒯因指出的那样)该区分在哲学上毫无帮助、不具有任何启发性。

上文刚刚提出的这些考量并不利于卡尔纳普主义者关于哲学方法论的构想,它们同样对其总体"阐释计划"也是有效的。不过,该计划还是有一些优点的:它揭示了反卡尔纳普式方法论的困难所在。卡尔纳普力图避免无休止的、徒劳无功的哲学争论。他建议我们要换用精确的概念,用精确的人工语言取代模糊、不精确的自然语言,而前者能够通过严格的规则一劳永逸地解决各种哲学争议。也许并不是每一个问题都能被判定,但在"不可判定"的情况下,至少有一点是清楚的:它们是不可判定的。因此,"在内部"争论问题就变得毫无意义。①

我们在第2章介绍了卡尔纳普的"阐释"概念。此时此刻,让我们回到"阐释"上来,我们注意到,在卡尔纳普主义者试图借助"阐释"来消除哲学争论时遇到了类似的困难,因为,他们总是想要用由清楚而且(通常是)严格的规则所支配的概念来取代"模糊、不精确的"概念。麻烦在于即便我们有了精确概念的规定,它们也并不总能回答一开始由概念所引发的问题,因为我们恰恰在任何语言工程之前就对这些概念有所理解。事实上,我们确实可以构造出具有相似句法形式的陈述,而且这种由语言工程给出的陈述最终可以做出回应,但这明显不解决一开始由概念所引发的问题。②

4.8 最近出现的一些关于"概念真"与本体论之间的新联系

正如在本章一开始的概述里介绍的那样,我们就分析性和本体论之间的联系所进行的讨论并没有为此论题给出全部图景。因为该图景非常广阔。但在接下来的几节里,我们将讨论最新的一些进展——这些进展将卡尔纳普和蒯因就分析性和本体论的观点放在了一个宽广的视野中予以考量。我们还将在第6章对这些进展中的一部分同分析性理论加以比较。首先,我们将关注史蒂芬·希弗(Stephen Schiffer)的一些工作,即他所谓的"冗余概念"(pleonastic concept)以及"冗余命题"(pleonastic proposition)。接着,我们将简要介绍一个持续发酵着的争论:存在量词(the existenial quantifier)

---

① 卡尔纳普怎么就认为数学上不可判定的数学陈述会得到判定是一个有意思的问题,但我们在这里无法展开。读者可参阅 Beth(1963)的讨论。

② 更深入的讨论见 Strawson(1963)。

的意义以及与之相关的争论——部分-整体论(mereology)。

在一个宽泛、抽象的层面上,有人可能会把任何有关本体论问题的观点称作"卡尔纳普主义",因为此类问题当中至少有一部分是通过规定、语言规则、概念真、分析性或类似的概念加以解决的。就这个相对比较宽泛的"卡尔纳普主义"而言,我们满可以认为希弗的思考进路(针对命题的存在、某些语句想要表达的实体)是卡尔纳普式的。在希弗看来,命题是其所谓的"冗余"实体。而且他对冗余实体的解释相当复杂,他想要借这一概念规避他认为的一系列困难。他的基本想法是,在所有实体当中命题是一类与众不同的集合:

> 命题仅仅是语句的影子,语句在从无到有的(something-from-nothing)转变过程中产生了命题;它们轻柔地潜入存在,并未惊扰到前存在的因果顺序。正是出于这样的理由,我们主张命题是存在的,该主张可以被小心翼翼地加入到真理当中,而在此之前我们已经将另外的那些主张补充到真理当中了。(Schiffer 2005, 370)

这里,我们不再细述"从无到有的转变过程"以及"冗余概念"了。不过,希弗的看法和我们在第 6 章中(特别是 6.9 节)所持的立场在许多方面都极为相似。①

在上述引文中,希弗的进路有一个明显令人迷惑不解的地方。他借冗余实体避免"惊扰到前存在的因果顺序",而且他认为这正是命题最为核心的特征。然而,他对相关说法("从无到有"、"冗余概念")的定义根本就没有用到因果关系,相反,他用到的主要是逻辑特征——某种形式的逻辑"守恒"。想必希弗是认为这些附加于各

---

① 对我们的这些观点加以细致的比较超出了当前工作的范围,不过,就我们的工作而言,这种本体论上的关切并不是核心问题,尽管它们有可能为分析性*概念(我们将在第 6 章引入这一概念)提供最富成效的应用。

种"从无到有的转变过程"上的逻辑守恒条件蕴涵了"冗余实体"的因果惯性(the causal inertness),因此它们能够"被产生"出来。希弗还提到了"前存在的因果顺序",这表明,在他看来,命题也许并不先于某些人类的活动而存在。但不管怎么说,我们的建议既涉及数学实体,也涉及那些被我们称之为"纯规定物或非纯规定物"的东西(见第6章),这两者大体上相似,因为在我们的解释中,我们也和希弗一样借用了某种类似规定的东西。但是,在我们的进路和希弗的进路之间也有一些差别。其中一个差别是,我们的进路需要用到某些陈述的使用规则,特别是证据性特征(the evidential profile),据此,经验证据就不可能与这些陈述之真发生抵触。因此,我们的解释就很可能需要各种"守恒性"以及因果惯性上的限制,以确保作为背景的语言实践(这些实践允许我们引入这类规定)的一致性。但是,我们并未将我们的"规定"定义为满足那类逻辑守恒和因果惯性限制的实体。我们的关注点反而是那些已经被理解了的东西,它们允许被当作证据从而用来支持或反对各种特殊的、规定性陈述(参见6.2节)。

4.9 蒯因的本体论承诺、因果性和"存在"标准

许多著者对蒯因"存在就是成其为一个约束变元的值"这一说法持有异议(1953a, 15;相关讨论见4.2节)。照蒯因的看法,我们在本体论上承诺了所有实体,并且仅仅承诺了这些实体位于我们最佳的经验理论(特别是物理学理论)的量化辖域之内。而乔迪·阿祖尼(Jody Azzouni)则通过一系列洋洋洒洒、精致复杂的辩护捍卫了他有关数学抽象物的立场,并以此给出了一个耐人寻味、与蒯因的看法形成鲜明对照的观点(Azzouni 1994, 2000, 2004)。在阿祖尼看来,我们实际上被迫承认了应用于经验科学的数学陈述为真,至少他的论证应该表明我们实际上应当被解释为将它们当作真的,

而且我们如此对待这些陈述是可以得到辩护的。这些真数学陈述是诸如"在20和30之间存在着素数"这类陈述。如果我们采纳了蒯因的本体论承诺标准以及阿祖尼对这类陈述的反工具主义(anti-instrumentalism)态度,那么,接受这一陈述便意味着我们承诺了在20和30之间存在着素数(且不论我们是否承诺了20、30或其他什么数)。简言之,阿祖尼认为,在不能由存在量词孤立刻画的自然语言中存在着存在谓词(existence predicate),即便我们可以"对象化地"理解存在量词(也就是说,将它们理解为辖域内取到值的对象),情况也是如此。阿祖尼(2004)认为,要承认某个实体是真实存在着的,我们就需要某种大致合理、具有显豁因果关系的解释——它事关我们如何能够获得这一实体存在和本性的知识。①

与阿祖尼的观点不同,Colyvan 在《数学的不可或缺性》(The Indispensability of Mathematics 2003)中认为,在我们该采取本体论承诺的过程中强加一个因果关系的要求是错误的。Colyvan 考察了各式各样可能的"埃利亚原则"(Eleatic principles)或建议——它们认为要为关于存在的主张做出真实有效的经验性辩护,我们就必须得考虑关联于认知者的因果关系。他提供的一系列论证认为所有"埃利亚"建议都不具有充分的理由。其中一些最值得玩味的论证试图表明数学实体在经验解释中充当了一个至关重要的角色,即便我们无法合理地在经验解释中为这些数学实体指派一个因果角色。Colyvan 的论证为宽泛意义上的蒯因主义,特别是其有关数学本体论的立场提供了深入、迂回的辩护。

第三,马克·巴拉格尔(Marc Balaguer)在其《数学中的柏拉图主义和反柏拉图主义》(*Platonism and Anti-Platonism in Mathematics* 1998)一书中多少表现出了某种卡尔纳普式的态度。在巴拉格

---

① 另有一观点试图区分量词不同的用法,使其不再具有本体论上的承诺。见 Hofweber(2005)。

尔看来,数学实在论的这一版本,即他所谓"正宗的柏拉图主义"(full-blooded Platonism)是可辩护的。正宗的柏拉图主义主张,任何连贯一致的数学理论要为真就必须要求某种基于数学事实的结构。非但如此,巴拉格尔还论证道,若是数学抽象物不存在,那虚构主义(fictionalism)的立场同样也可以得到辩护。最后,正是由于我们无法表明正宗的柏拉图主义或虚构主义是否为真,那么(通过深入细致的考察)我们就能发现这种抽象物是否存在根本就不是一个实质性的事实。也许将巴格拉尔的立场称作"卡尔纳普式的"多少有几分误导。其中的一个理由是:巴格拉尔似乎根本不想对逻辑持一种"约定主义"的立场,而反观卡尔纳普,他却多次表达了这种倾向(参见1.8节)。但在关键一点上两人是一致的,即,他们对本体论问题的立场都是"非虚构主义的"。

4.10 伊莱·赫希与特德·赛德论部分—整体原则

回想下第一章的内容,在卡尔纳普哲学生涯的早期,他曾致力于规避哲学中的"伪问题"(参见1.8、2.2.5、2.6节)。这些伪问题可能包括那些"纯粹的语词之争"。尽管我们可以简简单单就构造出明确的例子来说明这些争论确实是"语词之争",但它们并非就因此无关痛痒。在前文中我们注意到,尽管卡尔纳普曾希望他可以表明各种本体论之争实际上是语词之争,但是事情并非如此简单,因为这些问题能够通过选用不同的语言轻而易举地就得到解决。

最近有个争论就在关心部分之和(mereologcial sum)作为一个整体是否超过了各部分,在它们之上。例如,埃菲尔铁塔和一个特定的乒乓球"加总"在一起,它们是一个实体吗?或者说,是否存在着一个乒乓埃菲尔铁塔?对这类问题的答案有着各式各样的观点,它们据称都已得到了辩护。一些"虚无主义者"认为,真的说来,根本就不存在乒乓球或埃菲尔铁塔这种东西可以用来加总。在虚无主义者看来，真正存在的只是形而上的原子，而其他那些我们似乎有所指称的"东西"并不真的存在。但虚无主义者还欠我们一个解释，他们需要向我们解释我们的日常谈论和思想表面上的内容如何就有了意义。另一个与之形成对照的想法是"普遍主义"。普遍主义者认为，任意给定两个有区别的具体存在者，那就会有一个实体，即它们的部分之和。同样，这些人也需要向我们解释日常说话者（当然,除了一些哲学家）为什么会否认存在乒乓埃菲尔铁塔这种东西。那些对这两种进路都不感兴趣的哲学家提出了更深入的观点，他们的观点将介于这两者之间的本体论承诺考虑了进来。其中一些哲学家求助于日常语言的用法，并试图从中"读出"（read off）一个日常说话者在本体论上承诺了什么样的实体。这种日常语言进路可能会试着更为清楚地呈现本就暗含于我们日常语言实践当中的本体论承诺。它所面临的主要困难似乎是关于何物存在的日常谈论的复杂、明显无任何原则可依的本性。第四个选项是某种宽泛意义上的溯因式进路，它类似于我们在 4.2 节所考察的那种东西。它将在一个经过整编的语言中构造出一个"最佳的、总体的科学解释"，并试着从中读出那个最佳理论的本体论承诺。

最后我们要提到的是第五条进路，它非常接近卡尔纳普在 ESO 中的思路。该进路试图表明任何一种关于部分 - 整体原则的观点（普遍主义、虚无主义等等）实质上都是不正确的。"部分"、"整体"、"总和"这些概念（或许还有"存在"）无非是一些不同的概念，某个语言的说话者能够使用它们而已。因为这一点，我们也可以说这些观点都是对的：部分 - 整体论者只是力图描述我们实际上在日常语言中所使用的"部分"、"存在"等概念。伊莱·赫希是这一派观点最为著名的捍卫者（Hirsch 2005）。而其他人似乎也发掘出了与之类似的观点（例如 Chalmers 2007）。特德·赛德（Ted Sider 2003）想要捍卫本体论问题的客观性，因此他给出了一个与上述观点形成鲜明对照的观点。关于本体论争论，赛德持这样一种看法，该看法在如下方面似乎是宽泛意义上的蒯因主义：他追随蒯因和戴维·刘易斯(David Lewis)的思路——所有问题(包括本体论问题)不仅被某种类似于规定的东西所决定,而且我们还需要一个最佳的总体理论,该"理论"就像形而上的太阳,完全笼罩着每一样东西。

4.11 坎贝拉计划：卡尔纳普《构造》的复活？

卡尔纳普在《构造》一书中表示,我们能够通过一些基本元素(例如,感觉经验)以及定义在这些元素上的关系(例如,相似性)逻辑地"构造"出我们的经验。他表示,从这些基础事实出发,我们就能逻辑地构造出有关"主体间性的"(inter-subjective)世界的陈述,而这个"主体间性的"世界是由那些物理学或心理学通过"自我心理学的"(autopsychological)基本元素和陈述所描述的。这些逻辑推导过程将通过分析陈述进行,而这些分析陈述会从底部开始就为推导高阶陈述(物理陈述等等)的过程提供规则。近来,弗兰克·杰克逊(Frank Jackson)、戴维·查尔莫斯(David chalmers)以及其他一些人精心描绘了一幅图景,该图景在很多方面与《构造》一开始就给出的图景颇为相似。而它们之间的主要差别似乎是对"桥接原则"(bridge principle)的看法不同：桥接原则被用来从基础概念中推导那些有关基础概念以外的概念的陈述,前者并不把这些原则看作是"分析的",而是把它们说成是体现了"先天涵衍"(a priori entailment)的某种东西。

坎贝拉计划涉及一系列哲学争论,这里,我们只能针对该计划与分析性议题有关的内容列举出一些主流的反对意见,除此之外,我们还将就自己的理解给出该计划的支持者所做的回应。我们之所以会讨论该计划,主要是因为坎贝拉计划是一个相当有趣的当代视点,它在概念和历史上联系于这样一个观点,而该观点必不可少地包含了一个同分析性具有某种家族相似关系的概念。

查尔莫斯(2008)为坎贝拉计划的倡议者所提供的图景勾勒了一个非常有帮助的轮廓。首先,让我们承认在某个特设或基础的词汇表中存在对世界的整全描述。让我们把这一词汇表称作 C 基[C(anberra)-basic]。由这个特殊的词汇表所描述的事实也就可以被称为 C 基事实(the C-basis facts)。所有非 C 基陈述要为真就得"先天地"由 C 基事实产生。① 只有经由某种类似于"卡尔纳普条件式"的东西将属于 C 基的东西与非 C 基的东西联结起来,这种涵衍方能进行下去。② 简言之,该图景大概是这样的:

C 基陈述

C∗→Q("先天涵衍"或"分析"陈述;C∗来自 C 基,Q 并不来自 C 基)

Q(某个非 C 基的陈述)

哲学家们所讨论的那些熟悉的例子中有不少都落在了这一图景。考虑下同一陈述。设想在物理学语言中我们有了一个关于世界的整全描述。那我们如何才能知道水(在"同一"的意义上)是 H_2O 呢? 在坎贝拉者看来,借助由关于水的先天概念以及我们实际的物理学语言当中的某个描述所给出的某个先天可知的涵衍项,我们便可以知道这一点。我们的先天能力对水这个概念的知识进行了"编码",而我们拥有这种能力使我们获悉如下形式的条件式:"如果这个湿漉漉的东西主要由 H_2O 分子构成,那么水就是 H_2O"。该条件式的严格形式及其前件中所包含的东西是有争议的,而且多多少少是不确定的,因为它或许只能被模糊地表述出来,不过在坎贝拉者看来,尽管它不尽如人意,但是这并不妨碍它所具有的先天

---

① 这里我们将"C 基事实"、"非 C 基事实"用作缩写,虽然该观点的拥护者可能不太愿意认同这些事实,也不太愿意承认 C 基事实可能就是全部事实,正是它们使得真非 C 基陈述为真。

② 如果我们用"分析∗陈述"换掉"先天涵衍",那么这一观点或可表述如下:C 事实(它们是纯规定物或非纯规定物)并不逻辑地蕴涵所有实体。见第 6 章进一步的讨论。

可知性。不管怎么说,只要我们先天地知道如果这个湿漉漉的东西主要由 H_2O 分子构成,那么水就是 H_2O,以及"如果这个湿漉漉的东西主要由 H_2O 分子构成,那么水就是 H_2O"这则陈述(或无论什么样的前件)是可以被翻译为 C 基词汇的(或由 C 基词汇所表述),那么,人们就可以根据 C 基事实以及先天可知的涵衍(经由那个条件式)先天地推导出水就是 H_2O。

如果上述关于我们是如何知道"水 = H_2O"这个同一陈述的过程是正确的话,那么坎贝拉者就会认为这意味着有关身—心的同一陈述也是可知或合法的。该观点和下边这种说法很像(当然,我们抹去了一些重要的细节)。我们懂得我们是如何知道水就是 H_2O、热现象是分子运动、闪电是电流击穿大气层所引起的电离作用等等的。我们是通过知道那些基础事实(这些基础事实是物理事实的一部分)和我们有关水、热、闪电等先天概念从而进一步知道这些相关的两者是同一的。但是,身—心同一陈述似乎并不能通过坎贝拉计划可接受的方式被知道。根本就不存在"如果如此这般,那么疼痛就是 C 纤维发炎"这种形式的先天条件式(或涵衍,如果有人喜欢这样称呼它的话)。我们很难或者说根本不可能从纯粹的物理事实当中找出一个先天可知的涵衍来确认与疼痛同一的东西,这表明我们所设想的那种心—脑同一陈述和其他那些科学上已被接受的同一陈述在深层次上不具有类比性。后者是从毫无争议的物理学中通过几乎没有争议、先天可知的涵衍关系所产生的。而前者并非如此。

坎贝拉计划的一般图景在结构上相当接近卡尔纳普在《构造》中所给出的图景。两者的主要差别似乎是:卡尔纳普的"基本"事实是(或可以是)现象的,而且它们最终能够在现象经验的范围内被还原为"感知相似性"(perceived similarity)这种关系。而坎贝拉计划的支持者对何为基础事实持一种开放态度,但他们却振振有辞地将某种类似于物理学语言中的描述尽收眼底。① 两者之间的相似性或许表明,我们有理由担心它们注定要面临相似的困境。

对《构造》最广为人知的反驳来自蒯因:在关键时刻,即,当我们正要获取有关事件的时空分布的事实时,卡尔纳普却只是求助于理论的简洁优雅这种"归纳"原则。② 问题是,一旦我们引入这种方法,那么我们就很难还继续维持计划原来的动机。粗略地说,该计划的出发点是想要揭示:人们如何知道一系列涉及复杂理论概念(包括那些我们无法观察到的实体的概念,例如原子等)的真理以及人们如何描述那个"客观的"、为各个主体所共有的世界,从而使我们所知道的这些事实和描述仅仅涉及认识论上和概念上不成问题的陈述(它们各自对应现象陈述和"分析"陈述)和不成问题的推理原则(即逻辑规则)。如果有人只是承认归纳法这种推理形式(例如对最佳解释推导),从而使最佳理论可以在某个直观或模糊的意义上(也就是说无法予以清楚明确的论证)成为那个最简单、最优雅的理论,那么,计划的其余部分也就似乎变得多此一举,或起码可以说,我们根本就没必要进行概念还原。鉴于这些理论优点,人们便

---

① 正如我们在第 1 章看到的那样,对卡尔纳普《构造》的解读还另有说法,根据这一解读,卡尔纳普本人对何为基础元素也持一种不可知的态度。见 Richardson(1998)为这一解读所做的辩护。

② 粗略地讲,这里的问题在于,卡尔纳普并没有就感受质和空时四重数之间的关系提供一个明确的定义。蒯因指出,

> 对于"[感受]质 q 位于 x;y;z;t"(Quality q is at x;y;z;t)这种形式的陈述如何总是可被翻译为卡尔纳普所谓的感觉与料和逻辑的初始语言,它并未提供任何哪怕是最粗略的指示。连接词"位于"(is at)仍是一个有待定义的词项;(用以支配将感受质归因于空时点的)根本原则(canons)就其使用向我们提出忠告,它们并不是要建议我们将其用作消除(Quine 1953, 40)。

换句话说,在其计划的基础层面上,卡尔纳普利用其"根本原则"(例如,最大化地同其他经验相符合;随时间的变化尽可能地最小等等)暗中引入了一个概念"位于",但根本原则并不同于明确定义的正式准则。

可以提出任何理论。人们可以选择这些理论的陈述和语言以便为基本现象提供那个最好、最具理论优点的解释。最重要的是,人们无需在逻辑上定义这些概念,因为它们(用于描述那些基础事实和涉及非基本概念的陈述)不需要逻辑地或先天地来自基础事实。唯一的限制是,该理论得以相对良性的方式给出预测或做出解释,也就是说,其工作方式是"简洁优雅"的。

我们可以用这一意见对身—心同一关系做如下反驳。先让我们管归纳法的提倡者叫做"归纳法优越论者"(inductivist)。归纳法优越论者或许会就心灵对坎贝拉反还原论者做出以下回应:"现在,我们大体上知道了如何认识同一。在我们已知的范围内,我们考察了一些'基础'资料(双方对此并无异议)和对这些资料的最佳解释。如果我们最简单的总体解释给出了像暮星是晨星或水是 H_2O 这样的陈述,那这就是我们应该相信的东西。毫无疑问,这种信念是可错的。但是,我们没有理由认为存在着某个先天可知的条件式将这种恒等式联结到那些基础事实上,甚至在我们刚才所提到的那些不会引起争议的情形中也是如此。这种联结关系仅仅是归纳性的。即便你让我们相信在一些特定的情形中存在着某种先天联结,可还是会有某种类似于蒯因针对卡尔纳普的《构造》所提出的问题。这就是,人们所能凭借的仅仅是归纳原则,甚至在对"基础"本身的构造过程中也只能用到归纳原则。物理学理论一开始并不是从某个先天现象领域中演绎而来才使得它被认识到、被证成,相反,我们是藉由某种类似于推导最佳解释的过程归纳出了物理学理论。总之,坎贝拉者已经将所有工作都托付给了归纳原则。那么,他为什么在面对归纳出同一陈述时仍犹豫不决?特别是,即便以坎贝拉者自己的眼光看来,他们在选择什么样的同一陈述时也似乎表现得刻意而为且意图不明"。

坎贝拉计划同最敏锐的哲学心智目前正在进行的激烈论辩有关。这些论辩事关命题的存在和本性、数学抽象物、部分-整体原则以及"存在"的意义。是否会有某个版本的分析－综合两分（例如我们将要给出的）能够进一步地阐明我们在上文中详细讨论过的那些纷争还有待观察，但我们将在第6章给出一些可能的方式。

小 结

在这一章，我们首先回顾了蒯因的本体论路向，并重点突出了蒯因的物理主义以及它和蒯因对"内涵"概念或实体的反驳之间的关系。接着，我们对蒯因著名的"翻译的不确定性"论证做了总结，其要点是，事实上根本就不存在语言中的一个给定的表达式的意义是什么这回事。我们区分了"翻译的不确定性"和"指称的不可测知性"，这两个论题有联系但又有区别，后者是说事实上根本就不存在表达式指向了什么这回事。接下来，我们考察了一些针对蒯因的设想和方法论的反对意见，其中，乔姆斯基的反驳最为重要，根据这一反驳，蒯因关于资料对理论的非充分决定性的看法似乎无关宏旨，而且他将资料限制为对语言学家而言有效的资料，这种做法实际上预设了某种物理实在论的立场，而与此同时，他对其他那些科学家，例如语言学家所处理的实体又采取了一个截然不同的态度，由此夸大了非充分决定性的重要性。我们注意到，蒯因预设了物理学的基础性，从而使他倒向了意义和指称的"非事实论"。

紧接着我们讨论了卡尔纳普的本体论进路，特别强调了他在《经验论、语义学和本体论》（ESO）中给出的建议。我们认为，卡尔纳普的立场在 ESO 中已初现轮廓，该立场在许多方面与某种蒯因式的立场殊途同归，对此我们已经在第3章做了细致的讨论。我们认为卡尔纳普的观点有诸多缺陷，其中的一些缺点为蒯因们反驳"内部/外部"问题之分、分析－综合两分乃至通过选择理论方案的实用标准来解决所有理论问题这种做法提供了口实。特别是，像"数存在吗"这种核心问题将无法通过关联于涉及数的词项和概念

(number – term and number – concept)的语言规则"内部地"得到解决,但是,通过某些理论优点(即经验的充分性和理论的简洁优雅等)就能使我们回答"电子存在吗"这类问题。我们有理由认为,卡尔纳普并未有效地对蒯因们关于这两种问题的反驳做出回击。根据卡尔纳普的总体方法论,哲学家们在解决本体论问题是首先应该提出一个有着严格规则的语言,对此我们也给出了一系列更深入的反驳。针对卡尔纳普的主要反驳是,当哲学家们问"数存在吗"这类问题时,说存在着一些语言使得语词串有了一个无关紧要的"答案"似乎是答非所问。

在本章的最后一节,我们简单介绍了最近一些有关本体论和方法论的争论,这些争论均涉及分析-综合两分,而蒯因和卡尔纳普两人对这些议题的看法又大相径庭。我们讨论的最近的一部著作是希弗有关"冗余概念"的建议。希弗对把捉一个能够澄清那些令人困惑的"抽象"实体,特别是命题之间的联系的概念特别感兴趣,为此他寄希望于某种类似于概念真的东西或能够从那些令人困惑的实体之存在逻辑地推出的定义。其他一些进展来自阿祖尼的著作。阿祖尼论证道,蒯因混淆了真实的本体论承诺和存在量词。他认为,日常意义上的存在概念要求任何被说成是真实存在的东西必须提供一个可理解的(具有显豁因果关系的)说法,以便我们可以知道其存在。接着,我们转向了有关部分之和(例如一个鼻子和埃菲尔铁塔的"总和")的争论。伊莱·赫希相当细致地论证道,这里根本就不存在任何有意思的争论,除非我们解决了真实对象的日常概念蕴涵了什么这一问题。赫希认为,这种涉及部分-整体论上的概念之争在一个有趣的意义上"仅仅是语词之争",它不仅让我们回想起卡尔纳普的早期著作,更是揭露了他所设想的东西不过是语词问题和其他"伪问题"。与赫希的看法形成鲜明对照的是,特德·赛德就这些争论采取了一个更为蒯因式的观点,他认为,我们可以通过某种在理论上有诸多优点的方式来解决"电子存在吗"这类问题。

最后，我们考察了"坎贝拉计划"，该计划有意识地吸纳了卡尔纳普《构造》计划中的许多特征。其中一项特征与分析性尤为相关：坎贝拉计划的支持者呼吁用他们所谓的"先天涵衍"取代卡尔纳普的"分析真理"，因为先天涵衍将某个基础性的、"特优的"语言或事实领域与更富争议且非基础性的语言或领域联结在了一起。

拓展阅读

这一章涉及蒯因和卡尔纳普的一些经典文著，包括卡尔纳普的 ESO（1956a）、蒯因的《语词和对象》（1960），同样我们也提到了蒯因的几篇文章，包括《论何物存在》（1953）以及《本体论的相对性》（1969b）。如前文所见，乔姆斯基的《蒯因的经验假说》（1975）对蒯因的翻译的不确定性提出了批评，这是一个重要的批评性文本，其中再现了蒯因就相关问题的回应。此外，读者还可参考一些论及蒯因的重要文献（例如 Davidson and Hintikka，1975）。读者还可在卡茨（Katz）的"Where Things now Stand with the Analytic – Synthetic Distinction"（1974）和哈曼的"Katz' Credo"这两篇文章中找到关于分析性的科学可否认性的相关辩论。至于希弗对冗余概念的解释，读者可参见 Schiffer（2003）。巴拉格尔（1998）就数学抽象物的存在问题持一种非事实论（non – factualism）的立场。阿祖尼在好几本书中都谈到了自己的看法，这些书都很值得一读，特别是在他 1994、2000 以及 2004 年出版的这几本书中，有一些论题与本书所讨论的内容密切相关。格罗克（Glock）2003 年的著作中有一章专门谈到了本体论问题，他写得非常清楚并对那些针对蒯因本体论观点的诸多批评意见做了相当有价值的概括。弗兰克·杰克逊的《从形而上学到伦理学》（*From Metaphysics to Ethics* 1998）一书是坎贝拉计划的绝佳范例，而杰克逊和坎贝拉计划的支持者（例如 David Chalmers 2008）最近的一些文著又对其做了精巧的诠释。

5

分析性与认识论

5.1 导论与综述

出于一些正当的理由,我们将卡尔纳普对分析性的精心阐述以及蒯因对卡尔纳普观点的批驳放在了本书的中心位置上。但是,还有一系列与卡尔纳普计划不尽相同的观点,它们也曾对哲学产生过重大的影响。我们脑子里首先想到的是被其支持者称之为"逻辑经验主义"的观点,而它的反对者有时也会叫它"逻辑实证主义"。本章的主要目的之一是考察(在5.2节)逻辑经验主义的一些代表性论点,同时,我们也会特别关注艾耶尔这位深具影响的逻辑经验主义者的观点。我们将格外关注逻辑经验主义者如何看待分析性及其同先天知识或证成的关系。在5.3节,我们将细致周密地讨论逻辑经验主义的核心论点,特别是艾耶尔的意见。在5.4节,我们将考察洛朗斯·邦茹(Laurence BonJour)在其《捍卫纯粹理性》(*In Defense of Pure Reason* 1998)一书中对逻辑经验主义核心主张的批评,同时,我们也会加入我们的评论。据说,邦茹的一些论证表明,通过分析性非但没有解决认识论问题,甚至也没有对这一问题有任何阐发,对此我们也将在讨论中予以回应。在接下来的5.5节中,我们的讨论将转向蒯因的"自然化的认识论",因为它同分析真这一论题相关。我们对蒯因的自然化的认识论的讨论将把我们带回到蒯因运用科学时出现的循环论证问题(我们在上一章的4.5节有过考察),针对反对者循环论证的指责,一些哲学家已经在蒯因的认识论中找到了一些可资辩护的资源,因此,在5.6节,我们将细致地考察这样一个来自里夏德·舒尔登弗莱(1972)的辩护。作为本章的结尾,我们将介绍自蒯因在《两个教条》中攻击分析性之后的另一个重要的进展:在《命名与必然性》(*Naming and Necessity* 1980)这本具有深远影响的书中,索尔·克里普克论证道,逻辑经验主义错误地将必然性、先天性和分析性混为一谈,甚至视这些性质必然共存。与此形成鲜明对照的是,克里普克认为这三个概念互有区别。据说他那些最广为人知的论证表明,存在着既是先天可知又是偶然的陈述,同样,也存在着后天可知的必然真理。我们将在5.7节简略地介绍克里普克的核心论证,并关注这些论证如何就若干分析性的标准解释提出了质疑——我们将在第6章回到这一质疑。

5.2 分析真及其在认识论中的作用:"经典"观点

我们对分析陈述在认识论中的作用以及排斥它们所带来的影响进行了讨论,这些讨论始于一个对所谓"经典"观点的简要批评。该观点最权威的表述来自艾耶尔的《语言、真理和逻辑》(Ayer 1946;以下简称LTL)。我们相信,经典观点之主要论点的某种形式都可以在LTL中找到。但是,我们并不打算让接下来的讨论成为艾耶尔这本书的注解。我们认为,艾耶尔的表述初看起来是对分析陈述以及它们与知识和证成之间的关系的合理解释,而其他一些杰出的逻辑经验主义者也广泛分享了这一解释,尽管他们的侧重点和关注的细节有所不同。该解释的许多元素都可以在维也纳学圈(参与维也纳学圈时艾耶尔还是一位年轻人)的相关解释中找到,而且在早些时候,康德、休谟、维特根斯坦和弗雷格就表述过它的一些论点。

分析性的经典观点包含以下主张:

> 1. 事实陈述是所有那些且仅仅是那些可通过经验证成的陈述,它们对经验证据是可辩护的。当一个命题之真由经验事实确定时,它便是综合命题。

艾耶尔明确表达了上述想法,他认为,一个陈述的"有效性"是由经验决定的(LTL, 79),不过,我们也可以在维特根斯坦、石里克和卡尔纳普那里找到与该想法类似的表述。回想下第 1 章的内容,维特根斯坦在《逻辑哲学论》中认为,只有真命题是那些可能事态(即世界可能或不可能所是之方式)的图像。而石里克在很大程度上追随康德对后天综合判断的刻画,认为它们有其经验基础,不过,如我们在第 1 章所见,他和其他维也纳学圈的成员拒绝接受先天综合判断(参见 Schlick 1985, 77)。

> 2. 某些陈述表达了必然真理。它们包括数学等式和定理、几何学陈述、逻辑规律以及某种概括,比如"不存在一个点既是红色又是绿色"这种无法被还原为逻辑的陈述。

我们知道,康德以及他之后的许多人对算术、逻辑、几何学以及科学和形而上学中的特定陈述表达了必然真理这一想法做了详尽的辩护。康德认为,我们不可能理解一个算术恒等式可能为假是什么意思,因为其为真正是来自那些使我们经验成为可能的条件。弗雷格拒不承认我们可以设想逻辑规律为假,他宣称,它们在一定程度上构成了我们称之为"思想"的东西,而与之呼应,石里克(1985, 337)也基于不同的理由给出了类似的观点。

3. 我们无法基于经验观察得知一个陈述必然为真。

在第 1 章我们看到,康德对这一观点也做了辩护。艾耶尔和维也纳学圈承认这一观点,并再一次对其做了限制:我们无法先天地知道实质性或"扩充性"的必然性(参见 LTL, 75ff.; Schlick 1985, 76f.)

4. 无论如何,必然真理也不会被经验证据否证。

艾耶尔强烈捍卫这一点,反对密尔提出的数学真理可能是一类经验知识这种可能性。他的辩护与康德就同一主张的辩护遥相呼应,对此,我们将在下文中予以讨论。而在维特根斯坦的《逻辑哲学论》以及卡尔纳普的《构造》中,该观点被当作这一事实的一个后果,即,必然"真理"(这些论者所认为的必然真理)被当作使描述性的语言在一开始成为可能的逻辑框架的直接后果(参见 Carnap 1967, 177f.)。

5. 必然陈述或普遍有效的陈述很有意思、出人意料。

这是艾耶尔着意强调的另一个观点,我们同样在下文中会予以讨论。表面上看,必然真理(例如数学中的必然真理)似乎可以传达出并非无关紧要的信息,对此,康德针对分析陈述所表达的必然性和先天综合陈述所表达的必然性进行了区分,以此做了调和。由于放弃了先天综合陈述,维也纳学圈及其追随者(比如艾耶尔)不得不为必然真理这种表面上"出人意料的"特征提供另一个解释。

6. 当一个命题的有效性唯一地取决于它所包含的符号之定义时,它便是分析命题。

这一观点有好几个变种。在《逻辑哲学论》中,维特根斯坦认为,逻辑命题之真能够"仅就符号"计算出来(1986,6.12f.)。而在《构造》一书中,卡尔纳普进一步发展了这一观点,他宣称,所有那些仅仅来自一个语言的定义的定理是分析的(1967,176)。我们将在下文中讨论艾耶尔关于这一观点的扩展版观点(LTL,79)。

7. 所有且仅仅是分析陈述表达了必然真理。

康德和弗雷格认为分析陈述表达了真理,他们将分析陈述看作是真陈述(参见 Kant 1965,B11;Frege 1974,4)。他们的这种想法同各自对先天知识的解释有关,但就弗雷格而言,该想法要比它在康德那里更为重要,因为除此之外康德还承认先天综合陈述。维特根斯坦的观点多少有点不同;他否认逻辑陈述是真命题,尽管它们"显示"了语言和世界的逻辑构造(1986,5.43f.)。对于早期维特根斯坦而言,所有的必然性即是逻辑,也就是说,根本不存在无法被还原为逻辑必然性的必然性(1986,6.37)。在这一点上,维也纳学圈倾向于跟进维特根斯坦的想法,即,将所有有关必然真理的表达式视作是分析陈述。但是,维也纳学圈及其追随者(比如艾耶尔)对把它们说成是所谓"显示"的"形而上学"基础(elements)并不满意(参见 Carnap 1967,282-283),相反,他们认为这些表达式是具有真值的命题(参见 ibid.,176;LTL,83)。不过,这些人因此就需要解释我们有关这种真理的所谓知识的本性是什么——这一回可无法诉诸康德的先天综合。我们将在下文中考察艾耶尔给出的解释。

8. 分析陈述之真是"无关紧要"且"显而易见的",或者说,它们可由该陈述单独确定。

我们注意到,康德也曾暗示了这一想法,他认为分析真理是"阐释性的",因此,它们无法扩展我们的知识。而弗雷格认为它们在获得真理的过程中充当了指导性原则。维特根斯坦认为仅仅通过符号我们就能确定它们。我们将会看到,艾耶尔糅合了这些想法,认为它们既是无关紧要的,而且仅仅通过陈述本身就可以确定(不过在艾耶尔看来,后边这个说法并不妨碍它们是有意思、令人惊讶的)。

9. 分析陈述的否定式导致自相矛盾,因此,分析陈述是"自无效"(self-stultifying)的。

艾耶尔同样也赞成这一康德式的想法(LTL, 84)。但他的理由则更多地来自卡尔纳普,而不是康德,因为他和其他维也纳学圈的一样,并不认为分析真理的主词"包含了"它们的谓词(不过石里克在他的早期著作中还是承认这一点的;参见 1985, 76)。维也纳学圈的成员(例如卡尔纳普)认为,如果给定这些真理的某个先天详述,那么,分析真理的否定式就会涉及某个逻辑真理的否定式。该说法维护了这一想法,即分析真理之真是不可否认的,从而避免假定形而上学上的可疑实体,例如,永恒的柏拉图式的逻辑对象(罗素的逻辑真理理论似乎就需要这种对象)或事实。

10. 分析陈述根据约定为真。

这一点是维也纳学圈对分析真理理论最具特色的贡献。该想法可以追溯到维特根斯坦的理论,即逻辑真理是重言式(tautology),它也部分地来自科学哲学家(例如庞加莱)的约定论。在第 1、2 章我们注意到,卡尔纳普在其《构造》一书中糅合了这些想法并毫无论证地断言到,逻辑和数学是支配符号使用之约定,而且它们由重言式构成(1967, 178)。石里克也认为形式科学是一个与约定有关的问题,而且他还进一步表示,描述性语言事关规定性的约定(1985,69f.)。

11. 分析真理是无意义的,但其为无意义与形而上学主张之无意义不同。它们阐发或说明了我们使用特定符号的方式,并通过显示那些约定或句法规则为这些用法做出辩护。

最后这一主张同样来自《逻辑哲学论》,它援用了其中的这一区分:"缺乏意义的"(senseless)逻辑伪命题和"无意义的"(nonsensical)形而上学陈述(Wittgenstein 1986, 4.12f., 4.461)。我们注意到,卡尔纳普拓展了这一想法,不过,他并没有接受维特根斯坦相应的言说/显示之分,而是认为分析真理是对句法进行的有意义的反思。艾耶尔(LTL, 79)试图将这两个观点结合起来,即这种真理在严格意义上是无意义的,但它们表达了句法规则。对此我们将在下文中予以讨论。

将这十一个论点结合起来便形成了一个对分析真理以及它在知识和证成中位置的互有联系的解释。该解释视分析陈述为基础性的框架构成(framework-constitutive)真理,它们约定性地显示出语言的表征和推理基础。它们的约定性解释了分析真理(作为我们给出的规定)如何先天可知,从而避免了康德、弗雷格以及维特根斯坦这些哲学家的形而上学承诺。

5.3 对经典观点的反驳

尽管如此,该观点还将面临一大堆难题,对此,我们想要加以探究。尽管我们相信我们将要考察的许多反对意见同样也适用于上文中所提到的其他观点,特别是维也纳学圈成员,例如卡尔纳普和石里克的观点,但我们还是直接把焦点放在艾耶尔的《逻辑、真理和语言》上。

其中一个问题对于当代读者来说可能再明显不过了:经典观点(第5条)似乎将普遍的一般性和大多数哲学家现在会称之为"形而上的"必然性以及认识论上的确定性混为一谈。如果有人对其表示同情,那他就会理解他们为什么会拒斥形而上的必然性而把所有模态当成是我们现在叫做"认知"模态的东西。但是,这么说也无助于将一般性和必然性并为一处(也就是说,无论 n 有多大,我们也无法保证,某个在 n 个已观察到的情形中符合该一般性的所谓律则在那些还尚未观察到的情形中会被证实),即便后者被解释为认识论上的必然性。就当前的目的而言,这还并不是问题,因为我们可以关注这样一些情形:无论对于形而上的必然性(即无条件的)还是认识论上的确定性,这类情形似乎都可被视为是"普遍适用的",同时它们既不是已知的,也不能基于经验得以辩护。让我们将这些内容似乎可以得到非经验辩护的陈述称为"非经验"陈述。该术语可用来充当对抗蒯因主义者的预设论结,但我们当前仅仅是想要对经典观点加以总结,而不是捍卫它。

2、3 和 4 这三条主张将必然真理从经验主义的经验中分离了出来,而第 7 点将必然真理视为分析真理。但是,这些主张对解释显而易见的辩护或非经验的分析为真的知识造成了困难。艾耶尔试图放弃经典观点中的某些主张(例如 3 和 4),从而针对论敌们给出一种解释。其中一部分论敌采纳了密尔的进路(它后来在蒯因那里又以稍有不同的面貌出现)。对于密尔更为"极端"的经验主义而言,实际上,那些显而易见的非经验的知识归根到底是根据经验得到辩护的。比方说,像"2 + 5 = 7"这种陈述是由不计其数的观察

（例如橘子、弹珠等等）证成的。① 艾耶尔考察了一些被经验否证的算术真理(LTL, 75ff.)。他认为，根本就不存在密尔想要的那种情形。艾耶尔认为，无论观察到什么东西，我们也无法否认二乘以五等于十。相反，我们通常会认为，对错误预测的其他一些解释是由乘法的要求连同各种假设造成的。例如，我们可能会想我们是不是算错了，是不是有某个新的计算项自然而然地出现或消失了。在这种情况下，我们从不会认为经验证据否证了二乘以五等于十这一陈述。同样，对于欧氏几何陈述也是如此。艾耶尔认为，如果我们测量一个被当作是欧氏三角形的诸角，发现它们的角度加起来并不等于180度，那么我们就会诉诸某些假设（例如，三角形的边有弯曲，或角度的测量不正确等等）来解释我们实际上遇到的偏差。艾耶尔最后的一个例子与逻辑真理有关。他呼应弗雷格的想法，认为我们无论如何也不会拒斥排中律。（这里，他脑子想的是不是只有经验反例并不清楚，不过，我们满可以认为他确实是这么想的。）在给出这个简短的解释之后，艾耶尔相当大胆地声称，"我们根本无需给出更多的例证。无论我们举出什么样实例，我们总能发现这样一些情形，即，某个看起来似乎是混乱的逻辑或数学原理以这样的方式得到解释，以便该原理不受攻击"(LTL, 77)。虽然这些对逻辑经验主义观点富有同情的理解可能会让人相信艾耶尔是对的，但他这个引人瞩目的例子相当的鲁莽直率。

我们将在第6章摆出一个观点，它大体上与艾耶尔的观点以及涉及数学陈述的非经验本性的经典观点是一致的，但在这里我们也注意到，几何学上的实例无论对于我们的观点还是艾耶尔的观点来说都不是一个牢靠的例子。几何学上的实例是有异议的，但我们认

---

① 我们不打算在这里岔开来去讨论这种密尔式解释的诸多细节。我们只是想提醒读者：艾耶尔知道有这样一种观点，虽然他未明确拒斥该观点，但他认为这一观点并不太合理。对密尔的立场更为细致的批评可参见 Frege(1974, 30ff.)。在38页弗雷格嘲弄般地谈到"密尔一大堆的小石子和姜汁小甜饼"。

为,相比于那些分析-综合两分的捍卫者(例如,艾耶尔等人会将分析陈述集类比为几何学中的公理集),这种例子似乎更有利于蒯因这种经验主义者。蒯因们确实可以指出,那些被视作是几何学中毋庸置疑的先天可知的原理(例如,欧氏几何中的平行公设)原来是错误的,它不过是一个经验事实。这里,有人建议以"物理"几何学和"数学"几何学之分来回应蒯因,从而实现蒯因派哲学家迈克尔·雷斯尼克(Michael Resnik)所谓的"欧几里德式的解救"(Euclidean rescue)。尽管如此,在我们看来,这一例子表面上还是支持蒯因们和密尔们的,而不利于数学之分析性的捍卫者。相比于蒯因们,分析性的支持者需要做更多的工作使这种例子能够与他们的观点相契合。

经典观点的第6条声称,当一个命题的有效性唯一地取决于该命题所含符号的定义时,这个命题就是分析命题。这一刻画直接来自艾耶尔(LTL, 78)。他还补充道,"当一个命题的有效性由经验事实确定时",它便是综合命题。对于综合命题,他给出了一个例子:"蚂蚁建立了一种奴隶系统"。而对于分析命题,他给出的例子是,"一些蚂蚁要么是寄生性的要么不是寄生性的"。综合陈述需要经验观察才能成立,而分析陈述"不提供任何有关蚂蚁行为的信息,甚至不涉及任何事实"(79)。

该想法受到一大推反驳意见的指摘。艾耶尔的这一议论让人感到窘迫的地方在于他没能区分本该区分开的概念。首先,我们并不清楚艾耶尔是否区分了语句和它们所表达的东西。因此,"命题"这一术语在其著作中经常含混不清。虽然这种含混性在许多,甚至大多数的上下文中并无大害,但是它在当前的上下文中并非是无害的,这一点我们马上就会看到。其次,艾耶尔所说的"有效性"同样也不清楚。他也许想将"有效性"用做"真"的同义词,或者将其视为"证成"的同义词。第三,艾耶尔就分析与综合之间所做的区分并不显然是互斥的。他根据分析陈述的真值或证成对分析性做了刻画,并且要求分析陈述"取决于"它所含诸词项的定义,而他对"综合的"刻画涉及了经验。就这点而论,"取决于"这一短语的意思并不明朗——它是指蕴涵或其他某种关系吗？虽然人们可以说"取决于"经验就排除了"取决于"定义(反之亦然),但这两者如何就相互排斥了还远不清楚。如果定义是事实性的而且是基于经验的,那么基于或取决于定义就并不排斥取决于经验。这里还有一个相关的问题,虽然它并不是针对艾耶尔的,但我们还是有必要提一下:分析陈述之真所依赖的"定义"处于一个什么样的地位？我们愿意承认一些陈述之真蕴涵于一些"定义"之真。但是,艾耶尔对分析性的解释只能帮到那些非基础的分析主张,它无法解释定义本身所特有的地位。这一问题在逻辑中表现得尤为明显,我们将在下文中予以解释。

对于分析陈述是"非事实性的"(第2、3条提示了这一点),这里还有一个根本性的问题:即使我们假定艾耶尔和其他人所谓的"事实性的"这一说法不单是一项规定,我们也并不清楚支持该论点的论证会是什么样的。该问题在艾耶尔自己的议论中表现得很突出。如我们在第2、3章所见,蒯因和一些人多次反驳道,我们无法对某个主张之真不依赖于事实这一想法赋予一个清晰明确的意义。考虑"一些蚂蚁要么是寄生性的要么不是寄生性的"这一陈述。为什么此句之真不依赖于一些蚂蚁要么是寄生性的要么不是寄生性的这一事实呢？若是有人想在艾耶尔那里找到答案,很不幸,他将找不到一个令其满意的答案。想必艾耶尔认为分析陈述之真不依赖于事实实在是显而易见、平淡无奇的。不过,我们可以论证,艾耶尔将根据事实成真(being made true by facts)与根据事实得以辩护(being justified by fact)混为一谈,这就使其在考察是经验事实使分析语句成真,还是经验性的已知事实证成了我们对分析陈述之接受这一组两相对照的问题时显得格外窘迫。另一个考量似乎也驱使艾耶尔主张,分析陈述是非事实性的,它们不提供任何有关经验事实的信息。这似乎是说这种陈述是必然的,因此它们可用于所有的经验。但是艾耶尔并没有为必然真理不是事实性的这一主张提供任何论证。他很有可能只是将该主张当成是一项规定。我们并不反对这样一种规定,但是,如果我们接受了这一规定,那我们就不应该受其误导,认为我们是将某个直观的、前规定的概念"非事实性的"用于刻画这些陈述,同样,我们不能认为这种非事实性(non-factuality)解释了这类陈述的某个重要的特征。

另一路支持 2、3 论点的辩护意见围绕分析陈述中的"语言要素"(language-constitutive)展开,该想法我们曾在第 2 章讨论卡尔纳普时有所介绍。就我们对有关世界的陈述做出推断、加以辩护而言,分析陈述表达了一些约定,其本身并不是有关世界的陈述。但问题是,该想法预设了一个区分,而对于该区分,许多人包括蒯因是不予承认的。在第 3 章,我们已经考察了蒯因的诸多反驳。我们试图表明,这里还有一系列对分析性的捍卫者有利的回应线索,不过这些回应可能会超越经典观点当中的指导性论点。我们将在第 6 章勾画出这一路意见的大致样貌。

另外一些反对意见同经典观点的第 9 条论点有关,特别是同一些企图严格解释分析陈述之否定式为什么会出错的想法有关。这种尝试以艾耶尔最为突出。因为该问题并不在于分析陈述的否定式不符合经验(一个显而易见的观察真理之否定式无法"符合"经验),所以艾耶尔还想给出另一种解释。但不幸的是,他所给出的解释非常薄弱。

让我们来考虑艾耶尔对分析陈述之重要性的说法:虽然分析陈述并非事实性的,但是,它们并非"如形而上学主张那般缺乏意义。因为,尽管它们没有透露出任何经验情形的信息,但它们显示了(illustrate)我们使用特定符号的方式,从而对我们有所启发"(LTL, 79)。针对一个色域互斥的陈述,他写道,我并不是在谈论某个实际事物的性质；但我的谈论并非因此是无意义的。我是在表达一个分析命题,该命题标明了我们的决定,即,因为这一色块在质的方面区别于其邻近的色块,所以,我们称这部分色块是这个给定物体的一个不同的部分。(79)

艾耶尔考察了另一个据称是分析陈述的例子,他说,"因此,我是在表明支配'如果'、'所有'这些语词的用法之约定"(ibid.)。据此,分析陈述"显示"了符号的用法,它们"标明了我们以特定方式使用表达式的决定",并"指示出了支配各种用法的约定"。

艾耶尔的这些提议面临着各式各样的问题。他的其中一个论证,即分析陈述"没有给予我们任何经验情形的信息"就存在着问题。分析陈述似乎是必然的,并在任何经验情形下都成立。但是,我们并没有一个论证能支持必然真理都是非事实性的这一主张,有的只是艾耶尔式的断言。人们可以忍受艾耶尔的议论,但他们无法给出支持该主张的论证。如果有人坚持认为必然真理描述所有实际的以及所有可能的经验情形的话,那么艾耶尔似乎除了反复叨念他自己的对立观点之外就无所言说。LTL 中根本没有给出一个好的理由来否认必然陈述之事实性。

经典观点的第 7 条的问题更多。就艾耶尔而言,他似乎认为分析陈述是真的,而非假的或无真值的(LTL 的 83 页明确阐发了这一点,他说,当几何学公理是一致的时候它们便为真)。确实如此,如果它们非真,那么我们就不知道它们为什么会在一开始令经验主义者感到头疼。艾耶尔对伦理陈述采取了某种情感主义(emotivism)的立场,因此,他意识到那些似乎有真值的语句并不真的可以为真或为假。不过,他并未就所谓的分析陈述采用这种情感主义的策略。若是分析陈述无所谓真假,那它们根本就不是那种我们可以知道的东西,因此,我们关于它们的知识以其"必然性"(除了必然真理它们还能指什么呢?)、"确定性"、"一般性"(除了指一般真理,即在所有情形中的真理性,它们又能指什么呢?)都是不成问题的。不过,艾耶尔所刻画的三个特征"显示"、"标明"以及"指示"似乎全都是无真理价值的。分析陈述之指示、显示或标明可以好坏不一,但要说它真理般地指示、显示或标明就太奇怪了。就分析陈述为真而论,艾耶尔从未告诉我们它们的(可评价的真理)内容是什么。在接下来的一节,我们将进一步讨论这一隐忧,届时我们还会考察邦茹对"温和经验论"(它对逻辑经验主义者有关分析性和先天性的主张至关重要)的反驳。

另一个反驳与第 2 条论点有关,它认为将该主张从逻辑与数学扩展到色域互斥这种例子应该有一个一致统一的解释。特别是就色域互斥这种例子而言,我们或许可以认为艾耶尔的解释表面上还有几分道理。我们相信,一物或其任何一部分都不可能既是鲜红色又是翠绿色。难道说我们的信念最好被解释为类似于支配"部分"、"物"甚至"颜色"这些语词用法的一项规定?虽然色域互斥问题在上个世纪大多数时候都让哲学家们感到困惑不已,但若将无物同时既为红色也为绿色这一想法解释为我们接受了某种支配颜色词(或任何有关这一事态的语词)的规定,那这种解释似乎也就难以令人信服。毫无疑问,我们确实知道鲜红色、翠绿色是什么样子,同样,我们也知道物、部分、同时指的是什么,我们一开始"反思"就知道任何东西都不可能是"双色的"(bicolored)。我们似乎用不着知道一个个颜色词就能知道这一点。①

我们不必假装这些事态是简单明了的。但我们单单要指出,经典观点将我们有关色域互斥的事例同化成了某种类似于"语言规定"的知识(2、7、10 这三个论点暗示了这一点),这看起来相当的不可信,不过,如果我们基于分析性来解释其他一些例子,比方说,数

---

① 在反驳艾耶尔的"温和经验论"时,邦茹在其论证中提出了这一问题。

学或逻辑上的例子,那这一建议就也还算可行。本书的结论就是要建议人们对以下各种问题加以区别对待。其一,某种"类分析性"的概念是否能对某些哲学企图有所启发。其二,某些"基于分析性"而对知识或证成所做的解释是否能够成功。第三,借助分析性能否让我们彻底地摆脱先天直觉或者为逻辑经验主义提供某种辩护。

第9条论点声称,分析陈述的否定式导致自相矛盾,并因此成了艾耶尔口中所谓的"自无效"。然而不幸的是,艾耶尔并没有解释"自无效"怎么一来就取代了自相矛盾。他的讨论相当混乱(参见LTL,84)。他说我们无法"否认一个分析语句而不违背正是由否定式所预设的约定,并因此陷入自相矛盾"。但如果这种约定不是语言约定,那我们就很难理解他所说的约定究竟指的是什么。不过,违背语言约定本身并不等于做出一个自相矛盾的断言。假使我误用了"单身汉"一词,违反了该词在使用上的约定并将其用在了女人身上,那我就"陷入了矛盾",因为我违反了我自己所接受的规则(或想法)。但这一点压根不是显而易见的。① 事实上,我们并不清楚什么叫同时接受了两个矛盾的约定或规则。

经典观点的第6、7条也面临进一步的反驳。这一反驳意见认为经典观点没有提供一个令人满意的对逻辑真理之必然性的解释。因为,即便所有分析陈述都可被还原为"重言式"(即逻辑真理),所有这些分析陈述的真理性、必然性以及我们关于它们的知识也离不开真理、必然性以及有关逻辑真理的知识。就此而论,经典观点依旧不甚清楚,而且它似乎混淆了一系列不同的看法。艾耶尔没能清楚地区分语言中的语句和由这些语句所表达的命题,这大概是其观点混乱的部分原因。艾耶尔表示,

---

① 如我们在第1章所见,康德所谓分析性的包含准则提供了一个方法,它有可能使这一想法,即因为表达了一个自相矛盾的陈述而误用了一个表达式,变得一致起来。但艾耶尔拒绝康德的解释,他坚称,包含准则应当有别于矛盾准则(LTL, 77f.)。因此,艾耶尔在这里并未诉诸康德来扶助其立场。

完全可以设想,我们本该从那些我们实际上所采用的约定中拣选出一些不同的约定。但无论这些约定具体是什么,用以标示它们的重言式终归是必然的。因为其否定式是自无效的。(LTL, 84)

"自无效"这一概念是有问题的。但眼下我们先撇开这个问题不谈,来看看邦茹针对艾耶尔的解释的反驳(详见下文),他认为,虽然我们的约定可以确定语句表达的是什么,但这些约定似乎与命题的真理性没有任何关系。例如,我们可以约定"老虎"指称老虎,因此"老虎是一种大型哺乳类的食肉动物,其毛皮上有条纹"就表达了这样一个命题,即老虎是一种大型哺乳类的食肉动物,其毛皮上有条纹,但是,老虎身上有条纹这一事实并不与人类的约定有任何关系。也许某个演化解释可以解释老虎的毛皮上为什么会有条纹,但是我们根本就无法解释老虎毛皮上的纹样为什么非得和人类的约定有关。只有当一个人将"老虎有着带条纹的毛皮"这个句子与该句所表达的命题或使之成真的事实(假定存在这样的事实)混为一谈时,他才会做出另外的考量。而一旦我们就语句和语句所表达的东西做出了区分,那艾耶尔似乎就根本没有解释逻辑真理为何是必然的,卡尔纳普也一样,他所给出的东西并不比艾耶尔更多(参见1.8节)。即使我们诉诸"自无效信念"也没有多少帮助,因为它最多不过是解释了我们为什么应该相信这些命题,而并没有解释什么东西使其为真或成其必然(除非有人采用了某个实用主义的、"基于成功"的真理概念,但艾耶尔本人是不会这么做的)。

最后,我们还应简单考察一下第5个主张,该主张认为,尽管分析陈述"不提供任何信息"而且是"非事实性的",但它们通常是有意思的、令人惊讶的。艾耶尔的解释将这一特征归诸我们能力上的局限性(LTL, 85–86)。我们无法一下子就抓住所有我们已知的逻辑后承以及逻辑和数学真理整体。据此,艾耶尔认为,当得知这样一种真理还尚未出现在我们的面前时,我们应该感到惊讶。

无论怎么说,艾耶尔的解释方案很难有大的意义。如果说分析真理不提供任何信息,那么它们又能如何告诉我们任何东西,甚至那些我们的约定的后承呢?不出意料的话,艾耶尔会说,分析真理可以在一个消极或特殊的意义上提供信息,也就是说,它们可以让我们洞见到我们所采用的这些约定的后承。但即便在这里,该解释似乎也没能摆脱早前针对他关于我们的逻辑必然性知识的反驳。因为第10条主张已然将逻辑必然性还原成了约定。同样,当我们获悉某个约定的后承时,我们所知道的东西与我们的"逻辑约定"是一致的,它们也"遵循"其他的约定。围绕该问题还有不少难解之处。例如,遵循我们其他约定的这些东西是约定吗?如果是的话,那我们是否需要采用更进一步的约定从而将二阶约定用于一阶约定?且不论这种恶性倒退的隐忧(对此,读者可参见3.9节蒯因的反逻辑约定主义论证),经典观点似乎还暗中设定了一个不变的、可以非约定地用于我们一阶约定的逻辑必然性背景。但正如我们所见(我们将在下文予以更深入的讨论),这样一个非约定的逻辑背景并没有为经典观点带来一个有关真理、必然性以及我们关于逻辑知识的逻辑经验主义式的适当解释。

5.4 邦茹论温和经验论

就大多数逻辑经验主义者而言,分析性这一概念的首要哲学优点在于:它在一开始就提供了一个颇有希望的方式,使其在保留经验论的同时又承认并不是所有陈述都可被经验证成。例如,在艾耶尔看来,所有真正的陈述(具有"认知意义的"陈述)要么是可为经验证成的经验陈述,要么是分析陈述。同时,分析陈述被认为是必然为真的。由于我们很难发现一个陈述的必然真理性是如何确立或由经验证成的,所以,分析性许诺了某种方式来解释许许多多显然可被证成且是必然的真理。它们包括逻辑真理、算术真理以及"定义性真理"(definitional truth),例如,"红是一种颜色"、"鲸是哺乳动物"等等。但分析性也包括一些必然但是非经验证成的陈述,例如,"无物同时既为红色也为绿色"(色域互斥);"没有方的圆"这种数学陈述;以及"有色物体是有广延的"、"F = ma"(该陈述可能是一项定义)等陈述。此外,还有一大堆很难被归为可经验证成的陈述,或者至少可以说,这类陈述似乎不在蒯因的"两个教条"之列。

所以说,分析性负有沉重的解释负担,但我们却很难说明分析性该如何完成它的所有任务。邦茹在其《捍卫纯粹理性》(1998)一书中对他所谓的"温和经验论"大加批驳,原因是它试图通过分析性来解释非经验陈述的证成。粗略地说,温和经验论就是历史上被称作"逻辑经验主义"的东西,它与蒯因后来的"实用经验主义"(邦茹称其为"彻底的经验主义")形成了鲜明的对比。不过,我们不打算巨细无遗地讨论邦茹那些令人印象深刻、细致周密的论证以及他对各种著名尝试的反驳。相反,我们将着眼于那些我们认为对本书的目的来说最为重要的反驳,并最终对某种类似分析性的概念及其与非经验证成的陈述的相关性加以辩护。

在接着讨论前我们应该注意到,邦茹与我们的旨趣大为不同,所以并不是所有论题对其计划都很重要,但这些论题对我们却至为关键。坦白地说,我们可以对其关注的一部分问题持不可知论。特别是,我们并不打算在这里为"温和经验论"做出辩护,也不打算表明所有的证成均是经验证成,即便这些证成是针对非分析陈述的证成。因此,我们同意邦茹的说法:温和经验论者并没有为逻辑真理之证成给出一个令人满意的解释。但是,接受这一点并不要求我们同意邦茹的以下说法:逻辑真理的证成需要诉诸直觉;而非逻辑真理似乎是典型的"分析真理"(例如许多规定性定义),它们也需要这种诉求。我们将在第 6 章给出论证:有些陈述在认识论上是与众不同的,许多具有各种不同"逻辑形式"的陈述均有这种特殊性,而且这种特殊性并不要求先天直觉。

邦茹注意到,对分析性以及分析陈述如何被证成的解释有着许多不同的"温和经验论"版本,而且我们也并不清楚它们之间是否一致。他认为,某种类似温和经验论的东西之所以会大行其道,原因是它没能与其想要捍卫的观点保持高度一致,因此,它使温和经验论者在某个版本的经验论被证明是不适当的时候可以转投另一版本的经验论。就此而论,我们在一定程度上同意邦茹的看法。不过,此处的问题也许在于相关的一些概念(例如,为着缩写目的而设定的规定性定义)被认为是无关紧要的且无需更进一步阐释,这就使其重要性受到一系列的反对,而这些反对意见既有来自邦茹这种理性主义者的,也有来自蒯因这种"彻底的经验论者"。

顺着一系列相关的线索,邦茹针对"约定"或"语言规则"策略及其相关概念提出了一套互有关联的反驳。哪怕只读到一丁点逻辑经验主义的文献,人们就会发现,它们没能就某些语言的使用者所采用的约定这一事实与诸如数、颜色这些事实之间的精确关系给出一个细致的解释。① 对此,卡尔纳普曾给过两个很自然、很一般的初步尝试(参见1.8、2.2.2节)。其一来自《构造》一书,它会说,一个"根据约定为真"的陈述(比方说,"1+1=2")表达了这样一个事实,即我们采用了某个语言约定(参见 Carnap 1967, 178)。其二来自卡尔纳普的《句法》和随后的一些著作,它认为,约定真理是某种类似于提议或建议的东西,甚或是一个命令(参见 Carnap 1937, 52)。第一路尝试有这样一个隐忧,即,它似乎是在说约定的表达式

---

① 我们在 Juhl and Loomis(2006)一书中全面考察了逻辑实证主义运动中的约定论。对其更为细致的分析可参见 Friedman(1999)、Creath(1992)以及 Baker(1988)。正如 Friedman 指出的那样(1999,67),在早期实证主义者那里(比方说石里克和庞加莱),"约定论"中的大量主张更接近迪昂,甚或蒯因的整体论,此时它还不是一个关于由规定而来的先天知识的成熟理论。

就是有关语言使用者的经验主张，而且其既非必然的也非先天的。另一方面，第二路尝试又在说约定无所谓真假，因为提议、建议甚至命令都不为真。不过，"1 + 1 = 2"这种陈述似乎却是真的。甚至就连那些否认其真理性的人也通常会倾向于认为该陈述是有真值的。看起来这两个可选方案都没有什么助益。正如我们提到的，艾耶尔最起码声称有些分析陈述之否定式是"自无效的"，但鉴于艾耶尔从未在其讨论中清楚地说明"自无效"究竟是什么东西，所以该说法也并没有把我们带到多远。

为了让这些论题变得清楚起来，我们希望我们能够表明语言约定和某些陈述在认识论上的重要地位之间的关系。因此，我们将着眼于我们认为最清楚的例子，即某种特定的规定性定义，这些规定性定义是清楚明确的、在经验上不可消灭。而对于这种例子在自然语言中是否实际存在，这一问题的答案与分析性的总体哲学论证有多大关系等等问题我们将在第 6 章予以讨论。但眼下就定义而言，让我们来考察 frenchelor 这一概念，我们规定 frenchelor 是法国单身汉。哪怕某个与 frenchelor 这一概念高度相关的概念会在科学理论中发挥作用，frenchelor 也不会在任何科学理论中都发挥有意思的作用，在此，我们明确引入了一个使用规范，也就是说，为了让 frenchelor 能够作为一个理论概念我们做了必要的准备工作。我们愿说它只是一个单纯的分类。

若有人问这段文字的读者是否会做出某个关于"frenchelor"的语言约定，那我们就倾向于说，我们采用了一个谈论"Frenchelor 是法国单身汉"这一陈述的约定，它不仅为真（如果愿意的话，我们可以将其表述为某个真命题）而且在经验上不可消灭。只有当"Frenchelor 是法国单身汉"是真的这一命题本身在经验上是不可消灭的时候，该约定才是经验上可消灭的。该命题（即，这个表达了某种真的东西的语句）之不可消灭不应该与其表达的东西之不可消灭混为一谈，尽管对于这个例子（以及许多普普通通的规定），该命题同样也在经验上不可消灭。①

该语言约定和"Frenchelor 是法国单身汉"这一陈述的先天性之间的关系是什么呢？邦茹正确地指出，像"Frenchelor 是法国单身汉"这种句子并没有表达某个关于我们所采用的语言约定的命题，而随后当我们说出"Frenchelor 是法国单身汉"这句话时，其内容也不涉及语言惯例，或语言命令（尽管我们不难想象当我们说出该句子时会起到这种作用）。毋宁说，我们采用该约定并把这个句子当作是真的，当其表达了一个真命题。此后，当说出这个句子的时候，我们就认为我们表达了一个真命题。我们当然明白，没有任何经验证据不利于它所表达的真命题，除了那种"间接"证据可能会表明人们不再接受支配这个句子的约定。（这里，我们仅关注其中一个有意思的问题，即一个共同体是否能够以及如何发现它自己的集体意向。）

这些语句具有相当显豁的特征，而典型的描述性陈述并不具有这些特征。考虑这样一个陈述：单身汉比普通人更富有，或单身汉有比已婚男子早亡的趋势。这两个陈述是同一种类型，其经验证据是"直截了当"型，也就是说，其证据不是有关"单身汉"一词的语言意向或实践，而是另外某种可以证伪的东西。相比之下，"法国单身汉是单身汉"的证据显然与我们当其表达了某个真命题有关，只有这种证据才涉及语言行为或意义——至少是那些非蒯因主义者乐于承认的意义。② 如此设想 frenchelor，规定性语句"Frenchelor 是法国单身汉"就被理解为是真的而且其为真被理解为是不可消灭的，

---

① 之所以引入这一限制条件，原因在于，在某些特定的"克里普克风格"的"先天偶然"陈述的例子中，这两个命题的先天性或其在经验上的不可消灭性是相互分开的。我们将在 5.7 节介绍这种例子，并在第 6 章深入地探讨它们。

② 我们注意到，即便是这一证据在某些情形中也可被视作不相关的，比如，我选用了某一约定，而我这么做与他人是否选用该约定无关。但是，就这些方面而论事情总是可以变得复杂起来，我们也总是可以想见许多不同的案例，因此我们承认，某些有关语言用法的经验证据可以支持或反对事实上支配 frenchelor 一词的规定之真假。

这一平常理解在认识方面与典型的描述性陈述或假设判然有别。因为使用一个词通常暗含着我们已经理解或知道了该词,似乎一旦给定这一暗含的知识,我们就可以知道这种规定是真的——即便缺少进一步的(非语言的)经验调查——而正是在这个意义上该规定似乎被证明是先天的。我们有关许多明确规定之真理性的信念可以被赋予类似的解释,如果我们有理由持有这种信念,那我们对规定的信念所给出的证成似乎是一种特有的类型,而非规定并不具有这一面相。我们将在第6章继续发展平常理解、规定的特有面相等等这些想法。

邦茹在一处(1998, 56)承认,某个哲学解释可能会帮助我们理解我们对某些明确规定的证成,不过,我们并不清楚他为什么会在对这种哲学解释给出高度批判性的讨论之余做出了退让。但不管怎么说,他还是提出了若干反对意见,而许多论者也发现,将语言约定当作必然真理的知识来源颇为可疑。例如,选择某个语言约定在某种程度上似乎是随意的,但像逻辑真理或数学真理却不是这样。邦茹援用了这样一个例子:在美国以及当代绝大多数的社会,开车时靠右行驶。但我们也满可以靠左行驶(比方说在英国),因此,简单说来,这种约定是"非强制的"。

该反驳认为,像逻辑真理这种确定真理似乎并不是任意的,它们受限于约定性的规则。① 对此,我们将予以部分回应。我们注意到,在许多情形中,一旦我们有一段时间用到了一批词项和不可消灭地"定义"了它们的原则,那这些概念多少就享有了特权,并在一些有趣的意义上变得唯一正确。这些众所周知的原则对于那些常见的词项和由这些词项所表达的概念是正确的,但这一点切不可与如下这点相混淆,即我们不可能引入类似的但却有区别的那批相互定义的概念或表达此类概念的词项。例如,如果我们知道棒球怎么

---

① 我们将在第6章讨论这一属于数学领域的问题。

玩,那我们就会认为在棒球中逆时针方向跑垒是不对的。对于这个例子,我们很容易想到周边的可选项,比方说,有可能存在着一种"就像是"棒球的游戏,它只是在跑垒方向上与棒球不一样而已。在其他情况下,我们可能很难,甚至根本看不到所谓"周边"的可选项。对于一些实践而言,任何对其根本性或"定义性"特征的改变都将产生非常大的差异,甚至会使其变成一个无法理解的"实践"。例如,许多哲学家发现,"超协调逻辑"(paraconsistent logic)或那些试图以特定方式兼容不协调性的逻辑是不可理解的。我们很难发现,添加到某一实践当中的规则是什么样的就可以让我们继续言说一个"否定式"(它遵循那些来自"经典"二值逻辑的不同规则)的"真性"(truth)、"假性"(falsehood)。超协调逻辑及其可理解性的拥护者,特别是将它刻画为"备选逻辑"的拥护者全力说服他人相信他们的"逻辑"不仅和"逻辑"非常相似,而且还是超协调的(参见 Priest,2006,2008)。无论超协调逻辑是否可能,是否可理解,我们基本上还是认为,备选空间可以包含相对"稀疏的"区域,但其中似乎没有可用于实践的类似选项和可接受的约定,而相对"丰茂的"区域中就会有许多类似的选项。我们确实约定性地采纳了一些实践,它们落入了选项的"稀疏"区域,但这一事实本身并未表明实践原则不是被约定性地采纳的。即便这类实践在"明确"规定或约定缺席的情况下会"自然而然地"出现,在我们看来,可选项的稀疏或丰茂也并未表明实践原则必须通过先天直觉或采用这些原则在经验上、实务上的理由加以辩护。

邦茹对温和经验论的另一个反驳:诉诸"隐含定义"这一概念无助于解释经由隐含定义所表达的命题的真知识。其论证大致如下。一些人主张,数学某一分支的某些公理"隐含地定义了"某种运算,在这个意义上,公理的真理性蕴涵了对各式各样的符号有种一成不变的解释。例如,假设某人规定"50 OP 5 = 10"、"6 OP 2 = 3"等等,这些规定共同地蕴涵了"OP"表示通常意义上在整数域的除法运算。有人可能会说,这一规定"隐含地定义了""OP"的意义。对此,邦茹的反驳是,隐含定义这一概念根本无助于表明我们是如何知晓(比方说)50 OP 5 = 10 的。倒不如说,正是 50 除以 5 等于 10 这一先天知识使我们发现,"OP"表示除法才是其正确的解释。这种类型的论证可以加以推广(见 1998, p. 50),而邦茹正是用这种推广了的论证表明,诉诸隐含定义无法帮助我们理解由这类隐含定义所表达的命题的真知识。

"隐含定义"的性质很复杂,但我们将就邦茹的异议勾画出一个可能的回应。首先,我们规定,词项的隐含定义是一种具有全称量化双条件式形式的陈述,其定义项位于双条件式的一侧,而其余项位于另一侧。F 的隐含定义不是任何具有这一形式的赋义(meaning-conferring)陈述。特别是,我们会说,某个陈述部分隐含地定义了词项 F 的意义仅当该陈述(其中不含 F)对于任何可接受的解释为真。因此,具有语法或逻辑形式的真值可评估的陈述可用来部分隐含地定义词项 F 的意义。我们会把"显式定义"看作"隐含定义"这一更具可兼性的集合的特殊情况,或者说,我们认为这两个集合是互斥的。不过,就眼下的目的而言这并不重要,因为我们将关注那些非双条件式形式的"隐含定义"。

邦茹的部分担忧是这样的:当我们被问及如何知道一些陈述是真的,甚至在一些情况下必须对此作出回答时,诉诸隐含定义的这种做法绝不会带来认识上的启发。有一种情况对于邦茹似乎是成问题的,即某个集合中的词项全都是相互定义的,而且其中的词项只有通过相互定义才能加以定义。对于这种情况,我们仅仅处理那些相互定义的概念,而这种概念满足该集合中的其他概念所表达的某个条件。如果这种情况对于该集合中的所有概念都成立,即该集合中的概念在一个宽泛的意义上全都是"循环"定义的,那么,我们似乎只有通过这些概念之间的关系(这些关系有时候是约定性地选取的,有时候是规定的)才能理解它们。作为这种"循环定义"概念的一个例子,让我们来考察我们如何理解象棋中的象。设想有一种非常接近现实中象棋的游戏,它的规定性定义首次出现于,比方说,1903年。其中的规则包含这类要求,比如"开局时象紧挨着后摆放"等等。假设我们正在电脑上下象棋。如果可以的话,有一批棋子将被称为"白格子"。倘若问我们是如何知道这些棋子是白格子的,那答案会是什么呢?一个合理的答案可能是这样,"呃,规定本来就是如此嘛"。但邦茹或许并不会接受这一答案的合理性。为什么呢?他会说,只有凭直觉知道哪些棋子是白格子才算数,或者,我们仅是未加证明地将某些棋子称作白格子。然而还有很多棋盘,它们上的棋子要么是红格子要么是绿格子。对此,哪些棋子又是真正的白格子呢?这一例子以及其他类似的虚构的例子很可能无法通过任何证成方式加以回应,除非允许我们借助于某一规定并允许我们认为白格子和黑格子是相互定义的。

回想一下,我们并非想说,所有据称是先天知识的例子都可以通过某种类似于约定或规定的东西给出富有启发性的解释。我们既不想维护"温和经验论",也不想拒斥"理性主义"。我们只想表明,我们可以用隐含定义或显式定义处理一些情形。我们的观点是,某种类似于规定的东西在邦茹所拒斥的一些情形中可以有启发性。

第6章的进一步讨论表明,我们能够澄清特定概念的某些"规定性定义"在认识上的地位,至少能进一步地阐明这样一些原则——它们被认为支配着那些一开始并不是经由规定而引入的概念。考虑真理、指称及满足这些概念。有一些基本原则支配着这些概念,而且它们之间的相互联系似乎既是非经验证成的,又共同地、部分地构成了我们对这些概念的把握。① 说其"部分地"是因为,我

---

① 实际上,我们可以论证,通过一个简单的递归定义,塔尔斯基确实规定性地引入了"满足"这一概念,并将其关联于与其规定相一致的真理上去了(参见 Tarski 1944, 353)。我们还能有其他什么样的资源来把握这一技术性的语义概念"满足"呢?

们并不清楚某些基本的"逻辑真理"或关于这些逻辑真理为真的主张是不是也部分地构成了真理这一概念。即便算术实践不是通过在其全部的复杂性和定指状态(definiteness)方面的结构性的初始规定产生,而是逐步生发出来的,算术概念似乎也可以和其他那些与其同属一个家族的概念(例如"后继",或许还有"数")相互定义。只要这些原则被理解为既不是经验证成的,也无法回应经验证据(除了那种常见的警告,即存在着这么一种经验性的"语言资料",它们同说话者所拥有的语言意向和信念有关),那么它们和那些被规定性地引入的概念在认识上的地位方面就共有不少的特征。

5.5 蒯因的"自然化的认识论"

在发表《两个教条》之后快二十年的时候,蒯因又就认识论发表了一篇具有高度影响力的文章《自然化的认识论》(Epistemology Naturalized 1969a;以下简称 EN)。这篇文章几乎是其最著名的作品之一。其中论及认识论的方方面面,而许多内容则超出了本书的范围。但是,我们力图追索他所建议的"自然化的"认识论同我们先前在第2、3章所讨论的他的一些观点之间的联系。在这一节,我们将回顾 EN 中的核心议题以及相关论证,着意突出其中同分析性,特别是同数学真理之地位最为相关的内容。

在 EN 一文中,蒯因解释了传统认识论的所有努力为什么没能满足"对确定性的笛卡尔式的追求"(1969a, 74),或它们为什么没能提供这样一条路径,即"从感觉证据推导出有关外部世界的科学"(75)。蒯因认为,尽管有了这些失败的尝试:

> 但经验主义的两个核心信条依然牢不可破,并横行于今日。其一,任何科学证据都是感觉证据。其二,我们被教导说所有语词的意义必定坐落于感觉证据。(75)

这里便产生了一个问题:蒯因所说的"证据"最终会取代被其他哲学家当作"证据"关系的东西,成为另一种宽泛意义上的因果关系。无论这种不无益处的替换是否体现了对证据关系究竟是什么东西的一种恰当理解,还是蒯因在 EN 中的提议实际上意味着将认识论的主题变成了病因学(etiology)的主题,它都成了认识论者随后聚讼不休的议题。

蒯因认为,传统认识论中的这两个"核心信条"依然"牢不可破",我们可以认为它们促成了一种连绵不绝的兴趣,比如卡尔纳普的《构造》计划及其相关的变种,"其中,有关感觉内容的论述毫无动摇"(75)。蒯因注意到,卡尔纳普"一直在寻找他所谓的理性重构(rational reconstruction)。任何(这种)构造……要是能使物理主义式的谈论变得正确,那它将令人满意。"(75)蒯因在 EN 的关键段落中指责卡尔纳普的重构是虚幻的(make-believe),他断言,

> 一个人的感觉感受器所受到的刺激是全部的证据,进而任何人最终都不得不依靠它们到达一幅他的世界画面。但是,我们为什么不看看这种构造实际上是如何进行的呢?为什么不满足于心理学呢?(Quine 1969a,75-76)

蒯因的反驳强调了《构造》一书中的循环论证问题(见 2.2.1 节)。而在同一个段落,蒯因进一步提出了对认识论的彻底的重新定位:

> 如果认识论者的目标是确认经验科学的基础,那么,他在这种确认过程中借用心理学或其他经验科学的做法便否决了其目的。但无论如何,一旦我们不再妄想从观察中推演出科学,那这种针对循环论证的顾虑就不成问题。如果我们只是想理解观察与科学之间的联系,那我们同样也应动用任何有效的

信息,包括那些由确定无疑的科学(它们同观察之间的联系正是我们试图去理解的)所提供的信息。(ibid.)

正如他在其他地方所表现出的自然主义一样,蒯因在这里无所顾忌地将经验结果(无论它们是来自于心理学还是其他什么领域)用于解决科学基础中的认识论问题。其自然化的认识论将经验科学的应用与知识之本质的解释结合了起来,同时拒斥了卡尔纳普和传统所构想的那种"第一哲学"。这里,我们面临着一个困难,即蒯因在所谓"因果"概念和认识论的、证成性的关系之间摇摆不定。举个例子,他说感觉感受器的刺激是一个人在绘制其世界画面时"不得不依靠"的东西。然而,感觉感受器上所发生的只是物理事件,它们不具有任何明显的语义内容,尽管一个人可以期望世界画面具有命题内容,但"不得不依靠"这一表述通常意味着一种证据性或证成性的关系,而非因果关系。同样,请注意蒯因的修辞所带来的问题:无论是实际上有关因果/证成序列的描述问题,还是纯粹的、可能的"理性重构"问题,它都将其转移至卡尔纳普有关证成的循环论证上去了。人们也许会对人类事实上如何思考某个理论主张为真感兴趣,而不仅仅满足于解释一个人如何本该如此思考或能够如此思考。如果这样的话,单是"理性重构"就不会让人们对实际进程的描述感到满意。① 但是,以下两方面还是判然有别,即,一方面,一个人对视网膜刺激和发声所涉及的实际的因果序列之解释,或者说对实际上表现出的理由感兴趣,而另一方面,理由内部涉及的步骤是不是真的是证成性的则是另外一个问题。

尽管如此,在这里我们希望能够探索出一系列不同的考虑,以

---

① 围绕蒯因的自然化的认识论有一批内容充实的文著。它们多多少少同情地重构或扩展了蒯因的观点,其中有 Kitcher(1992)、Hookway(1988, 1994)、Bishop 和 Trout(2004)、Kornblith(2005)、Orenstein(2002)以及 Hylton(2007)。更多批评性的讨论可参见 Sosa(1983)、Fogelin(2004)、Kim(1998)以及 Glock(2003)。

表明这些同蒯因的观点非常接近的建议可以为逻辑和数学所接受，紧接着我们还会考察蒯因对它们的态度。想象我们在阅读一篇题目完全不同的文章——《自然化的数学》。在这篇文章中，作者注意到逻辑在历史上各种各样的发展情形以及被认为是数学"基础"的东西。逻辑学家们所给出的解释倾向于认为，经由"逻辑原理"从各种"公理"中产生了数学。这些逻辑学家认为，被当作"证成了的"数学信念确实是证成了的，最起码就一些被他们称作"公理"的基础性前提而言是证成了的。他们发现，从那些被我们广泛接受的公理出发，一些诸如"连续统假设"这样的陈述既不能被证实，也不能被证伪，就此而论，任何一个特定的、已被接受的句法结构都无法将公理系统联系于一个有关连续统假设的陈述。在注意到这一点以及其他一些有趣的情况之后，这位作者提出了一系列词藻华丽的问题：

> 为什么这一创造性的重构，这所有的一切都是虚幻的呢？公理、纸张上的墨迹就是全部证据，一个人最终不得不依靠它们到达一幅他的数学世界的画面。我们为什么不看看这一构造过程实际上是如何进行的呢？为什么不满足于心理学呢？

对于这些问题，一个似乎是显而易见的回应可能会指出，我们只是就如何基于公理对数学陈述加以证成感兴趣。数学信念的心理研究也许是一个有意思的研究题目，不过，它并不是数学哲学家的关切所在。在许多哲学家看来，判断数学陈述之证成（无论该证成是实际上的还是可能的）的某个特定解释是否正确是一回事，而判断一个针对数学家的手指或声带的运动所组成的因果序列的解释是否恰当则是另外一回事。

我们注意到，蒯因对意义或命题内容的拒斥使其拒绝接受任何预设了这两者的关系，比如某个东西是某个说法的"证据"或其"证成了"某个说法。蒯因必须找到"证据"概念的替代品,使其所标示的关系能够在语句间而不是语句的意义间成立。鉴于蒯因所谓的"语句"是某种由声音或墨迹等物理性质组成的东西,因此,这一替代概念最终应该是一种可理解的、在物理实体(或物理型,如果我们正在考虑的关系是所谓语句型之间的关系的话)间成立的关系。于是,很自然地,因果关系便成了这一替代品,因为蒯因已经预先对其做出了承诺。

除了"自然化的"认识论,认识论者还对蒯因提出的另一个问题感兴趣,即"证据如何联系于理论,以及一个人的自然理论如何超越有效证据"(83)。第一个问题同"超越"一词有关。那就是,蒯因是否预设了某些在认识论上与证成相关的关系,比如"逻辑涵衍",同时排除了其他在认识论上的相关关系?这里,"超越"一词意味着"无法根据逻辑得出"。① 然而,这就引出了一些问题。其一,蒯因是根据什么认为逻辑涵衍关系是唯一在认识论上与证成相关的关系?他似乎并没有对此给出论证。由于缺乏论证,这方面考察,即某个理论是否逻辑地涵衍于资料在认识论上就变得不那么引人关注了。因为可能还存在其他某种关系,它基于资料构成了对理论的证成,而这种关系并不是逻辑涵衍关系。蒯因有关证成的观点似乎是某种未加详述的假说-演绎(hypothetico-deductivism)模型,而根据这种观点,那些不是逻辑地涵衍于资料的理论仍然可能得到证成。

蒯因有关逻辑原理本身的经验地位的观点还带来一些方法论上的困难。例如,我们如何才能说明我们的理论信念"超越了"观察(因为仅就蒯因心目中的"超越"而言,这些信念无法根据逻辑从观察陈述中得出)?看起来我们必须预设一种能力,它可以确定一个

---

① 如果我们把蒯因解释成在认识论中去除了证成概念,那我们就不明白理论是否"超越"证据这一问题如何才能变得有意义。证成关系或逻辑涵衍关系可以为该问题赋予意义,但蒯因并没有为它们提供任何因果替代品。

陈述是否能从其他陈述中逻辑地得出,进而以此确定我们实际上系统化地推导自一些经验资料的东西是否"超越了"那些资料。但是,根据蒯因,逻辑涵衍这一概念本身取决于理论,其最终的证成(如果完全可以证成的话)是经验的。

我们当然不会宣称经验研究与认识论毫不相干。例如,多种研究业已表明,人类极易陷于各式各样的谬误——无论是逻辑上的还是概率上的(参见 Kahneman, Tversky, and Slovic, 1982)。对于那些绝少争议的情形,主体显然还是会犯错。但是,这些看法预设了一种区分好的推论和坏的推论的能力。这种能力无法一开始就产生自经验心理学研究,理由和蒯因本人想表明的大致一样:我们无法一开始就通过采用某个明确的约定来获得这种能力(见第3章)。也就是说,约定的使用预设了对逻辑概念的事先理解,而针对谬误推理的心理研究至少也预设了某种可以区分谬误和有效推论的能力。在有较多争议的谬误推理的情形中,人们可以质疑,那些涉及推理陈述的语义学是否应该加以改变,使得推论转变为已被证成的东西。或者,人们也可以将推理视为已被证成的或不依赖于典型的、预期的语境或背景性假设的东西。简言之,虽然在一些明确无疑的情形中,经验研究能够表明人类倾向于表现出没有正当理由的推理,但即便对于这种情形,人们也必须诉诸一些一般的能力来区分有正当理由的推理和无正当理由的推理,而且这些能力并不一开始就直接来自于蒯因提出的那种取代认识论的有关语言行为的经验研究。

蒯因在 EN 中建议用经验心理学取代认识论,但以上讨论表明,他的建议受到许多潜在问题的困扰。毫无疑问,在很大程度上我们要去解释为什么一个更加"传统的"认识论观点会在随后几十年的时间里盛行不衰。虽然神经科学的研究有时会被认为对于认识论研究至关重要,但它们对于认识论的意义却常常充满争议。

5.6 蒯因与证据:对循环论证的回应

在上一章,我们介绍了蒯因的翻译的不确定性论证中潜在的循环论证问题以及语言学家乔姆斯基对此提出的异议。我们认为,乔姆斯基的批评以及蒯因对这些批评意见的回应揭示出如下这一点,即蒯因的不确定性论证依赖于一种物理主义的假设。就蒯因的这些论证而言,我们认为它们本身并没有足够的份量去回击那些不认可其物理主义假设的反对者,而蒯因试图用不确定性论证支持其物理主义或某种宽泛意义上的自然主义的做法是一种循环论证。其他一些论者也注意到,蒯因预设了某种物理主义或自然主义的立场,而且他还绕了一圈得出结论:我们应该在认识论以及其他问题上持自然主义立场。不过,有论者认为,虽然蒯因的论证是一种恶性循环,但这一缺陷并不会削弱他的全部立场或论证效力。这里,我们就来考察这样的两个回应,其一来自舒尔登弗莱(1972),而另一个来自蒂姆·克兰(Tim Crane 2003)。① 这两路回应,特别是舒尔登弗莱的回应援用了蒯因有关认识论的观点来捍卫蒯因。

舒尔登弗莱认为蒯因是在论证两个互有联系的论点:首先,世界上只存在一种基础性的实体,也就是由自然科学(物理对象)加以研究的东西;其次,只存在一种知识,即自然科学知识(1972,5-6)。舒尔登弗莱认为,蒯因的翻译的不确定性论证支持第一个论点,它表明,假定了意义或命题这类心智实体的"意向语词"(intentional idioms)是可消除的,因为这类语词不提供"任何科学洞见"(ibid.;又见 Quine 1960, 221)。蒯因对这一主张给出的论证是,"意向语词被排除在科学领域之外,因为,一般而言,科学(也就是'真正的科

---

① 近来,伊尔顿又尝试为蒯因的循环论证弊端提供一些辩护(参见 Hylton 2007, 第 4 章)。我们认为,伊尔顿的论证和舒尔登弗莱的论证大同小异,因为伊尔顿把蒯因立场的解释效力看作是对其特定科学观的辩护(83)。

学')趋向于客观('真正的'客观)"(Schuldenfrei 1972,12)。相比之下,舒尔登弗莱则认为,翻译要为确定的就需要"意义、命题、虚拟条件句"这类"主观"语词(10)。但是,世界的总体画面并不需要这些主观语词——至少在蒯因用其偏爱的一阶逻辑记号来表征世界时并不需要(参见第4章)。

舒尔登弗莱允许这一论证是循环的,对此他评论到,"(蒯因的立场中)仍然存在着某种循环论证。从做科学理论这一事实中可以清楚地看出这是无可避免的,因为它在某种程度上要求明言这一科学是什么,而蒯因也承认他对实质性的科学持有一个立场"(12)。也就是说,蒯因必须对何为"真正的"科学采取一个立场,该立场并不包括那种意向语词(我们还可以加上内涵语词),而乔姆斯基则认为应该把它们都包括进来。如果没有这一立场,根据前文我们所看到的乔姆斯基的论证,蒯因的翻译的不确定性论证就变成了一个较弱的主张,即基于资料的理论之非充分决定性,就像舒尔登弗莱本人认为的那样(9-10)。虽然承认了循环论证的问题,但舒尔登弗莱并不认为它是恶性的。关于这一点,他的论证的出发点是其所谓蒯因的"重要洞见之一",即,蒯因认为"证据"概念包括

> 系统的简单性,而它作为证据并不亚于其他所有的证据。因为用来支持身体的证据,即我们的感觉证据并不是统计证据;这并不是一个用案例来支持一般化的问题。该证据是系统简化和整合的产物。(13)

舒尔登弗莱认为这些观点来自蒯因对意义、命题以及分析性的攻击。他注意到,蒯因在《两个教条》中对意义的攻击"基于一种认识论上的整体主义,相应地,这种整体主义显然也建基于我们刚才提到的那种证据观。正是因为简单性在验证科学假说的过程中扮演了一个如此关键的角色,才使得任何一个特定的主张都无法被还

原为该主张的'经验内容'"(14)。他接着论证道,这些关于简单性和整体主义的论点使蒯因排除了某些其他特定的主张,而在此之前我们可能会将它们视为"真正的科学"的主张或资料报告:

> 一个主张要是有助于我们对经验加以组织,那么我们便会得到支持该主张的证据。但是,一些有助于我们对经验加以组织的主张与资料是冲突的。不过,可靠的证据会告诉我们哪个理论是正确的,而理论则会告诉我们哪些资料是可靠的。循环论证,或潜在的循环论证内置于这种证据观......因此,用蒯因的理论来攻击蒯因决定了他的资料、科学是什么(反过来也一样),我们也只是在指责他对实际上被其视为是科学方法之基础(如果可以这么说的话)的误用,但这种科学方法是一种针对简单的、一体化理论的研究,即便它要求我们排除之前被我们视为是资料的东西。(15)

照我们的理解,舒尔登弗莱是在说,蒯因所强调的系统的简单性支持其对经验主义的"第二个教条"的攻击。由于任何一个主张都无法被还原为它的经验内容,所以,我们必须考察坐落于语句系统语境之中的每一个主张,而它们正是嵌在由语句构成的理论内部。但舒尔登弗莱还认为,这一事实允许其他一些要素,例如系统的简单化、"一体化"以及证据的份量。因此,蒯因的立场并不是恶性循环,因为他所做的诸多假设有利于我们对经验加以组织,他有关何为真正的科学的立场是能够得到辩护的,即便该立场将其他一些有关何为真正的科学的观点(例如乔姆斯基的观点)拒之门外。

我们希望就我们的理解对舒尔登弗莱捍卫蒯因所做的辩护给出两点回应。第一点很简单:它无非表明蒯因有关何为"真正的科学"的立场可以得到辩护,如果它能进一步确认蒯因有关何为真正的科学所做的假设在对经验加以组织方面的好处比另外一套不同的假设所带来的好处更重要的话。但是,舒尔登弗莱并未就其推理前提加以论证,而仅仅是论证了整个条件式。而这一条件式最多也只是确认了蒯因的立场不是恶性循环。它并未认定蒯因有关何为真正的科学的立场是一个最佳立场,甚至也未建立它在其他竞争观点中的地位。我们相信,对于蒯因的捍卫者来说,想要表明蒯因的科学立场在组织我们的经验方面事实上要比其他竞争观点更加优秀是一个无比困难的任务。比方说,该任务会要求这些捍卫者要能表明蒯因在语言学和心理学方面努力开辟的行为主义路向是正确的,哪怕随后这些科学会滑向一条非行为主义的道路。我们相信,我们不应该对这一点置之不理。如果蒯因的科学立场在其诸多的竞争观点中无法被确立为最优秀者,那么,我们也就无法认为它优于其他的竞争者,而在后者的立场中很有可能就包含蒯因所拒斥的意向实体或内涵实体那种理论假设。换句话说,如果一个语言学家能够合理地论证其包含意向实体和内涵实体的理论在组织我们的经验方面优于蒯因的理论,那么,我们就不仅仅会拒斥蒯因对真正的科学的解释,而且只要他的理论拒不接受这种实体我们甚至还会拒斥他对语言的全部解释。

我们相信,舒尔登弗莱所捍卫的那个更弱的主张(即蒯因的观点不是恶性循环)同样也有问题。舒尔登弗莱的解释并未回答我们应该怎样去确定哪个理论是正确的,哪种有关真正的科学的解释更适于组织、简化并整合我们的经验。而蒯因本人有关理论优点(比如说"简单性")的讨论也没有为舒尔登弗莱的论证提供任何帮助。例如,蒯因和埃利亚写道,简单性包含了一种"令人不安的主观性",我们不能指望自然会"听命于"它(Quine and Ullian 1978, 72 – 73)。蒯因的这种让步似乎认可了那种"主观语词",而舒尔登弗莱却还认为蒯因的立场已将其拒之门外。更成问题的是,蒯因和埃利亚注意到,"物理学家和其他一些人不断地发现,他们不得不使其理论变得更加复杂以适应新的资料",同时他们认为,在这一选择过程中一个适应新资料的最简假设也许依然有望成立(73)。该解释的问题在于它预设了一个简单性的模型,而这一模型又将科学家们所处理的资料当作是被给定的,因此舒尔登弗莱为蒯因所做的辩护就需要一个更强的主张,即被当作是资料的东西本身也部分地由简单性考量所决定,但如果是这样的话,我们根本就无法理解物理学家和其他人为什么必须要使其理论变得更加复杂。

我们还可以更为一般地提出该问题。舒尔登弗莱将简单性、一体化以及某一主张是否有助于我们"组织经验"用作准则来定夺何为真正的科学或真实的资料,其处境类似于我们在第4章看到的那个人在面对卡尔纳普的《经验论、语义学和本体论》中的立场时所面临的处境。该问题大致是这样:要么我们用经验资料来帮助我们决定一个给定的理论是否满足这些准则,要么我们不这样做。若是我们确实用到了经验资料,那么舒尔登弗莱希望通过像简单性这种准则所消解掉的循环论证问题就会在另一个层面再次出现,因为现在我们所面临的问题是如何定夺哪些经验资料应该被用于决定哪些理论是最简单、最佳整合以及最能帮助我们组织经验的。例如,为着语言阐释和翻译的目的我们应该将什么东西算作资料?我们需要"组织"什么样的经验?难道我们应该将"主体的偏见和过去经验所带来的复杂性"也计算在内?(Quine 1981, 184)又或,我们应该将这些东西当作"白噪声"给过滤掉?另一方面,如果我们没有用经验资料来帮助我们决定一个给定的理论是否满足简单性、一体化这类准则,那么又是什么在指导我们对它们的应用?在这里动用像简单性、一体化这种"实用"方面的因素几无帮助,因为它们的应用环境显然会带来困难。

值得一提的是,这里仍然可以为蒯因做出辩护,不过,这一路辩护要求对其观点加以彻底的扩展。例如,克兰就为蒯因做了辩护,力图使之免于邦茹所针对的那种涉及循环论证的指责。邦茹认为,蒯因在攻击分析性时所预设的行为主义前提是谬套论结,其理由大致和我们在第 4 章讨论乔姆斯基时所给出的理由一样（参见 Bon-Jour 1998, 63f.）。而克兰则认为邦茹并未彻底领会蒯因的进路：

> 蒯因只是拒绝传统认识论者有关知识之证成的谈论。在蒯因主义者看来，将蒯因的进路说成是"谬套论结"完全错失了要点。蒯因并不打算从一些无争议的前提出发来论证其极端的结论；相反，他是在用种种修辞和辩证的方式劝请哲学家们相信，他们老旧的思考方式在某种意义来讲是空洞的。（Crane 2003, 503）

克兰本人并未鼓吹过他的这种解读。不过，它作为一种解读确实有某种合理性[Ricketts(1982)曾给过类似的解读]。在先前几章我们注意到，对于蒯因而言，事实上根本就不存在意义这回事。如果有人当真认为蒯因拒绝意义和内涵，并进一步认为蒯因只是将我们对语言的使用处理为"根据先前触发感觉感受器的因素触发感觉感受器的东西"，那我们为什么要假定在"传统的知识证成"和修辞性的劝服之间有着根本性的差异？按照蒯因的观点，也许这一解读不过是在说当其听众的感觉感受器受到"对电子、μ 介子以及弯曲的时空持彻底实在论态度"的陈述的刺激时，他们就表现出赞同行为，而当他们面对断言存在着意义、同义性以及分析真理这类东西的陈述时则表现出异议行为。为什么要紧的是这一刺激具有传统论证而不是修辞式的形式？——也许谬套论结或恶性的循环论证是可以接受的，只要它们有足够的修辞力量来完成蒯因追求的那种使我们从倾向到赞同的转变。

如此解读蒯因的哲学就使其与西方传统中一个最基本的认识论在理性论证和修辞性劝服之间所做的区分格格不入。但这本身并不意味着蒯因是错误的，不过它引发了一个问题，即，与一个采纳了这种极端化的蒯因立场的蒯因主义者争辩究竟意味着什么。一个质疑蒯因的开放性前提的人也许很想知道,这位"极端化的"蒯因该如何通过其修辞性的劝服而不是从我们所共享的无争议的前提出发所做的非谬套论结式的论证让他改变想法。也就是说,我们不拟将这种彻底的非理性的哲学劝服归咎于蒯因,尽管我们必须承认,如何最好地解决蒯因式的总体图景中有关证成的循环论证问题还不甚明朗。

5.7 克里普克论分析性、先天性与必然性

之前我们讨论了艾耶尔在其《语言、真理和逻辑》一书中对分析性和先天性的处理,就此我们注意到,艾耶尔似乎弄混了"一般性"、"确定性"、"必然性"与其他像真理、可断言性和"有效性"这些概念。逻辑经验主义者大体上采取了这样一个立场,即先天性、分析性连同必然性是一致的。而克里普克在其杰作《命名与必然性》(1980;以下简称NN)中提出了一系列新颖的论证,借此对上述这些概念做了区分。这里,我们将总结其主要的论证(见 NN 34 – 9, 54ff.),并特别着眼于他对先天性和必然性所做的区分。克里普克并未就分析性本身有太多的讨论,但他所声称的先天偶然陈述可以被很自然地解释为分析陈述(尽管它们无需做此种解释)。此外,鉴于逻辑经验主义者假定必然性、先天性和分析性全都是一致的,因此克里普克就区分先天性和必然性所做的论证也事关分析性论争。

克里普克就区分先天性和分析性做了两个主要的论证。首先,我们并不知道数学陈述之真值,也许我们永远也不会知道(NN 36)。考虑下哥德巴赫猜想(Goldbach's Conjecture GC)。根据这一猜想,所有大于2的偶数都可表示为两个素数之和。无人能证明或证伪 GC 的论断。然而,要么 GC 为真要么其否定为真,如果其为真则必然为真;如果其为假则必然为假。我们有时并不知道甚至一直都不知道 GC 是否为真,这一事实与 GC 或其否定是否先天可知并

无关系,而克里普克本人也承认这一点。即令 GC 独立于集合论的公理体系,而且在某种意义上纵使基于我们已接受的基础性数学公理仍然"不可决定",这一点也成立:如果其为真则必然为真,如果其为假则必然为假。此外,克里普克还认为,不论我们是否能知道 GC 的真值,我们都可以合理地认为 GC 或为真或为假。就此而言,克里普克的假设是正确的,它们最起码表明了必然性并不蕴涵先天可知性,因此,先天可知性与必然性并不一致。

对于先天性和必然性的分殊,克里普克的论证还引入了一些更有意思、更具影响力的理由,它表明,有一些"陈述"既是先天的同时也是偶然为真的,而其他一些"陈述"虽是必然为真,但它们仅仅是后天可知。其最著名的论证涉及维特根斯坦的"米尺"一例。我们认为,这个例子引入了一些不相关的复杂因素,而且我们可以论证,他误解了维特根斯坦的立场。[①] 因此,我们将转而借用加雷斯·埃文斯(Gareth Evans 1985)的一个略为简单的例子。埃文斯做了如下规定:

(J)朱利叶斯是拉链的发明者(如果拉链的发明者是唯一的话)。

在大多数的讨论中我们将忽略掉括号里的附加说明,但是,我们要用它来规避在所有可能的情形中应用该项规定时可能出现的困难。我们将追随克里普克,把这一规定当作是一项"指称固定"的规定。我们不会认为这项规定在"朱利叶斯"和"拉链的发明者"之间产生了某种同义性。支持 J 规定之先天性和偶然性的论证也部分地由对"指称固定"的规定这一概念所做的论证构成,而不是由对"产生同义性"的规定这一概念所做的论证构成。

---

① 见 Loomis(1999)。

让我们来考察 J"这个""陈述"是不是必然或偶然的。① 首先我们特别假定存在着唯一一个拉链的发明者。由此,"朱利叶斯"大概指称了那个个体。有人还可能会很自然地为这一指称关系加上句"根据规定"。现在,让我们来考察这一个体,即朱利叶斯,是不是发明了拉链——如果确实有这么一个个体的话。本来,朱利叶斯是要进入动物标本制作行业,结果他去了纺织业;如果朱利叶斯当初去制作动物标本,那他后来很可能根本就发明不出拉链。而拉链发明人的称号也可能归于他人。因此,从直觉上看,要是只有一个拉链的发明者的话,如下这点似乎就是真的:如果只存在唯一一个拉链的发明者,那么朱利叶斯发明了拉链并不是必然的。基于此,埃文斯和克里普克认为陈述 J 不是必然的。

另一方面,我们似无需做任何经验调查(除此之外,我们起码需要将该规定理解为一项规定,也就是说,经验调查事关语言本身)就知道 J 为真。陈述 J 在这个意义上似乎是先天的。我们经验地知晓的任何东西——至少是语言之外的任何东西——都无法使我们错听了 J,也就是说,它们无法削蚀我们对 J 为真之信念的证成。——无论如何我们都可以这么说。此外,我们确实知道(并有理由相信)J 大致是合理的。因此,J 似乎是先天的。但是,上一段的讨论表明 J 并不是必然的,而是偶然的。因此,陈述 J 看起来既是先天的又是偶然的。通过这个例子以及其他许多不难构造出的类似例子,我们不难看出,必然性和先天性并不一致甚至其外延也不一致。

克里普克还认为存在着后天必然陈述。考虑这样一个情形,即我们将如下两项"指称固定"的规定引入我们的语言:

(H)暮星是(=)夜晚可见的星(如果夜晚只有唯一一颗可见的

---

① 我们之所以为"这个"(the)加上了双引号,因为我们马上会看到针对克里普克这一预设(即在这种情形中,存在一个单一的物事,它既是先天的又是偶然的)的反驳。

星的话)。

(P)晨星是(=)早晨可见的星(如果早晨只有唯一一颗可见的星的话)。

现在,我们假设事实上暮星与晨星同一。于是,暮星是晨星这一陈述仅当晨星是晨星时为真。考虑陈述 HP:"如果暮星和晨星存在,那么暮星=晨星"。如果暮星事实上同一于晨星,那么对于给定的这一"固定指称"(接受 H 和 P 就意味着已经接受了该指称关系),陈述 HP 似乎就是必然的。某些存在的实体怎么会没有自我同一?而且,似乎只有当我们做了天文学观察之后,我们才能知道 HP 是真的。因此,HP 是一个后天而非先天的陈述。

对 HP 这个例子进行全面的考察超过了本书的范围;但是,索姆斯(Soames 2002)的书中专门就这一例子和其他那些据称是后天必然的例子做了明白易懂的讨论。索姆斯认为克里普克关于这个后天必然性的同一例子给出的说法是错误的,但确实存在一些合理的后天必然的例子。不过,我们将转而着眼于先天偶然性,因为它和我们有关分析性的讨论最为相关。关于这一主题的文献卷帙浩繁,但我们在这里会给出一个对克里普克的论证所有保留的意见。[①]

对于克里普克的论证,我们的主要意见是:说一个单一实体既先天可知又偶然为真似有错误。而针对这一有所保留的意见以及得出区分的方法,不同的哲学家给出了不同的解释。但对于许多哲学家来说,有的区分似乎又是对的。通过构造一个旨在区分至少两个相关东西的例子,我们极易看到这一隐忧。

设想我们通过以下规定 OM,引入了陈述 QFT:

(OM)设"QFT"为斯蒂芬·温伯格著作中关于量子场论的所有真陈述,要是其中有真陈述的话(否则"QFT"表达了一个

---

① 对此非常细致的讨论可参见 Soames(2002)以及 Salmon(2005)。

逻辑真理)。

我们可能会认为"QFT"是某类凭直觉无法确认的陈述之缩写。但无论如何,我们似乎可以仿照克里普克给出的米尺论证,以及朱利叶斯那个例子为 QFT 之先天性构造出论证。比方说,似乎一旦知晓 OM 是一项规定,我们就会知道 QFT 为真,而且我们知其为真的方式与知道"朱利叶斯发明了拉链"之为真的方式毫无差别。让我们来深入思考这些给定的规定,看看 QFT 之真蕴涵了什么东西。现在,说我们知道 QFT 所表达的命题(比方说,本书的绝大部分读者很可能并不知道)似乎是错误的。自然地,我们可以认为接受规定 OM 的人几乎不懂任何量子场论方面的东西。无论规定是作为个体名称或谓语词项的指称固定器,还是作为命题表达词项的指称固定器,我们均不难设想类似的例子。因此,困难在于,一方面,克里普克给出的那种关于种种"陈述"之先天知识的论证(我们很容易就构造出与之类似的例子)似乎导致了诸多荒谬的结果。而另一方面,克里普克式的那种论证在某种意义上似乎蕴涵了这样一个结果,即这类"陈述"会很自然地被看成是已知的。

对于如何解决这一难题,哲学家们各执一词。有些哲学家与克里普克的主张相左,他们倾向于认为,真正的那种被归于我们所讨论的那些语句的语义内容不是偶然的。其他一些人则认为,存在有两种语义内容,其一是先天可知的,而另一种是偶然的。后者便是著名的"二维主义者"(two-dimesionalist)。

二维主义有多种类型。① 其中一种对表述了一个真命题的语句这种知识和由命题表达的知识这两种知识做了区分。严格说来,我们应当认为某人是知道一个命题 p,而不是知道命题 p 为真。毕

---

① Chalmers(2006)清楚地呈现了形形色色的二维主义者。对于其中某种特定形式的二维主义的严厉批驳,读者可参阅 Soames(2004)。至于对其抱有同情的一方,读者可以看看 Jackson(1998)和 Chalmers(2006)。

竟,这一点并非无关紧要。做出这一区分非常困难,它同刻画命题态度的从物模态(de re)与从言模态(de dicto)之分很相似。也就是说,对于某些情形,说某人知道或相信某个具有某种性质的个体 IND 似乎是对的,而在另外一些情形,我们可能会说,一个人知道 IND 具有某种性质,但他并不知道或不相信具有那种性质的个体。这些问题对于分析性议题不是特别重要,因此我们也不再深究下去。

这里,我们事先亮出我们在下一章中的观点,即我们做了如下区分:其一是我们称之为"陈述"的东西,它作为语句被理解,或者说,它作为语句被认为受到种种特定的规范或约定的约束;其一类似于场合句"所表达的命题"。陈述受到特定规范的约束(例如,这样的规范:任何经验证据都不能被算作支持或反对某个特定陈述之为真的证据;陈述表达了一个真命题),即便在某个具体的情形中它们有可能被说成是"表达了同样的命题"。粗略地说,两个句子可以有一样的某种类似于"逻辑形式"的东西,但这两个句子却可以得到不同的理解,以致于一个被理解为在经验上不可消灭(例如,某种类型的规定性定义),而另一个被理解为在经验上可被消灭的经验假设。我们将在下一章探索这一想法。

小　结

在这一章我们首先总结了所谓分析性的"经典观点",它是一系列互有联系的论点,多多少少为许多逻辑经验主义者所接受。针对它呈现出的图景,特别是针对艾耶尔在《语言、真理和逻辑》一书中给出的该图景最具影响力的版本,我们提出了一些反对意见。若有人仔细理出其中的核心议题,那他就会发现,艾耶尔所呈现的经典图景似乎并不能令人满意地解决种种必然命题(包括逻辑陈述和数学陈述)之先天知识的问题。关键是艾耶尔没有对命题和语句加以区分,又将模态必然性、先天性和一般性混为一谈,因此,与其说必然性似乎只是规定性地联系于"微不足道"或"不含任何信息"的东西,倒不如说艾耶尔是在用这些特征来解释必然性和我们关于必然性的先天知识;艾耶尔没有将语言约定和分析陈述之间的关系弄清楚,也没有将分析陈述之否定式到底是怎么回事给弄明白——只是给它贴了一个"自无效"的标签。

接着,我们讨论了邦茹就经典观点提出的一些反对意见,着重讨论了他对乞援于分析性和规定性的"隐含定义"这种根本无助于解释非经验知识的做法的驳斥。在简要叙述了邦茹对"隐含定义"以及与之相关的所谓非经验知识或先天知识的驳斥之后,我们认为,虽然邦茹对经典观点或"温和经验论"的批评有合理之处,但他并没有表明,即便对于涉及规定性定义词项的陈述,诉诸隐含定义的这种做法也绝不会有启发和帮助。

再接下来,我们概括地介绍了蒯因在《自然化的认识论》一文中的论证,并对其论证提出了若干反驳。我们注意到,蒯因关于物理主义本身的经验支持的整体立场涉及一种潜在的循环,而与此同时,我们还考察了舒尔登弗莱和克兰提出的若干可能的辩护线索。

最后,我们简要叙述了克里普克就厘清分析性、先天性和必然性所做的论证,包括先天可知的偶然陈述之存在性论证、后天可知的必然真陈述之存在性论证。他的某些关于先天偶然陈述的例子实际上牵涉一个单一的、既是先天可知的又是偶然为真的实体,对此我们也提出了一个反对意见。

拓展阅读

艾耶尔的《语言、真理和逻辑》(1946)是一部永久的经典。尽管它有其瑕疵,但我们不难理解该书所阐发的观点为何能捕获具有科学头脑的那代哲学家的心灵。我们强烈推荐邦茹的《捍卫纯粹理性》(1998),特别是其论述蒯因的"彻底经验论"和"温和经验论"的有关章节。彼得·伊尔顿(Peter Hylton)的《蒯因》(*Quine* 2007)对蒯因的全部哲学做了细致的考察,其中就有对自然化的认识论很好的讨论。菲利普·基切尔(Philip Kitcher)的文章《自然主义者的回归》(The Naturalists Return 1992)就许多哲学家所认为的自然化的认识论在哲学上的重要意义给出了一个极富同情的概述。蒯因和 J. Ullian 合著的《信念之网》(*Quine and Ullian* 1978)是蒯因著作中较容易懂的一部。它以一种较为亲近读者的方式发展了蒯因在认识论和方法论上的很多想法。Anil Gupta 的《经验主义与经验》(*Empiricism and Experience* 2006)提出了一个新颖、精致复杂的经验主义,想以此改善逻辑经验主义的那个版本。克里普克的《命名与必然性》(1980)对于所有那些想从事当代形而上学和认识论研究的哲学家来说是一本必读读物。弗兰克·杰克逊的《从形而上学到伦理学》(1998)颇有帮助地介绍了二维主义和仍在进行中的"坎贝拉计划"的框架。

6

重新定位分析性

6.1 导论与综述

在先前几章,特别是在第3章中我们看到,分析-综合之分的捍卫者和反对者两派之间的论争相当胶着,其议题涵盖认识论、语义学以及本体论等诸多根本性的议题。本章的一个目标是就蒯因和哈曼对分析性的攻击给出一个大体的回应。我们之所以会赋予哈曼这么一个突出的地位,是因为他的一系列反对意见最清楚、最直率而且最完整。尽管哈曼和蒯因可能并不会同意所有细节,但我们认为,哈曼对蒯因关于认识论,特别是语义学的立场所做的阐发相当的自然、有说服力。此外,其他许多反对分析-综合之分的哲学家也重装上阵,纷纷给出了与蒯因和哈曼的论证本质上一样的论证。因此,我们认为有必要对这些论证的结构加以澄清,同时对其做出回应。

在6.2-6.5节,我们将特别以一个类似于分析-综合之分的区分作为出发点。说其"类似于"而非就是分析-综合之分主要是为了避免那些接受我们所做的区分但却否认它"其实"是分析-综合两分的反对者指责我们是谬套论结。我们有理由认为,我们所建议的区分是一个有意义的区分,而且它削弱了哈曼和蒯因的许多论证。本书的部分目的在于厘清一些不同的但有可能被混为一谈的议题。因此,我们将接受蒯因和哈曼给出的一些论点,但在6.6节我们将表明我们为什么不认可其论证去除了所有有意思的、与分析-综合之分高度相关的那些区分。虽然我们会像人们通常所做的那样指称"那个"(the)分析-综合之分,但实际上我们认为存在着一族区分,它们背后的理论动机千差万别,而眼下我们只对其中的某些区分做出辩护。许多关于分析性的讨论有一个令人不满意的地方,即对攻击分析性概念所做的回应只是倾向于反驳反分析-综合之分论证,而没有为分析性概念提供一个积极的解释。由此许多论证陷入了僵局,而分析性概念的积极解释的缺席也被蒯因主义者视为一场不战而胜的胜利。我们多少有点更高远的目标。因此,我们希望提供一些所谓"分析"陈述的亚变种,给出它们的实例,以此回应那些反对意见,并表明我们的解释能够容纳来自分析性怀疑者的许多主要论点,而其他反对意见要么不过是谬套论结,要么糟糕得极不合理。我们的这一进路的一个缺点是,我们必须捍卫一个具有潜在争议性的积极解释。但我们认为这一缺点是有价值的,因为它提供了一种手段让我们可以更清楚地看到蒯因主义者的反对意见削弱了何种区分,又将何种区分保留了下来。

  蒯因及其捍卫者给出的反对意见中有一个重要且需认真对待的线索:即便分析性概念是一致的,他们(指蒯因们的论敌)的论证也没有任何哲学意义(参见3.6、3.10节)。我们对这一路反驳的回应将有一部分呈现在6.8-6.9节,它将勾画出一幅草图,而该图景表明我们提出的分析性概念也能够为蒯因们所捍卫的基础数学原理提供经验主义式的证成。最后,我们将在6.10节给出一个类比,借此希望将我们所考察的多路不同的思想线索拧在一起。同时,我们给出这一类比意在表明,本书所呈现的这些思想的主要倡导者所采取的视角在某个重要的意义上是"非强制的"。

6.2 绝佳案例:规定与数学

我们的着眼点将落在支持分析性的最佳案例上。我们认为,最佳案例是某种特定的明确规定。直至最近,莱肯还在为蒯因主义代言,试图为那种令人不安的明确规定辩言(Lycan 1991)。而蒯因本人明显有误:他允许明确规定是"真正显而易见的分析性实例"(Quine 1953,26)。后来,大多数蒯因立场的拥护者,包括蒯因本人似乎承认这是一个错误,而他们的一些主要论证(例如,我们在 3.9 节考察过这一论证:"假设和定义之间没有区别")明确否认了明确规定和其他"假设"或"假说"之间存在任何科学或哲学上有启发的、按照原则所做的区分。① 我们表示,我们可以做出这样一种根据原则所做的区分,而该区分能够开启一些哲学论题。同时我们还将表明,为何反分析性论证无法一般地作为反对我们这一区分的论证。我们将把一个类似的区分用于我们所认为的最佳案例上以此支持分析性的拥护者,它就是数学规定。人们向来认为,一旦哲学家摒弃了分析性,那我们就得被迫采纳一种对数学知识及证成的经验解释——如果我们不想求助于"数学直觉"的话。而我们认为,要是我们可以弄清楚如何在不同类型的陈述间给出一个有意思的区分,那我们就能探索出类似区分的应用,使之阐明各种显然是非经验证成的陈述,例如,数学陈述和其他一些陈述。

---

① 比如,哈曼在其《蒯因论意义与存在 I》一书的任何地方都没有注意到蒯因对缩写规定的接受。他确实没有为这种异议提供论证。而莱肯在其《蒯因世界中的定义》(Lycan 1991)一书中考察了以蒯因的方式给出这种缩写规定的可能性,不过,他的讨论以失望告终。

6.3 有一种陈述或可被合理地称为"分析"陈述

我们将用明确的规定性定义作为范例开始我们的论述。请再次考虑我们在 3.2 节引入的 frenchelor 这一概念。设想我们对一群英语说话者说,"Frenchelor 是法国单身汉"。假定这些人将该陈述理解为一个规定性的陈述。让我们进一步假定,在此之前他们中无人使用过"frenchelor"一词,而且他们都同意该概念只用于法国单身汉。最后,假定每个人都承认,不存在任何不利于"Frenchelor 是法国单身汉"这一陈述的经验证据。至于人们为什么会承认这一点,我们认为其确切的理由与当前所讨论的问题无关——也许在其他类似的场合中,他们被明确告知要把特定的陈述当成真的而且在经验上不可消灭,但经过一段时间的实践之后这个明确的告示就变得多余了;也许,当我们在过去许多类似的场合中说出这个陈述时语调向来就有微小的差异。

当人们把某种东西理解为在某场合中被明确给定的东西时,我们同样会说他们差不多"分有一个共同的信念"。在我们心目中,"分有一个共同的信念 p"不仅意味着他们全都相信 p,而且意指他们当中的每个人都相信其他人也相信 p。它是"常识"的信念类似物(belief‑analog)。我们有时会说,当人们分有一个共同的信念 p 时,他们"理解了 p"。

假如我们接受了这一切,那么当某个陈述之真、之不可消灭形成共识时发生了什么? 为了回答这一问题,让我们首先来考察"陈述"、"语句"以及"命题"这些概念,因为我们将在随后的讨论中用到这些概念。① 就当前的目的而言,语句是一种有结构的东西,它在

---

① 尽管为了眼下的目的我们会有意将这些词安置在我们自己的语境中,但我们认为,我们对它们的使用和许多哲学家的用法是一致的。

一个场合中被用作一种语言表达式,而这种语言表达式通常用于施行某个可真值评估的(truth‐evaluable)言语行为。这里,我们并不提供该概念的技术性定义。① 引入该概念主要是为了给出一组对照:其一,一个具有句法结构的东西(我们不关心它通常的用法,甚至也不关心其中所含语词之指称);另则,实际支配这个具有句法结构的实体在某个语言共同体内部的用法之规则或规范。我们认为语句具有明确的"句法形式"。一旦给定这一句法形式,它就可被用来决定,至少部分地决定何种解释是可容许的。我们确实认为,当一些规定被引入某个语言时,通常会有一些语法和解释的标准规则,作为背景这些规则给可容许的解释(它们为单个语词提供指称对象)强加了诸多的限制。

但是,眼下我们想把注意力放在支配某些表达式的那种规则上,而这些表达式并不由其所谓的逻辑或句法形式所决定。我们心目中的这种规则支配了那种大概可算作支持或反对语句之真的证据,以及(或)语句所表达的东西。虽然一旦给定其他已有的规则,语句的逻辑形式通常就制约了有关证据性关系的进一步规则,但是它并不完全决定这些进一步的规则。鉴于此,我们将引入"陈述"一词的特殊用法。陈述是一个语句,它带有某种解释或某些已被理解的、支配该语句用法的规则,而这里所说的规则可能包括这些规则——它们支配着与语句之真相关的证据。这些规则或规范将用于定夺该语句的断言是否恰当、为该语句的断言做出辩护、支持该语句和回应该语句是否为真等等。当面对一个被辨识为英语但其中包含有某个新词汇的语句时,我们也许不能单通过其句法形式就断定何种规则被理解为支配了其断言或真理性。正如读者们将在

---

① 我们还未曾看到有对语句概念令人满意的解释。最常见的解释是,某个人工语言的语句之集合是由句法结构的规则所"定义的"。就当前的目的而论,我们认为该概念已经得到了理解,而且是以这种方式得到理解的,即将某种东西刻画为语句并没有固化支配其约定性用法的规范。

下文中看到的那样,我们认为,某些语句的规定性用法是一种特别的用法。它将根据规则或某种特定的约定来使用这些语句,对此,我们将在下文中给出进一步的解释。

最后,我们依照相当标准的用法来使用"命题"一词,即,用之指称一个以某种方式关联于语句的抽象对象。但无论如何,我们并不会把我们交给任何特定的集合论或其他命题表征系统。它可被视为一个从可能世界映射到真值的函式,或一组可能世界,或某些可能的推理关系(这些关系本身维系着其他抽象物)中的一个位置。命题应该是一个抽象对象,其特征以某种有意思的方式呈现了一些规范,而这些规范支配着某个"表达了"那个命题的权威陈述。

6.4 摒弃"二维主义"

人们曾给过各式各样的建议来区分两种"语义内容",即自然语言中的某些语句所具有的语义内容和某个抽象的、涉及可能世界及其组成部分的抽象函式所表征的语义内容。例如,如果让我们来考察"我现在在这里"(I am here now)这句话,我们就能问这句话的语义内容是必然的还是偶然的。"二维主义者"倾向于区分两种不同的关联于这句话的语义内容。语义内容 C1 可以粗略地由这句话的子表达式的实际指称对象构成。C1 可被认为是某种类似命题的东西,其为真仅当一个特定的个体,即"我"的实际指称对象位于一个特定的位置(该位置是"这里"的实际指称对象)和"现在"所指称的特定时刻。"我"(说话者)的实际指称对象处于一个特定位置和一个特定时刻,而它们通常是偶然的,因此,可以认为语义内容 C1 是一个偶然为真的命题。对于应该如何理解语义内容 C2,不同的理论各有各的说法,在这里我们不打算概述所有这些理论。[①] 其中有

---

① 见 Chalmers(2006)颇有助益的概述。

一种关于 C2 的解释是照"特征"来的,即话语型(utterance type)的特征是一个从"语境"映射到命题或语义内容 C1 的函式。因此,在"我现在在这里"这个例子中,由于无论在何种语境中其特征总是将该句映射到一个命题,而该命题在语境所在的世界中为真,所以它的语义内容 C2 是"必然的"(见 6.7 节我们对 G. Russell 的讨论)。这里给出的情形和其他那些当代有关 C2 的解释是类似的,尽管它们在细节上更为复杂而且或多或少导向了不同的图景。

我们关于语义内容的这些讨论主要是为了区分以我们自己的方式刻画的分析性*和借由可能世界所构造的语义内容而给出的解释。我们并不反对所有这种构造。事实上,我们相信从它们那里可以学到不少东西。但我们有所保留地认为,根据支配陈述之使用的规范或约定来刻画类分析陈述和其他陈述是区分这两者的最佳方式;我们将特别着眼于这类规范,即支配着支持或反对这些陈述的证据的规范。一旦给定某些已被理解的规范,人们有时就能构造出一个形式上的"语义内容",而它在某些方面表达或刻画了那些约定。不过,我们拒斥这一想法,即真正用来解释分析陈述之独特地位的东西事关"指称限定词"(reference determiner)或将表达式映射到遍及可能世界的实体的种种抽象函式。我们认为任何解释路径都可以反向进行,但就解释而言,是语言约定解释了为什么可能世界模型以如此这般的方式构造,而不是倒过来(见 6.7 节我们对 G. Russell 论分析性的讨论;同样见 5.7 节我们对克里普克式的先天偶然"陈述"的讨论)。因此,我们同意许多二维主义者的看法:就一个类似于 C1 的内容而言,其附近还是会有其他一些类型与 C1 不同的"内容"。但是,我们并不认为刻画分析陈述之特色的最具启发性的方式是为其提供一个语义内容的可能世界表征系统。再说一遍,我们最担忧的是,虽然这种可能世界框架至少能够表征分析陈述独特地位的某些方面,但这种框架同样也会让我们错误地解释这一独特地位。而我们反倒认为,分析陈述的独特性最好借由支配其使用的规则或约定来把握。在我们这种较为宽泛的元哲学视角和卡尔纳普、蒯因以及其他许多哲学家的著作中所呈现出来的元哲学视角之间有一个差别,对此我们将在本章的最后一节予以考察。

6.5 分析性＊与T分析性

目前看来,陈述(在某一场合被使用/被理解的语句)是"分析的"的候选项。为了区别起见,我们将其称之为"分析＊陈述"以突出其特殊的、明确规定的技术性含义。我们将在本章稍后的部分讨论这一概念同历史上所讨论过的"分析性"概念之间的关系。①

将陈述当作与语句、命题相对的某种是分析的＊的东西有一些优点。首先,它显然为"分析的＊"一词的外延所涵盖。正如我们在先前几章看到的那样,分析性论争中有一个考虑因素是,我们根本不清楚何种东西可被恰当地称作"分析的"语句或命题。另一个优点是,它澄清了一些被混为一谈的例子,例如克里普克的某些"先天偶然"的例子。对于这种情况,我们可以说规定性语句"表达了那个命题",即那个在经验上可被消灭、同时克里普克也主张其为偶然的命题,虽然在那个场合中说出的那句话被当作一个陈述,但这句话不可能为假,也不可能在那个场合实际地表达一个虚假命题。

现在,让我们严格地阐述何种陈述是分析的＊,并对那些被证明同我们将分析性＊用于数学的建议密切相关的分析＊陈述做出一个重要的区分。当我们将那种特定的、不可消灭的规定引入我们的语言时,我们就引入了一个配位规则(coordinative rule),它与某个规定性的语句 s 有关:

---

① 就眼前一般的目的而言,我们并不区分"说话者的意思"和"约定意义"。我们将考察"最佳的"或"理想的"情形,在这种情形下,每一个人都对该进程有共同的理解。

(Stip) 语句 s 表达了某个在我们的语言 L 中的真命题 p。此外，命题 q，即 s 表达了一个在 L 中的真命题，在经验上不可消灭。任何经验证据都不能支持或反对 q 之为真。

一旦 L 的说话者将 Stip 作为一个用于言说其语言的配位规则接受下来时，我们就说 s 在 L 中或对于 L 的说话者来说是分析的 *。

分析 * 陈述集合内部也可做出一个更为重要的区分。注意，一般而言分析性 * 仅要求命题 q（即 s 表达了某个确实为真的命题 p）之不可消灭性，而不要求命题 p 本身的不可消灭性。在数学例子中，无论由规定 s 所表达的命题 p 是什么，它本身都被认为在经验上不可消灭。例如"2+2=4"并不仅仅表达了某个真命题，而且该命题本身也被认为不受经验反例的影响。这就引入了另一个概念"超验规定"(transcendental stipulation)：

(TStip) 语句 s 表达了某个真命题 p。此外，命题 q（即 s 表达了某个真命题 p）在经验上不可消灭。最后，命题 p 在经验上不可消灭（任何经验证据都不能支持或反对 p 之为真）。

让我们称分析 * 陈述（它同样是一种超验规定）是"t 分析的"。实际上大多数分析 * 陈述也都是 t 分析的。但是，在哲学家曾考察过的例子中有一些只是分析的 * 而非 t 分析的。尤其是克里普克的"米尺"一例以及与之相关的例子，比如埃文斯的"朱利亚斯"一例（见 5.7 节）就不是 t 分析的。我们来考察埃文斯给出的例子 J：朱利亚斯是拉链的发明者（如果存在唯一一个拉链的发明者的话）。就 J 被理解为一个不可消灭的规定而言，语句 J 被理解为表达了某个真命题或其他。其必要条件是"指称固定"。但是，无论被表达的命题实际上是什么，按照克里普克式的解释，它都是一个经验上可被消灭的命题。一个命题,即申言某个个体(他或她)发明了某种东西这一命题是这样一种命题,它接受经验证据的支持或反对。但这种例子难得一见,也许正是这一缘故才使其显得出人意料。就规定"通常"是超验的而言,即便我们知道表达偶然经验命题的语句是真的而且在某个意义上先天为真,我们还是发现该命题令人困惑、出人意料。我们认为,在两种不可消灭的规定之间所做的区分有助于减少这种例子带来的困惑。而且我们在下文将予论证:数学上的存在性主张可被当作规定性的主张,只要我们要求它们是超验规定性的而不仅仅是分析的*。也许曾有人基于克里普克风格的"先天偶然"例证认为,不可消灭的规定不可能和数学有关,因为不可消灭的规定无法保证由规定性语句所表达的命题是不可消灭的。但是,如果我们在仅为分析的*规定和t分析的规定之间做出区分,那我们就为数学规定(它们同样也需要被表达的命题在经验上不可消灭)的解释留下了余地。

在我们还未转向捍卫分析性*概念,使其不受针对分析性的主要反对意见的攻击时,我们留意到一些可能的误解。首先,我们来考察这一断言,即分析*陈述在经验上不可消灭。它可能认为,某些经验证据可用来反对任何语句之真,或用来反对这一主张,即一个给定语句表达了某个真命题。特别是,如果有经验证据表明某个语句并不由我们所想的那种规则或约定来支配,比方说,在我们自己的共同体内部就有这样的经验证据,那就可以论证其作为经验证据反对该语句之真或该语句表达了某个真命题这一主张。例如,由于我们所相信的是一个被广泛接受的规定或分析*陈述,我们原以为"榆树"就是指"一种树,它看上去像这张照片里的那棵树(用手指着照片)",不料后来我们发现,生物学家有了另一套何为榆树的标准或某些长得像榆树的树并不是榆树。难道我们因此就经验地发现了"榆树是长得像那个东西的树(用手指着照片)"为假?我们承认,这种例子当然可被算作揭示了某个语句(作为事质我们当其为一个规定性的、分析的 * 陈述)之为假的经验发现。但事实上,还存在着这么一些经验证据,它们同我们或其他人实际上所说的语言有关,同我们或其他人的共同体实际上用来支配表达式的规范有关,它们并没有表明不存在一个仍然可用于分析 * 陈述的"经验上不可消灭"的特别意义。长话短说,就"经验上不可消灭"而言,我们愿把不涉及语言的、纯粹的经验资料以及语言表达式(它们所在的语言也包括规定)的使用都包括进来。我们愿给这种经验证据打上"非语言的"标签。我们也意识到,这么处理有些含糊且不能完全让人满意。但不管怎么说,我们确实认为存在着如下区分:其一,关于语言使用本身的经验证据。例如,与某个给定的共同体实际上如何使用某个给定的表达式有关的经验证据、与什么样的规则支配着给定的表达式有关的经验证据等等;另一种是更加普通或标准的经验证据,它们并不是反对或支持某个使用语言的特定形式的直接证据。例如,如果有经验证据同给定成年人群体中有多少被算作是单身汉有关,那它就是后面这种标准型证据。若有证据关乎某个给定的语言共同体如何使用"单身汉"一词,那无论它们是否能正确地将其用于树或者人,该证据依然是前一种类型的证据。我们认为这一差别够清楚,它促成我们就分析 * 陈述和其他那些以同样特别但不是经验上不可消灭的陈述之间划出一道分界线。

我们曾反复使用"规则或约定"以及"规范或约定"来指称那种被理解为支配表达式用法的东西。理由是我们不想就是否存在真正的语言规范,以及支配语言使用者该如何言说、使用表达式的那类语言上的"应当"(ought)这种问题固守一个立场。但与蒯因不同,我们不认为一个表达式是否被用于经验假设或描述与其是否被用作规则这两者之间有一个可理解的差别,我们也不认为这一差别将陈述最初使用时的"后方"延伸到了日常使用。对此,我们曾在 3.9 节给过我们的理由。我们倾向于认为存在着规则和规范。但是,我们无需为了提供某种刻画分析性 * 的进路就为这一主张做出辩护。关键在于,我们认为我们可以为某些用于共同体内部的语句规划出一个特别的"用法特征"(use profile),而这一特征能够阐明那些在某些地方依然造成哲学困惑的差别。因此,我们的解释方案与以下这种可能性并不冲突,比如,我们有可能将某个语言共同体内部的约定呈现为多多少少被还原成行为倾向的那类东西。而它还与我们恰好持有的一个观点(该观点否认约定可以以这种方式加以还原)相容。但是,我们有关分析＊陈述之特殊地位的解释依然能就到底何为规则、规范或约定保持中立。

6.6 分析性＊如何回避对分析性的常见反驳

> 反循环论证:我们无法独立地根据一族内涵概念,例如同义性、必然性、意义或内涵为分析性给出一个解释。

这也许是针对分析性最著名的反驳,不过我们认为,我们在第3章考察过的拒斥循环论证的意见不甚强健,也没有多少哲学趣味。我们提到它只是为了抛砖引玉,以便引出更有意思的反对意见。在3.3、3.6节我们不光就蒯因和卡尔纳普之间的论争做了解释,我们还对许多哲学家为何没有发现那种显而易见的循环性指责做了解释,这里,我们不再重复其中的要点。我们关于分析的＊这一概念的积极建议具有这样的优点:它无需借助蒯因在《两个教条》中所反对的那些"技术性的"内涵概念就能给出解释。更确切地说,我们起用了更为日常的概念——规则或涉及语言表达式的约定。如前所见,哈曼曾试图为循环论证做出辩解,他论证道,"分析的"是一个技术性概念,不若常识或日常概念那样只能"循环地"加以刻画,分析性的捍卫者需要向我们解释,借助了其他技术性概念的"分析性"概念不会产生循环。无论哈曼的论证具有什么样的优点,在我们看来，规则概念是一个非技术性的概念，一个日常概念，我们可以将其用于诸多无争议的语境。我们甚至可以就一个共同体采用了什么样的约定或认为什么东西是一个规则给出行为主义式的查验。因此，就连一个强硬派行为主义者也无需抗拒这类概念。事实上，我们在第 3 章就已经注意到，蒯因本人也认可明确约定这一概念，他还认为我们可以把约定概念弄清楚（参见 Quine 1966,112,引文见上）。就此而论，除了我们在第 3 章看到的那些回应之外，分析性*还为蒯因关于分析性的"循环"忧虑提供了一个额外的回应。

  同义性的不确定性异议：无论两个任意的语句 A 和 B 是否意味着同样的东西，它们都是不确定的。而由于分析性本质上和同义性是一个概念（它们不难相互定义），所以，分析性同样也是含混(ill-defined)、不确定的。

  哈曼(1973,109-110)似乎认为，分析性的拥护者所犯的基本错误便是认为"和……意思一样"是一个等价关系而非近似关系。但我们的分析性*概念并不要求意义或某个关于同义性的真理理论，甚至也不要求在一般情形中存在事实上同义的东西。分析性*的倡导者所要求的不过是好翻译原则，这样，明显的分析*陈述就可被翻译为同样明显的分析*陈述。不过，许多人可能会认为，好翻译原则意在回应，或者说需要回应意义这回事，同时也需要拒斥蒯因/哈曼在这种情况下用有关意义的事实谬套论结反对它们。这里，我们的解释便很能说明问题：因为无需设定意义，甚至"和……意思一样"这种等价关系，我们就能捍卫这一主张，即好翻译（原则）维护了明显的分析性*；如果人们只是为了表明有一类陈述和其他陈述大有不同，那我们显然无需乞援于意义或同义性，相反，我们只需接受蒯因们所接受的东西——即制约好（或无论好坏的）翻译的原则。该事实极易被忽视。一般而言，蒯因及其捍卫者必定接受好(或无论好坏的)翻译原则。我们看到,在对塔尔斯基的 T 约定所做的任何解读中均出现了这类原则,对此蒯因是接受的(见 2.8 节)。我们还看到,在我们重现的蒯因同格莱斯、斯特劳森的论战中蒯因们很可能援用了这些原则(见 3.6 节)。我们不否认确实存在着意义,也不否认存在着那种要么能够被揭示出来,要么能够被规定为"和……意思一样"的等价关系。但是,我们用不着纠结于意义或等价关系这类东西的存在或本质就能引入像分析性*这样一个概念,因为我们可以诉诸蒯因和哈曼同样也接受那些原则,即制约好(或无论好坏的)翻译的原则。

这一点的重要性再怎么强调都不为过。因为,它提供了一条进路可以让我们放弃一些反"分析性"及其亲缘概念的核心论证。蒯因们所偏爱的解释主张,要证明分析性是合理的,必须先证明同义性或意义的相同性(sameness)是合理的。于是,他们就引入了一些唐突的论证(它们通常继承了蒯因在《两个教条》中的大致路向),并基于种种理由表明同义性这一概念是可疑的。再往后,由于争论变得冗繁复杂,以至于我们很难再跟进任何通过"好翻译"概念给出的"意义改变"和"理论改变"之分。但我们通常却没有察觉,蒯因主义者实际上并未就蒯因所建议的好翻译原则给出一个非谬套论结的,甚或大致合理的严格辩护(除非他是一位特殊意义上的蒯因式的行为主义者)。这里,蒯因们赚得一个修辞上的优势,也就是说,我们越是担心蒯因的好翻译原则是否被滥用,我们就越容易诉诸意义或同义性。这就使蒯因们得以转移到一个相对有说服力的位置上来攻击意义和同义性,从而避免了对翻译原则做出正面辩护。但当我们更多地来考察那些貌似合理的好翻译原则时,我们不禁又回到了一个看上去相当接近分析-综合之分的区分,而这一区分根本就无需诉诸同义性。

这里还有一个相关的论题,即我们究竟如何为好翻译原则加以辩护。若不诉诸意义并保持意义不变(meaning preservation),这一问题绝难出现,而且我们认为这一事实已使蒯因们免于面对严重的困难。哈曼声称,分析性的拥护者的根本性错误乃是将同义性当成了一种等价关系,而不是一种近似关系。对于这一点,我们的中心回应总结如下:蒯因主义者的根本性错误是,他们不仅没能注意到什么被算作好翻译这一问题隐伏于其立场的背景当中,而且也没能注意到一个非常合理的好翻译准则,即保留明显的分析性 * 概念不但维系着分析性概念而且避开了他们针对分析性概念的大多数关键反驳。此外,什么被算作好翻译这一问题似乎不能诉诸经验证据加以解决,而要说解决无非是诉诸语言学家实际上用到的经验事实。① 不过,一旦经验资料和蒯因的观点是冲突的,那么,即便这里所说的经验资料(也就是语言学家在翻译实践中用到的经验资料)也必然同蒯因主义者的优点无关。毫无疑问,如果语言学家的翻译实践不和蒯因的观点冲突,像哈曼这种蒯因主义者就可以声称,语言学家一定是学了一种"坏的哲学理论"(见下文有关"女巫/非女巫"的讨论)。但请注意,蒯因及其捍卫者并未回应这一事实,即什么被算作一个好翻译这个问题不在经验可解决的范围之内,它表明根本不存在好翻译这种东西,或者说,不存在这样一种翻译可能是什么"这回事"。②

确实,就什么应该被算作好翻译原则人们很可能会无休止地争论下去。但很显然,好翻译的合理限制在于:对于任何一个好的翻译,分析性 * 都应当被保留,最起码就某些哲学目的而言是如此(我们既不断言也不否认对于所有翻译一定得采用同样的原则)。举个例子,翻译原则允许将一个语言中的某个规定性定义翻译为另一个

---

① 这与"S 是 R 的好的英语翻译吗?"这种形式的经验问题截然相反,后者可以诉诸这种原则加以解决,因为它连同用以回答它的经验资料都被视为在背景中已经给定的东西。

② 有意思的是,哈曼似乎也认同我们:某些"语义"问题似乎只能"任意地"回答。见其对孪生地球这一思想实验的讨论(Harman 1999, 221)。

语言中的经验假设,但我们相信,这些原则看起来被纵容到了不合理的地步。而声称"从根本上来讲我们应该争取的不过是保留对语句的'赞同/反对'"又似乎远非合理,因为这么说太宽泛了,没有能够对何为正确的翻译做出限制。然而,对蒯因和哈曼来说,更糟糕的是,分析性*的拥护者可以出于一些目的直接就承认,较少约束的翻译——由那种蒯因主义者可以接受的、要求较低的原则所支配的翻译——无需被排除在外。蒯因主义者需要某种更具说服力的东西才能反对分析性*,也就是说,他们需要一个令人信服的理由来指出,好翻译所接受的限制并不包括任何使分析性*得以保留的必要条件。这里可能还是没有任何办法彻底地解决何为一个好翻译这一问题。但我们认为,分析性*的拥护者对这一问题所持的立场不仅可资辩护而且更加合理。

人们有理由认为分析性与同义性关系密切:在许多规定性定义的典型示例中,规定性定义被呈现为一种全称量化双条件式的形式,例如,

> 对于任何 x, x 是单身汉当且仅当 x 是未婚的且 x 是男人。

在一个被明确规定的双条件式中,我们很容易就认为该表达式与某个界定了它的表达式的意思是一样的。虽然我们也认可这种例子中经常表现出同义性,但我们并不认为分析性*通常也需要诉诸意义或单一的等价关系"和……意思一样"。我们确实起用了规则或约定概念,但是正如我们在拒斥循环性的回应中看到的那样,这种诉求即便在蒯因主义的框架内部也是可以接受的。

女巫/非女巫的异议:一些分析性的捍卫者(比如,格莱斯和斯特劳森)认为,哲学家们经常会就一个开放式示例陈述集合中的哪些陈述是分析的哪些不是分析的达成一致,而该事实表明,这类哲学家捞到的只是某个近似于"分析的"概念——不管他们是否能为

这一区分提供一个启发性的解释。然而,这只是说我们可以把一个坏的语言理论教给人们(特别是教给哲学家),并能将其用于做出某些哪怕并非真实存在的区分。这种一致(即便出现于开放式示例集合中)并不代表存在着真正的分析 - 综合之分,这就好比马萨诸塞州塞勒姆镇民[1692 - 1693 年间该地发生了美国历史上有名的女巫审判案,先后有二十人被处死(其中绝大部分是所谓的"女巫"),两百多人被逮捕或监禁。——译者注]同意谁是女巫谁不是女巫并不表示存在着真正的女巫/非女巫之分。

这一类比扩展了我们在 3.6 节引入的那一路反驳。首先,让我们来澄清这一类比。哈曼本人承认存在着女巫和非女巫之分:女巫是拥有超自然能力的女人,而非女巫要么不是女人,要么不具有超自然的能力。但他真正想说的是(见哈曼自己的解释,1967,127),根本不存在女巫/非女巫这样一个区分,使之既能符合说话者所意指的"女巫",又能让"女巫"这一集合有一个非空的外延。我们提到这一点就是为了防止有人误认为女巫/非女巫这个类比有助于揭示某些蒯因式论证所意在表达的东西,即不但事实上根本不存在任何分析陈述,而且分析和综合之间根本就不存在任何可理解的区分。哈曼的论点可重申如下:人们口中那些女巫的信众所相信的"女巫"和他们不称作"女巫"的东西之间根本不存在任何区分,或至少可以说,不存在人们所信从的那种区分。

着眼于这一限定,我们认为,哈曼的类比无法用于一个类似分析性*的概念。之所以如此是因为在女巫和分析的*例子中有着诸多各不相同的区分。要成其为女巫就需要某种特殊的因果配置(causal profile)。而与之不同的是,一个陈述要成为分析的*则需要我们以某种特定的方式使用并理解这一陈述。也就是说,分析性*可被视为是"回应依赖的"(response - dependent)。我们借用这一术语并非想说我们在明确规定的例子中所做的回应是无意向的(尽管我们的回应会用到像"美"这样的概念,以及某些哲学家所说的颜色概念)。据此,我们把分析性*概念称作"意向依赖的"(intention-dependent)概念,又将分析*陈述和其他陈述之间的区分称作意向区分。这种概念有很多例子。例如,象棋中的"象"差不多就是这样的概念。"象"何以成为象呢?大部分人很可能认为,其为"象"在很大程度上是因为我们把它当作象,并用特定的规则或约定支配其使用。这种概念应该被更恰当地称作"信念、意向依赖的"(belief and intention-dependent)概念,或"态度依赖的"(attitude dependent)概念。这倒不是说,这个被我们在某些场合指定为"象"的小物件具有特殊的因果力量能够解释我们为什么能如此移动它。总之,我们为其在某项实践中分配了一个角色,而且我们形成了某种需要被计入那项实践当中的意向。同样,使其成为语言词项的东西一开始就是来自于与之相关的信念和意向。而且,"信念依赖"和"意向依赖"这两个概念也不要求我们诉诸任何蒯因和哈曼所不接受的信念概念或意向概念。因此,尽管哈曼一再断言在一些情形中我们的意向同语句有关涉,但我们关联于语句的意向是确定的。因为,严格说来,使一个语句成为分析的*东西正是那种使人们具有与之相关的正确意向的东西。

作为"象"它具有因果影响力吗?对于"你为什么不把那个子挪到这儿呢?"这个问题,我们可能会宽容并相当自然地回应,"因为它是象,象只能走斜线"。回答中的"因为"一词使"象"这个棋子看上去是我们如此移动该棋子的因果解释的一部分。再次提醒,这样一幅图景是有道理的:根据某些特定的规则或约定,我采用了一个如此看待这一小物件的约定,而且,我所采用的那些约定使该物件成为了"象",我的这些心理特征是一个事实,它部分地、因果地解释了我如此移动该棋子的方式。不过,这种指派不具有任何神秘的力量。考虑一个更为复杂的情况,例如首相。在某些情况下,我们可能会说,某某人是首相这一事实建立在我们所采用的某个复杂的约定之上,它事关许多人的意向和行动。然而,作为首相也就具有了人事任命的因果力量,而不是首相的人则不具有这种力量。例如,也许只有首相能够宣战。一个限速的提示牌在这个意义上具有因果力量,即,它很可能使看到它的人把车速降至某个数值。但是,这种因果力量并不是女巫的那种"神秘"力量,它起因于一连串复杂的、相互交织在一起的共享约定和信念。① 我们在这里想要强调的重点是,存在着大量的、开放式的区分,它们类似于我们称之为"意向依赖的"或"约定依赖的"这种区分。在我们看来,"女巫"并不具有这种意向依赖的特征,因此也就有别于分析性*。

针对女巫这一类比还有一系列进一步的回应,它们与另一个重要的、由分析性引起的忧虑关系密切,即,分析性无法为经验科学(包括语言学和心理学)做出任何有意思的解释性工作。这其中的关联大致如下:在哈曼看来,分析性的真正(或至少重要的)问题是,它不能真正地解释任何实在的现象,就像女巫不能真正地解释任何实在的现象一样。我们不再相信存在着具有超自然能力的女人,也不再相信我们需要用超自然能力来解释她们古怪的行为举止等等,因此,我们现在太不该去相信存在着根据意义而为真的陈述。意义是种神秘的(在贬损的意义上)实体或关系,它就像传说中女巫所具有的那些特征。我们真正所需的解释根本用不着诉诸意义或其更加不合理的孪生兄弟——分析性。而且根本就不存在意义实体,也不存在某某和某某意思一样这回事。

接下来,让我们考察一个更为一般的反对意见的一部分。

"非解释性"异议:分析性没有解释任何经验现象。因此,它不是一个合理的概念,我们不该将其引入科学的哲学。特别是,诉诸分析性并不能解释一些陈述为何为真。"根据意义为真"根本就没有道理。还有,根据意义的知识我们也根本得不

---

① 对于这种在简单情形中的约定和信念的描述,读者可参见 David Lewis(1969)。

到有关某些真理的知识。暂且不论其他困难,例如,不存在意义,也没有同义性这回事,至少技术上就要求我们提供一个可接受的解释。

哈曼视非解释性(我们在 3.10 节处理过这一系列的非解释性异议)为反分析性的关键所在。我们承认,分析性未被证明是具有解释力的,但我们不认为因此该概念就是不合理的,或在一个贬损的意义上是"不科学的"。

回想一下,我们的分析性*概念并不依赖于意义或意义的相同性。出于这一理由,我们倾向于认为,所有那些建立在非解释性、不可理解性、意义之不存在或意义的相同性上的非解释性论证与分析性*是否合理、是否可接受通通不相干。我们不认为所有这些反意义或意义的相同性的论证是有说服力的。一方面,我们愿意接受哈曼的观点:无论是意义还是同义性如一些有语言学倾向的哲学家(例如 Chomsky 1975, Katz 1974)认为的那样解释了经验现象,它们充其量都是含混不清的。另一方面,我们也并不太担心我们接受了某些通常与意义相关联的抽象物,例如命题。稍后,我们将讨论这种抽象物,同时我们还将讨论"纯规定物"(pure stipulata)和"非纯规定物"(impure stipulata)这两个概念。不过,我们并不打算把对非解释性异议的回应寄托于上述讨论。我们将试着解释:通过分析性*及其亲缘概念,我们能够阐明认识论上那些令人困惑的现象,例如,信持某些陈述之明显的非经验证成等等。分析性*概念是有启发性的,但这么说并不意味着分析性一定是一个因果的/解释性的概念,除非它能澄清那些原本令人大惑不解的东西,例如,明显的非经验证成。

首先,我们来考察这个常见的说法,"分析陈述根据意义为真"。有种种企图想说明这一说法被证明是有问题的。在第 2、3 章我们看到,蒯因和哈曼至少就一些最具影响力的企图持有大量严厉的反驳。事实上,我们很难看出意义如何"使语句成真",也很难发现有关意义的知识如何就能解释有关真理的知识,而这一事实正是蒯因们反对分析性的理由之一。分析性＊在解释"根据意义为真",甚至"根据有关意义的知识来解释有关真理的知识"方面会做得更好吗?

我们愿承认哈曼和蒯因的看法,即分析＊陈述之为真——如果它们确实为真的话(下文将对这一点予以进一步的考察)——并不能由其意义或构成它们的语词之意义来解释,除非我们是在一个相当弱或相当笼统的意义上谈论它,对此,我们也将稍加讨论。不过,我们的看法是:一个被当作是真的、不可消灭的陈述由陈述(或已被理解了的语句)的意义构成。不是它们的意义解释了它们之为真,或它们被当成真的。而是,其为分析的＊正是因为它部分地被理解为是真的、在经验上不可消灭。值得注意的是,就眼下的目的而言我们并不必诉诸"意义"。如果乐意,人们可以持一种蒯因式的对同义性和意义的态度,并通过在好翻译过程中被保留下来的东西而不是意义来给出解释。因此,我们的观点大致上也可做如下改述:一个陈述之为分析的＊就是语言共同体将其当作是真的、不可消灭的。而且这一特征还在好翻译过程中被保留了下来。①

因此,我们是在建议一种"解释反转",它构成了我们对分析性＊所做辩护的另一个关键特征。接下来,我们将说明,我们为什么会认为我们的立场即便做此反转仍和分析性论战是有关联的。其他一些哲学家,例如维特根斯坦和石里克,也曾在另外一些地方给过一个类似的解释方向上的反转。② 哈曼认为我们有关语句的意向

---

① 我们认为,许多有关意义和同义性的主张可以以类似的方式借助好翻译原则加以改述,而且在其他的讨论中把这一点接受下来将能避免过多的重复,同时会有利于表述上的简洁。

② 比如,石里克曾主张,"同一性原则、矛盾律和排中律根本就对现实行为无所言说。它们只是在我们指涉现实时发挥着调控作用"(1985, 337)。类似的想法也出现在维特根斯坦后期的著作当中(比如 Wittgenstein 1994,第一部分 117ff. 诸节)。我们认为,我们根据语言共同体看待分析＊陈述的方式而将其视为真的在宽泛意义上与之类似。

(特别是我们认为其为真的意向)并不能保证它们是真的,这表明他本人也未必会拒斥这种对分析性的"反转解释"。

尽管谈论意义"解释了"陈述之真,或有关意义的知识解释了有关真理的知识是误导的,但我们认为,这种习惯上的说法在日常意义上也没有什么危害。例如,如果我们的孩子问我们是如何知道所有的单身汉都是未婚的,我们似乎就会很自然地回应,"这只是'单身汉'的定义而已,它的意思就是未婚男人"。笼统而言,是意义"解释了"那种我们正在考察的(分析∗陈述)明确规定之真。"单身汉"在一个相关语言共同体内部意味着"未婚男人",这一事实当然可被认为蕴涵了所有的单身汉都是未婚的,而且在这个意义上,我们有关"单身汉"之意义的知识能够"解释"我们有关所有单身汉都是未婚的这一知识。① 我们可以以特定方式来使用"单身汉是未婚男人",据此若将其正确地归为某种类似于规定的东西,那我们就能澄清与其证成地位相关的困惑。

即便这种笼统意义上的解释似乎也要求分析∗陈述事实上为真且是已知的,否则将没有什么需要解释的东西。那么,它们是否在事实上是真的、已知的或有正当理由的(justified)呢?对此我们的简短回答是,我们的立场是否需要基于这一事态还不甚明朗。人们也许可以随意地将其纳入真理、知识或证成的外延。若我们确实视之为真的、有正当理由的以及已知的,那么一切都将于日常用法之中流变不定,但就谨慎细致的哲学目的而言,无论是否有一个清楚的最合适的约定可用来认定一个分析∗陈述"真正地"是真的、已知的或有正当理由的,也无论是否存在好的非约定的理论证成能主张其中的一个方面,我们依然需要表明它们在事实上是真的、已知的以及有正当理由的。下边我们将给出一个略长的回答来回应接

---

① 经由表述在元语言中的主张到共同语言内部的主张标准移换(比如 G. Russell 2008,198)和"隐性去引号原则"就可以得到这一点。

下来的这一异议：

"它并不成其为真"：对某物事加以规定并不能使其为真，也不能对我们信持于该物事做出辩护。

请注意，在我们的回应中我们既不断定也不否认规定在认识论上有正当的理由。我们主张它们有着特殊的、规范性的特征，更为特别的是，这种特征是一种独特的认识性/证据性特征。就终极哲学目标而言，我们是否真的对采用一个规定做出了辩护事关进一步的深入思考，而且接受特定的语句为分析的 * 一事并不要求我们固守某一态度，只要我们能看到这一点就足够了。我们所抵制的只是这样一种想法，即规定要求某个知识性的或实践上的证成，以便使其成为某个连贯一致的实践的一部分。我们发现这种想法多少有些奇怪，例如，基切尔就对蒯因式观点的这一方面表达了同情。基切尔认为，规定性地引入的概念使得规定需要"保证"（warrant），即在有效的经验理论范围内经验证据能够支持其可应用性。他认为，我们需要这一保证来获知引入了规定性概念的规定之真理性。① 相反，我们认为，某个被规定性地引入的概念，比方说 frenchelor 这个被当作分析性 * 例子的概念，是完全一致的、可用的以及可理解的，它基本上与其是否有有意思的应用无关，而且它与涉及它的规定是否在经验上得到"保证"也无关。同样，由新的数学公理系统或数学规定所产生的新的数学分支也许之前不为人知，甚或也无预期的数学应用。我们认为，必须在概念的可理解性和涉及该概念的规定之真理性[一方面是概念在经验上的适用性（applicability），而另一方面是其丰效性（fruitfulness）]之间保有一个区分。

---

① 见 Kitcher(1983, pp. 82ff.)论"概念主义"那章。在同情蒯因视角的人当中基切尔绝不孤单，不过，他提供了一个范例。

我们注意到,分析＊陈述(包括数学陈述)并没有得到明显的"真正的证成",该观察对这类陈述的应用来说(比方说在经验理论的范围内)似乎是一道难题。如果我们(通过哲学家)所知道的仅仅是分析＊陈述也许并不为真,甚至也未曾证成,那么,我们如何能将其合理地用于科学,甚或日常生活？答案是:允许我们引入分析＊陈述的连贯一致的实践需要一些规则,它们制约着那些被我们引入的不可消灭的规定。不但任何过去的语句都可被用作分析的＊,而且它们仍旧同我们已接受下来的实践的其余部分是一致的。例如,我们不能单是断言某个尼泊尔村落的年平均降雨量是 32 英寸,并通过主张这是一项规定,或其为分析的＊来为该陈述辩护。理由是:该语句(以及其中的词项)已经有了规范或制约其规范用法的约定,因此,将其作为一项规定而引入就会同那些之前就已存在的约定不相一致。此外,分析＊陈述必须不能蕴涵任何同经验证据有关的陈述。① 简言之,允许我们引入分析＊陈述的实践,若其是连贯一致的(可理解的)实践,那它就有一些规则,这些规则制约着分析＊陈述的引入,而分析＊陈述的引入阻止了任何在我们或可称之为蒯因式实践中(其中,分析＊陈述被排除在外)不会出现的困难。产生自数学规定和某些经验主张的虚假的经验预测要么导致对经验主张的拒斥,要么导致移换到一个不同的数学理论。蒯因们或许会将这种移换说成是某人数学理论中的一个经验证成的转向,但在我们看来,这种错误的表述实际上源自翻译标准放得过宽。这里,我们不是说,允许将分析＊陈述用于某人的实践比起不接受它们在实务上更可取。我们只是在表明,引入分析＊陈述,而不是像蒯因们习惯性地将所有语句处理为某种类似"经验假说"的东西,根本就不会带来任何明显的实务上的欠缺。

---

① 见 Juhl(即将出版)。

> 异议:所有主张都是假说或"假设"。在假设(或经验假说)与规定之间不存在任何区分。

这一说法是我们在第3章(3.9节)所考察过的一系列推理的后果。这是一个怪异的状况,因为如何最好的理解它事关我们同蒯因们的争论。如我们在第3章所见,蒯因接受"法立假设"或定义,但是,他只是借此提到"行为",而未谈及它对后续语言使用上的"持久影响力"(1966,112)。哈曼这种蒯因主义者认为这是对实际语言如实的(true)描述,而当代那些接受了真势模态(alethic modality)的"改良派蒯因主义者"甚至说它如实地描述了所有可能的语言。不过在我们看来,它似为蒯因主义立场的一次表达,而非对所有可能或可理解的实践的如实描述。我们认为这一主张在用法上类似于"我们不瞄向人群"或"不应在餐桌上戴帽子"这类陈述。接下来,我们将针对该异议,即在假设和定义之间根本不存在任何区分,来考察一系列可能的阐释。

首先,蒯因主义者想将这样一种主张作为对实际的自然语言的经验描述,就像蒯因在谈论法立定义时表明的那样:法立定义对语言的使用不具有"持久的影响力"。然而如此解释,我们就会认为这是错误的,毫无疑问,倘若我们有时会做出明确的规定,而且也还从事数学的话,那么几乎每一个人,除了那些蒯因的捍卫者,都会认为这是非经验的。将数学处理为某种经验假说(见3.7节)是蒯因整体论的发展结果,尽管宽泛意义上的蒯因主义者对数学的解释(例如 Colyvan 2003;Kitcher 1983;Resnik 1997)给出了一系列富有思想性的辩护,但我们认为,这种处理还是给蒯因式立场带来了持续不断、令人不安的困难。蒯因主义者可以像他们心目中的经验科学家经常所做的那样,引入某个故事来说明我们为什么(虽然只是表面上地)实际上要以蒯因主义者认为资料应该所是的方式来解释资料(比方说,关于数学家行为的资料)。接着,他们可能还会给出一些故事,而这些故事旨在表明某个现在被当作真的的数学陈述何以可能(在认识方面)被"放弃",并不再被人们当作是真的。其中某个令人信服的故事似乎与蒯因式观点高度相关。任何人似乎在一开始不大可能通过对数学实践的检视就被带到某种有关数学的经验主义观点,从而独立地从先天哲学承诺转向某种强的经验主义。对于这个阐释,我们的第二个回应是想表明:从一个非蒯因主义的视角来看,实际的语言使用者是否会用某个特定的表达式来做这做那与某个可能的语言共同体是否能最好被解释为将某些陈述用作分析的*毫不相关。"最好被解释为"的东西很可能仍会在蒯因主义者和非蒯因主义者之间引起争议,因为蒯因主义者总是将"最佳阐释"仅仅当作"翻译",这种做法相当简略地(甚至在行为主义上是不充分的)对何为好的强加了诸多限制,但却没有更加合理并有启发性地保有分析性*。

对于"假设"或"假说"和明确的规定性定义之间根本不存在任何差别这一主张还有第二种阐释方案,它将这一主张处理为一个规范性建议,以便可以基于实务上的理由加以辩护。也就是说,蒯因们可能会主张,对语言实践(包括我们自己的语言实践)持一种蒯因式的"彻底的经验主义"立场是实务上最好的进路(也许,他们还会加上句"就从事经验科学而言")。对此我们的回应是,他们要能为其主张给出一个示例甚或一番论证。我们认为在这两种实践之间已别无选择。无论某人决定把"数学"当作是分析的*还是当作一个高度理论化的经验假设,只要他知道他在做什么,那他就很难看到前一进路所导向的经验科学之实践为什么发展得不如后一进路所导向的实践。总之,我们担心的是,要是一个人没有细致地将经验假说从诸多数学陈述中拣选出来,那这里便会产生许多的混淆(例如,对数学原理之经验证成所做的一些毫无成效的研究)。结果,一个始终如一的蒯因主义者很可能做科学做得和非蒯因主义者一样好。但是,假使科学家们采纳了蒯因们对数学的解释,那我们有什么理由认为科学会因此得以改善？对此，我们不得而知。但是，作为替代选项的非蒯因式实践不仅是可能的（无论它们是否描述了实际上的实践），而且它还会带来一些哲学上的好处。

F = ma 被认为是一项规定，但是它在经验上是歪曲的，其他一大批来自科学的例子也有同样的问题：在科学内部，曾经被视为是规定的东西结果却成了经验上可消灭的东西。例如，"F = ma"。牛顿曾认为它是一项物理定律，但后来的物理学家和哲学家认为它只是对"力"的定义。而再后来，爱因斯坦表示，质量服从的是一个完全与之不同的方程式……（其他案例多得不胜枚举）

如我们在第 3 章（3.7 节）所见，蒯因对由庞伽莱、迪昂以及卡尔纳普所暗示的整体主义做了彻底的推进，使之成为攻击分析性的强力线索。这里，我们认同蒯因主义者的看法，即，几乎所有的用于经验科学的非数学陈述都是那种经验上可消灭的陈述，在这个意义上，如果我们用这类语句来检验实际的或反事实的实践，那么我们通常就可以合理地认为其真理性被经验证据所否证。一方面，承认几乎所有的用于经验科学的非数学陈述在经验上可消灭是一个重要的让步，因为这一让步从逻辑经验主义者所接受的诸多例子中退了出来，而且卡尔纳普在其每个哲学阶段也本该将分析陈述的例子纳入经验科学。但在另一方面，这一让步同样也使我们无法回应那些蒯因主义者用以反对逻辑经验主义的丰富案例。我们认为，比起逻辑经验主义和卡尔纳普的主张，分析性*在实际的实践中的应用面要更窄。但我们也认为，许多明确的规定和数学陈述确实是清楚的非经验陈述，而且我们可根据约定性的规范（它们有别于那些制约性的经验假说，甚至也有别于高度"理论化的"假说）来使用非经验陈述。稍后，我们将相当详尽地讨论数学上的案例。

我们有可能以某种非常严密的方式,比方说,卡尔纳普提议的那种方式,来从事科学,而且一旦采用了这种方式,那么哪些陈述是分析＊陈述,哪些是理论假说就变得异常清楚了。然而,在大多数我们所能思及的现实的、非数学的案例中,我们似乎有很强烈的意愿去辨认(identify)遍及诸多理论里的实体和概念——即便这些理论动用了被规定性地定义了的概念,以及某两个不相容的理论中的规定。比如,在3.9节我们提到过普特南所给出的一个例子:物体的动量被科学地定义为其静止质量乘以其速度。一旦有了这一定义,它似乎就是一个分析真理,即物体的动量等于其静止质量乘以其速度。在牛顿力学的框架下,我们还可进一步认为如下这点是真的,即,动量在完全弹性碰撞过程中是守恒的。但是,正如普特南指出的那样,在狭义相对论框架下,动量守恒受到了限制,动量并不严格地等于静止质量乘以速度。这似乎转而要求我们放弃 M 是分析的这一主张。看起来我们早前对 M 是分析的这一主张的信念被证明是易错的——正如牛顿力学被证明是易错的,而且,它又似乎支持蒯因的立场,即分析－综合之分不是有帮助的(参见 Putnam 1983;Quine 1966a)。关于这类案例,我们的立场是,只要这种"翻译"实践(即在不同的理论中使用看起来是相同的概念)被认为在经验科学内部是可接受的,那么这类案例就表明,在经验科学中只有极其少量的分析＊陈述的非数学案例,甚或在某些领域中根本就不存在这种案例。和"素数"、"希尔伯特空间"这类数学概念,其至完全非数学的定义性概念不同,"动量"这种概念往往关联于因果规律。只要这些因果规律是一种经验事项,那么,经由联系于这些规律的关系所定义的概念就同样也会对经验资料负责——即便我们一开始引入这些概念的方式看起来是规定性的。正是因为这一点,我们常常会看到分析＊陈述的清楚案例(除了那些数学陈述)并不在经验科学的领域,而在经验科学的领域,主要的科学目标是分类,而非因果解释或预测,其中根本就不存在不言自明的经验规律的理解背景。哈曼的全部家当中有着大量的反对意见,它们有的是直截了当的,有的则暗含于行文当中。我们将同这些形形色色的反驳做个了结。

分析性*并不解释逻辑知识。(因此,被当作分析性引入的主要案例毫无帮助。)

在引入分析性*概念的时候,我们预设了一个固定不变的逻辑背景和语法(通常意义上的"语法")。因此,我们诉诸分析性*并不意在对逻辑背景本身提供一个解释。回想下第3章的内容,蒯因也曾针对这一想法,即逻辑也许是(分析)真理的约定性规定,给过一个类似的反驳。蒯因指出,从这种所谓的约定出发层层推理的做法预先设定了逻辑,而它们本该是我们要规定的东西。如何防止类似的反对意见针对到我们的解释呢?

在谈论逻辑之前,我们想做两点澄清。首先,我们并不装作我们已经为所有非经验知识及证成提供了一个彻底的解释。逻辑问题的处理特别困难,我们也并未对其提供一个解释(关于逻辑的进一步讨论可参见第5章"分析性和认识论")。眼下更为重要的是,我们不认为人们需要解决掉所有情况中的先天证成的问题,才可以阐明其中一种重要的类型,即这样一种情况:分析*陈述被某个语言共同体理解为明确的规定。本书的目的之一是厘清各种缠结在一起的论题。我们也不认为人们只有解决了逻辑原则的地位问题以及采用这些原则的证成问题,才能清楚地表明一些陈述在与经验证据的关系方面与另外一些陈述有着重要的不同。

有一个议题可能让读者们忧心忡忡:由于这类原则同样对经验资料负责,而我们有关资料的最好的总体理论可能在某种意义上包含逻辑原则而不是经典逻辑,据此,假设我们采纳了某个受蒯因启发的对逻辑原则之证成的解释。接着,如果我们认为,我们"最好的总体理论"动用了同样的非经典逻辑,那么,数学就会被包含于那种"最好的总体理论",而且我们还会被迫改变我们的数学。这一问题很复杂,但在这里我们会开个头,为分析性*给出一个简单的回应。某个已经认识到分析*陈述的共同体不仅还在继续从事"经典数学",而且对"非经典数学"的新发展也有所考察。事实上,这正是"直觉主义逻辑"表面上所发生的一切——尽管到目前为止,大多数数学家采用的还是经典逻辑而非直觉主义逻辑。我们意识到,如果我们最好的、基础性的经验理论的语言之逻辑是非经典的,那我们本该放弃当前的数学。对此,我们无法给出一个非谬讨论结的论证。而且,正是在这个有限制的意义上,我们同意卡尔纳普对这类问题的态度(参见 2.2.2 节)。

我们还远远不清楚我们是否能够基于经验资料给出一些总是可被真正理解的修正版逻辑。蒯因、普特南还有其他许多人反复引用了一个被认为可替代经典逻辑的例子,即量子力学的"逻辑"(参见 Quine 1953, 43; Putnam 1979, 174-197)。历经五十多年的种种研究之后,"量子逻辑"仍旧毫无进展,其结果只是向大众普及了物理学。而且,就我们所知,关联于量子逻辑发展的诸多问题并不是经验问题。相反,它们首先是一些概念问题。改变一个理论的逻辑背景的东西究竟会是什么呢?状态空间的因果结构,甚至数学结构究竟得和"逻辑"发生什么呢?到底什么是逻辑?对于这些方面我们并没有一个不得不接受的解释,有的要么是带有强烈推测性的主张,要么是含糊不清的主张,它们的大意无非是说,量子系统"服从的是非经典逻辑",眼下它确实无法促进蒯因式彻底经验主义有关逻辑的事业。也许明天它会有作用,但现在还不行。

关于我们的观点,我们还应指出最后一个隐忧,即我们预设了一个逻辑背景,甚至为数学实践也设定了这样一个背景,然而,我们未曾就逻辑和数学这两者提供任何清楚的区分。集合论是逻辑,或数学的一部分吗?部分整体论呢,它是逻辑的一部分吗?只要人们能否以某种哲学上有启发的方式来区分逻辑和数学还大有疑问,只要人们因此被迫采用了一种关于我们的知识或逻辑证成(这种逻辑证成与我们将数学陈述当作 t 分析陈述的后承不相一致)的解释,只要我们被迫放弃了下文中所出现的那种数学解释,那我们就承认在这一方面我们并不确定。但是,这样一种结果是否会影响到我们(部分原因我们刚刚已经讨论过了),是否会影响到其他许多与逻辑有关的难题以及逻辑和数学关系还尚需进一步的观察。

分析性*并不是分析性:"我们可以接受你们的分析性*概念,但它并不是历史上那个分析性概念。还有,就算我们接受明确的规定,它和大部分假设的例子又有什么关系呢?"

我们的分析性*概念当然不能解决所有那些困扰逻辑经验主义者的认识问题,但他们却认为分析性这个概念能够被用于数学、逻辑,F = ma 这类理论原理以及各种看似先天的知识片段,例如色域互斥原理。是否会有某些概括了分析性*概念的解释可被用来阐明范围更广泛的明显的先天知识呢? 对此,我们持不可知论,但我们也抱有希望,不过我们不能提供对逻辑的解释,也不能提供对某些有关先天知识的案例,特别像色域互斥这种例子的解释。因此,我们为分析性*所做的辩护可能被认为是对一种分析性的辩护,而不是一般地为分析性所做的辩护。只要数学陈述是分析*陈述的某种有意思有特色的亚变种(我们将在下文中予以论证),我们就会说,我们为这两种分析性都做了辩护。

倘若有人坚持认为分析主张根据意义为真这一陈述本身是分析的*,而且"根据"这一关系应该是解释性的,那我们倒也乐于承认,我们并未在捍卫任何分析性概念。① 在这种情况下,我们就一种重要类型的陈述和日常的、经验的"理论假说"之间的区分做了辩护,该辩护应该被视为以下这一计划的一部分,即清理分析性拥护者和蒯因式彻底的经验主义者之间千头万绪的论争。我们并不打算也不试图维护逻辑经验主义者的"温和经验论"。我们不拟表示,人们可以像维也纳学圈期望的那样,无需借助任何先天直觉就能获得对所有知识和证成的根本性解释。只要人们认为"分析的"一词的意义本质性地(分析性地∗?)关系到温和经验主义者整体计划的成功与否,我们就不再声称分析性∗是分析性的一种。

不过,我们认为,我们有相当不错的理由主张分析性∗是一种类似于分析性的概念,它的发展启迪了一批哲学问题,而这些哲学问题在蒯因式彻底的经验主义者、先验论者同一小群私密的温和经验主义者,以及那些数量庞大且日益增长的热衷于部分、模态还有语义形而上学问题的传统形而上学家们之间持续进行的多方论证较量中依旧晦暗不明。只要我们将分析性∗概念从它周边的概念中解放出来,同时表明,它不仅能够就蒯因们对分析性概念的猛攻为自己做出辩护,而且至少可以用于某些明显的非经验知识及证成的例子,那我们就算成功实现了我们的中心目标。

6.7 对分析性其他两个进路的简要评论

作为一种手段,我们引入分析性∗是为了清楚地显示分析性与其他一些进路之不同,这里,我们将简述我们对当代两个重要进路的态度。在讨论它们之前,我们应该注意到,我们为何没有为或称作"弗雷格分析性"(Frege‑analyticity)的东西代言,而根据这种分

---

① 理由见上,我们认同蒯因的观点,意义并不解释真理或证成,不过这只是在一个非常弱且多少有些误导的意义上成立。同样见我们在6.7节对拉塞尔这一进路的讨论。

析性,分析真理是指那些通过同义词的同义替换产生出逻辑真理的真理(见1.5节)。一个原因是,我们不想捍卫同义性,就像我们在先前的章节中表明的那样。另一个原因是,我们认为弗雷格的解释在一般性上不够充分,因为它并未明显地允许将数学上任意的规定性公理纳入分析真理的集合。其三,我们认为,弗雷格分析性这一概念本身并没有清楚地显示出规定性定义在认识上特有的面貌,就此而论,它也没有针对蒯因们的反驳给出回应。虽然在这里我们不打算维护弗雷格分析性,但只要我们知道我们的进路最起码可以自然地将某些陈述纳入分析真理的集合就可以了。

进路1:分析主张是这样一些主张,即否认它们的人暴露出某种理解上的不能、语言能力上的不足,或者说,否认分析主张的那些说话者在有意采用某个表达式的另外一种用法。

我们相当同意进路1的一般性看法:否认分析真理(例如"所有正方形都有四个边")的那些人暴露出这样一个问题,即他们无法理解它的某些子表达式(例如"正方形"),或者说,他们在以某种不同的方式使用它们。① 不过,虽然这一看法颇有可取之处,但我们认为它还是隐含着重大的缺陷。其中的一个困难是,它没有清楚地显示出采用这一进路和承认分析真理具有某种认识上的独特性或在认识上有特殊的地位这两者之间有什么样的联系。例如,如果有人否认圣诞老人生活在北极,那么这就表明他没有理解"圣诞老人"通常是怎么用的。但是,这一观察并不明显地联系于我们知道圣诞老人生活在北极这一陈述的方式,也同我们是否知道这一陈述无关。甚至,我们似乎需要在这一"判别"过程中知道该陈述的真假。同样,对于数学上的例子:否认基本算术主张的人也暴露出他们没能理解

---

① 这一进路有一些支持者,比如 Glock(2003)。

这些主张的标准用法,但是,这并不意味着我们知晓这类主张,甚至也不意味着对这类主张的信念得到了辩护或为真。

我们的第二个担忧涉及所谓的"语言能力"。① 对于进路 1 的不同版本,它们所说的语言能力可以有所不同,但是作为一个大致概括,我们关心的是,什么叫做对自然语言中的词汇具有语言能力——它似乎很难刻画。我们不甚清楚,我们是该算作在语言上能力不足的人而不接受词项的赋义(meaning‐giving)陈述,还是一个好的翻译方案应当保有某些支配陈述的规则。设想有人将"存在着素数"这个句子用作经验假说,并为该假说提供了一个连贯一致的解释,包括那些算作反对或支持其为真的东西。他们解释了为什么我们其余的人会深陷一个常见的错误观念,认为该语句不是经验的。这一思想实验还可以进行下去,直到其变得更加丰富,使我们不再倾向于认为这些人在语言上能力不足。虽然如此,他们很可能在使用这些语句或表达式方面与我们非常之不同,而且正因为如此,他们决意不把他们那句"存在着素数"翻译为我们的语言,我们爱怎么用这句话就怎么用。另一方面,我们还是倾向于认同进路 1 的拥护者的这一主张,即对语言能力应该有所限制,但我们不会明确表示它正确与否。尽管如此,我们认为,我们借语言规则(包括那些被允许视为支持或反对某些特殊陈述的证据)为理解分析性,特别是理解分析陈述特殊的认识地位提供了一个相当直接的路径。

> 进路 2:分析陈述是这样一些陈述,它们的真由涉及子表达式的指称限定词的诸事实所保障。

吉莉安·拉塞尔(Gillian Russell)的新作《根据意义真》(*Truth*

---

① G. Russell(2008, 203‐7)讨论了有关诉诸语言能力的一些问题。Williamson(2007, 73‐133 第 4 章)呈现了一个精致复杂的论证,它反对在解释分析性时诉诸语言能力。

in Virtue of Meaning 2008）就采用了这一进路。虽然我们无法在这里对其立场做一全景式概述,也不可能提供我们的立场与其立场的关系,但是,我们觉得有必要就我们同她的进路之间的主要差别做一简略的描述和解释,因为她所呈现的进路 2 要比其他人所给出的版本更加细致和清楚。当然,也许还有其他一些充实进路 2 的途径,能够免受我们下文中的各种指责。但我们以为拉塞尔的著作值得被视为进路 2 的"典范",因为她细致详尽地探索了这一进路,使其立场最终成为一个大致合理、可辩护的立场。

拉塞尔首先把捉到一个有意思的见解——"根据意义真",其中,意义是关联于个别语词的东西,而且意义和整个语句的真值藉由构成语句的语词之意义得以解释。她从事于一种或可称作"形式语义学"计划的事业。她认为,有一些语句的真能够从各种有关语词意义的前提出发,经由某种类似于计算或证明的东西得以确定。拉塞尔的进路同样也建基于可能世界语义学框架。她借助所谓语词的"指称限定词",将语词的指称对象规定为"话语语境"（context of utterance）以及某些情况下"引入语境"（contexts of introduction）的一个函式。粗略地说,"引入语境"是这样一种语境,其中,某一词项经由某种类似于规定的东西——通过某个"实指"（ostensive）定义或描述语——被首次引入。说得再粗略一些,拉塞尔的观点是:一些语句多多少少有点特别,我们为了某些哲学目的值得去把捉这些语句,而且这类语句可使任何关于它们的记号表征或话语在其话语语境中为真。尽管她的区分并不直接关联于认识问题,但是,以下情况也极为常见:除了语句之真事实上由关于其语词的指称限定词的诸事实所确定以外,有能力的说话者也常常可以借唯一联系于语词的"指称限定词"的诸事实知道这些语句为真,而无需诉诸其他的经验事实——其中不包括那些对涉及指称限定词之前提加以证成所必须的经验事实。①

拉塞尔观点的第二个组成部分同指称限定词、语境以及那些源自克里普克、戴维·卡普兰著作之"特点"的解释有关。她给出了以下区分,即能够被很自然地描述为"根据意义为真"(此处,意义是指那些关于指称限定词的事实)的语句和在其所有的话语语境中并不为真的大多数语句,并解决了这一区分的诸多细节问题。

尽管我们不是在捍卫某个经验论者的观点,但我们自己的进路多少受到那种认识论上的关切所激发,这些关切不仅激发了逻辑经验主义者,而且似乎还常常处于分析性和先天性论争漩涡的中心。虽然拉塞尔多多少少对其分析性的语义学进路最后会和那些哲学家们曾经有过的认识上的关切如何发生联系抱有兴趣,但她首要的关注点似乎在于语义学而非认识论。如果分析性被证明同先天性没有任何有益趣的关联,那她大概不会感到不安。事实上,在她书中的最后一章,她明确认同蒯因主义者的看法,而对先天证成或知识大加怀疑。我们和拉塞尔的进路还有一点不同:我们愿为分析性提供某种解释,借以表明它饶有益趣地联系于那些曾被认为是先天知识的东西,例如数学知识或证成。她的进路本质上对数学规定的证成无所言说,或许在拉塞尔看来,分析性无法给出一个显豁地将数学主张同经验主张在其证成方面颇有益趣地区分开来。我们认为数学规定和非数学规定共有许多重要的特征,而且这一点有可能清楚地显示出数学认识论的独特之处。与此形成鲜明对照的是,尽管拉塞尔如此声称,但她的分析性概念似有可能兼容蒯因的看法,而且数学可以以证成其他理论主张和实体的经验方式得以证成。

与拉塞尔不同,我们不太想将当代有关"指称限定词"和可能世界的哲学语义学理论全然收入眼底。虽然在本书中我们不会怀疑

---

① 关于拉塞尔观点的诸多细节,读者可参阅她那本写得非常清楚的书(Russell 2008)。

这一主流进路的重要性,但在我们回应蒯因、哈曼及其同情者时也不会过分倚重于这一框架。我们先前就已看到,蒯因主义者对许许多多的"内涵"实体和理论设定,比方说,涉及可能世界的解释性框架抱有怀疑,但我们担心,在分析性论争中预设这一框架来做出回应怕是谬套论结。①

也许拉塞尔和我们的进路的主要不同在于,她想当然地在辩证语境中给出了种种主张,而我们认为这些主张需要论证。其中,最关键的一个主张同规定有关。拉塞尔在其书中对何为规定所言甚少。但其少量的言论表明,她想当然地认为有关"指称限定词"的种种规定"取决于我们",甚至在某些情况下"取决于我"。因此,如果"单身汉"一词是通过规定初次引入的,比方说,"设'单身汉'一词指称所有未婚男子且仅仅指称未婚男子",那么在她看来,作为配置"单身汉"一词的"指称限定词"本该在此时就固定下来(2008,208,脚注6)。她在其他地方说到(211),即便她误解了用以决定"单身汉"一词之指称对象的事实,那也不会改变这一事实,即"单身汉"一词在她本人的习惯性用语中指称所有未婚男子且仅仅指称未婚男子。我们并不打算同其争论这种决定指称的事实是否"取决于我们",甚或在某些情况下"取决于我"。但我们确实不认为有人可以在严肃的哲学讨论中、在就蒯因主义者的反驳做出辩护的过程中持如此想当然的看法。我们已经处理过了蒯因们的那些反对意见,但不出意料的话,蒯因主义者很可能会如此回应拉塞尔:"请注意,拉塞尔女士,单单断言或'假定''单身汉是未婚男子'是一项'固定指称'无异于一场徒劳无功的努力,因为,语句之为真并不能保证该断言或假定亦为真,即便在你自己的个人惯用语中(就算存在个人惯

---

① 我们大体上赞成拉塞尔的观点:蒯因们的反意义的论证不具有说服力,因此我们在构造"分析的"这一概念时应该无视这些论证。但我们担心许多蒯因的支持者会说拉塞尔的说法中也有大量的谬套论结。我们将在下文中再多谈一谈这个问题,届时我们会考察一些案例。

用语这种东西)也是如此。结果可能会是,我们有关世界的最佳总体理论包含有单身汉指所有未婚男子且仅仅指未婚男子这一主张,但结果也可能不是这样。如果不是这样的话,那么,若从我们当前语言到后一种语言(其中包含那个最佳总体理论)的好翻译方案可以谐音地实施翻译,那么在这种情况下,单身汉是所有未婚男子且仅仅是未婚男子这一陈述就被表明原本是虚假的,但是,你或你的共同体却坚称它在当前是……"等等。拉塞尔根本没有把握住这一辩证过程中的全部面相,而这正是分析性论争的关键所在。

另外,我们之间还有一个差别,即她的解释在根本上诉诸那些关于"指称限定词"的事实,而我们的进路则着眼于我们认为更基本的、有关规定(以及其他那些按标准说法不涉及经验证据的陈述)之本性的现象,这类现象所涉及的陈述(拉塞尔至少能同意其中的许多案例)决定或解释了那些有关指称限定词的事实。除了她对规定所做的最低限度的解释引发了关注之外,就这一论题而言,我们的这一进路还使拉塞尔面对着一个进退两难的困境。要么由意义决定的(meaning – determining)规定是可接受的,而且就某种意义而言,它在经验证据或其他实务支持缺席的情况下保障了规定之真,要么它们并非如此。如果它们确实并非如此,那么蒯因就是对的,而在这一方面拉塞尔本人的进路也就并不比我们的进路进展得更顺利。也就是说,与我们和拉塞尔的观点截然相反,蒯因是对的:"单身汉是否指称未婚男子"并不"在某个意义上取决于我们",而是事关对实在的"最佳总体理论"的进一步经验调查。此外,无论什么样的事实会最终"决定指称",它们对于某个语言或那些借 L 语句表达的语句(sentence – qua – sentence – of – L)(这类语句的词项指称它们应该之所指)来说都并非不可或缺,而且这类语句并非和其他语句有着根本性的、语义学或指称上的不同。另一方面,如果规定在某个重要的意义上像我们相信的那样被"保障"为真,那么我们就有可能解释"单身汉是未婚男子"这一陈述之真如何由对规定的正确说明所保障,从而不必诉诸"指称限定词"这种东西。拉塞尔大概不会同意这一点。她似乎认为,对于我们在任何相关"语境"中如何知道各种语句之为真的正确解释必须借助有关指称限定词的诸事实,以及有关语词之指称的元语言主张[这些主张根据"连接原则"(linking principles)用于证成对象语言中的陈述]。但是我们不明白,为什么诉诸那些有关指称决定(reference-determination)的可经验证成的陈述对于规定之证成是必不可少的。此外,如果说这些元语言陈述的证成事关指称之决定,那么,在我们看来它们就需要诉诸规定,而这些规定本身被认为要么是有着正当的理由,要么用于证成进一步的元语言主张,接着用于证成对象语言中的陈述。

举个例子,让我们来考察拉塞尔对"单身汉是未婚男子"这一陈述的处理:

前提1:"单身汉"指称所有未婚男子且仅仅指称未婚男子。
[证成(?):有关约定或"单身汉"一词之规定的经验事实]
结论:单身汉是未婚男子。

拉塞尔大概会以为该结论已由这一论证所证明。但是,前提1是如何证成的呢?引入这一前提又有什么样的正当理由呢?对此,拉塞尔并没有充分的说明,不过,她所谈到的内容(2008,208-11)表明,她认为前提1的证成涉及诸多事实,而这些事实同某一相关共同体所采用的规定有关。她似乎认为,某个由规定给出的陈述证成了前提1和其他类似的前提,而且前提1对于证成"单身汉是未婚男子"这一陈述是不可或缺的。

相比之下,我们会认为,我们可以给出一个同样好的说明而无需动用那些有关语言使用者及其决策的经验事实。假使我们被要求对"Frenchelors是法国单身汉"予以证成,我们就会说,"这只是一项规定"。更为形式化的表征也许要包括规则"Stip",它允许我们在论证的任何阶段都可以引入某项规定。在这种论证中,结论"单身汉是未婚男子"的证成就同拉塞尔心目中的东西截然相反,它不再是经验的了,这就好比"设 a = F(b)"(一项关于常项"a"的指称规定)将含有它的数学证明变成了经验证成一样。这种数学论证的结论无法通过有关数学家共同体的事实以及他们所采纳的约定加以证成。就此而论,单身汉是未婚男子这一结论也同样如此。

我们提出这一点倒不是为了反驳吉莉安·拉塞尔的观点。再说一遍,我们可以同意她在这一论题上的大部分观点。我们之间的不同更多地是侧重点上的不同,即大家对何者是哲学的重心、何者具有哲学上的启发性认识不同。我们认为,诉诸有关指称限定词的经验事实并不能像我们在对分析性的解释说明中所做的那样,清楚地显示出规定或数学陈述所特有的地位。虽然我们也赞同诉诸指称决定这一想法,但我们以为,这类事实只是体现了那些独特的作用,而没有解释它们。诉诸有关决定指称的诸多事实这一想法是解释性的,它可以部分地解释拉塞尔为什么没有接受蒯因们和哈曼们的论证。我们还认为,要对规定以及其他那些哲学上(认识上)的令人困惑的陈述之特殊的认识地位做出更具启发性的说明,就需要我们对规定本身加以详尽细致的阐述,因为拉塞尔的说明和其他大多数我们已经有所察觉的说明一样,想当然地把规定接受了下来,而没有解释规定如何在认识上或语义上与众不同。

6.8 作为 T 分析性的数学主张

反分析性的一个后果是,它需要为基本的数学原则之证成提供一个替代解释方案,即"经验主义的"解释。在蒯因主义者看来,数学真理是由科学理论的成功应用来给出证成的。尤其是,无论什么样的数学原则,它们都需要本质性地或"不可或缺地"诉诸经验解释从而使经验理论作为一个整体(包括其"数学的部分")获得经验上的支持。① 通常,蒯因们会强调,将这种经验解释用于物理学是重中之重,刻下我们将考察这类应用。

这种对数学的经验解释的主要问题是,它似乎是错误的而且错得相当明显。即便在深入考察了蒯因主义者的诸多论证之后,对于许多人来说,他们的建议也依旧不可信持。事实上,数学家们通常会在其正常的数学活动中无视经验资料——至少会无视蒯因们声称的那种用以支持种种数学原则的经验资料。

蒯因主义者曾通过各种途径来处理这一看起来会对其观点构成毁灭性打击的反驳。正如我们在 3.7 节看到,蒯因本人的进路是想通过其"信念之网"这一隐喻让科学家所相信的某些语句"远离外缘",从而"靠近信念之网的中心"。蒯因承认,我们不太可能基于经验资料对算术陈述做出修改。但他认为,就实践目的而言,它们在经验上的不可消灭性是如下这一事实的结果,即算术语句在各种各样的科学应用中发挥着重要的理论作用。它们因此以非常复杂的方式联系于信念之网中的其他部分。所以说,任何对我们算术信念的修改(也就是我们所"赞同"一整套语句都发生了改变)都将是对其他许许多多的信念非常复杂的修改。这种修改的总体代价在实务上将不可承受,因此蒯因认为,这就解释了这种修改为什么如此罕见,甚至几乎不存在。

在《分析与综合》(The Analytic and the Synthetic Putnam 1975,33ff.)一文中,普特南针对蒯因式图景提出了一系列重要的反驳。我们在 3.8 节注意到,普特南质疑蒯因的这一想法,即分析真理,例如数学公理,(通常)免于修改是因为它们处于信念之网的中心位置。普特南竭力主张,蒯因的做法恰恰是一种倒退,因为他居然认

---

① Resnik(1997)根据蒯因的数学经验主义发展出一个精致复杂的版本。Colyvan (2003)认为,蒯因的观点借助了各式各样的不可或缺性论证,而且弱化了我们对理论假设的"因果"要求。Kitcher(1983)所做的精致辩护虽不直接来自蒯因,但它在很大程度上也赞成蒯因的经验主义和"自然主义"。

为算术在经验上的不可修改是由于它和信念之网的其他部分有着许许多多的联系。我们不难发现其中的问题:虽然有许许多多的联系会产生高昂的修改代价,但同样也有很多联系可以在应用时以多种多样的方式生成虚假的经验结果,并因此有可能产生许多反例,而在这些反例当中,数学陈述似乎要比大多数其他的陈述更易于接受修改,而不是相反。普特南针对蒯因建议,分析陈述(如果有这么一种陈述的话)的地位更像是"单边准则"(one-criterion),其独特之处恰恰在于分析陈述和其他陈述或信念之间的联系非常少——它们之间只有一个规定性的联系。例如,让我们来考察"对于所有的 x,x 是单身汉当且仅当 x 是未婚男子"。从其逻辑形式上看,如果确定某物是不是单身汉的唯一方式是去确定它是不是未婚男子,那么就不可能有资料能够为该语句之真提供反驳,或给出(直接的)反证。准确地说,无论信念之网中除分析语句之外的剩余部分需要何种经验证据,分析语句同信念之网的其余部分之间那种最低限度的联系也并不会妨碍我们继续将这些语句当作是真的。①

我们倾向于认为,普特南的反驳将我们引向了一个严重的问题。虽然如此,我们并不认为,只有那种被接受为在经验上不可消灭的陈述才具有"单边准则"的地位。实际情况远比这要复杂。我们的看法是,语言规则或约定应该整体地顾及连贯一致、可理解的实践。如前所见,存在着一些连贯一致的限制条件,而一项可理解的规定实践必须对此做出回应。但并不是语句的逻辑形式,或其他那些为我们所接受的陈述的诸多逻辑蕴涵决定了规定实践的一致性。我们将在下文中解释,数学陈述是独特的更是"t 分析的",而且,就算数学家可以为数学公理设定任意(同时也是一致的)逻辑形式并在他们的研究中极大地无视经验资料,就算数学交织于形形色色的经验应用当中,认识到这一事实也能使数学家和科学家规避不

---

① 我们在3.8节也讨论过普特南的"单边准则"。

一致的实践。

还有其他不少努力试图维护宽泛意义上的蒯因式图景,使之免受数学在经验上的不可消灭性之扰。特别值得一提的是迈克尔·莱斯尼克(Michael Rsenik 1997)——他区分了理论原则的"全局"适用性和"局部"适用性——给出的途径。蒯因主义者的这一路辩护不大可能成功,但要表明这一点则超出了我们眼下的讨论范围。所以,我们将仅仅关注其中一个比较成问题的看法:我们对数学上的许多东西都无法给出经验应用,而且我们似乎无法在数学内部为"得到经验支持"的分支和无经验支持的分支划出一道分界线。如果蒯因主义者的解释,即我们正在进行的刻画是正确的话,那么,数学家显然就会欣喜于他们对什么应该是一项重要区分的长期漠视。蒯因和其他一些人(例如 Colyvan 2003,110)也曾诉诸"趣味数学"(recreational mathematics)和非趣味性数学之分。然而,这在我们看来不过是为了免于反对意见的毁灭性打击,而单为维护蒯因式图景特设的区分而已。[①]

蒯因的数学观还有一个可选项,但它又回到了由康德和弗雷格所发展的直觉概念上去了。在第 1 章我们看到,这两位哲学家都认为数学知识在根本上有别于其他类型的知识,它们是先天可知的。我们是否应该把先天知识或证成拒之门外,是否该用经验理由加以拒斥,又是否该因其不可理解或非解释性加以拒斥,这些都是刻下颇有益趣的争议。而且就有一小波(人数可能还在增长)坚定不移的哲学家试图为先天直觉给出论证。[②] 不过,我们宁愿没有这种东西,至少就数学而言我们希望如此。与之不同,我们将着眼于这样

[①] 我们并不否认有"趣味数学"这种东西,但我们不认为被数学家叫做"趣味"的东西就和蒯因们需要视作"趣味"的东西[即那些到目前还尚未有应用,并因此(据说是)"未证明有正当理由的"数学分支]毫无关系。

[②] 比如 BonJour(1998)、Pust(2000)以及 George Bealer 的许多著作,包括《先天知识与哲学的范围》(A Priori Knowledge and Scope of Philosophy 1999, in Casullo)这篇文章。

一个问题,即某个分析性概念(比方说分析性*)能否在彻底经验主义的斯库拉(Scylla)和先天直觉的卡律布狄斯(Charybdis)(这两种生物均为希腊神话中邪恶的海上女妖,专事诱杀过往海员。——译者注)之间开辟出一个"第三条道路"。

我们的著作不是一本关于数学的专著,所以我们的讨论会显得比我们的解释所要求的那种令人信服或满意的程度要低一些。尽管如此,我们还是会竭力详尽细致地阐发这一主题,因为我们相信,就能否为分析性*或t分析性这类概念提供了一个颇有益趣的应用而言,数学陈述是最好的候选项。

> 反对意见1:数学不是任意的,但分析*陈述、任意的明确规定是。因此,数学不是分析的*。

在先前的讨论中,我们已经就邦茹针对"温和经验主义"以及诉诸"隐含定义"的反驳考察过这一路异议(见5.4节)。这里,我们将给出一个类似的回应。照其所说的情况来看,这一反驳实际上需要某种提炼。并不是所有的分析*规定都得是"任意的",在这个意义上,此类规定并没有引入任何重要的概念。确实,分析性*不仅允许我们大范围地将各种概念引入到一个可能性的开放式集合,还允许我们调整这种任意性的程度。然而与此同时,当我们说2+2=4,以及这一算术陈述是真的、确定的、必然的,并不是一项任意规定的时候,我们似乎是对的。我们很难对有关这一真理的知识予以解释,但是,其真理性以及2+2=5相应的虚假性似乎不在严肃的论争之中。

我们的分析*进路对这种真理之明显的非任意性所能给出的回应如下:当有一些陈述被首次引入我们的语言时,由于历史原因它们并未得到明确地规定。相反,某个语言共同体在一开始使用表达式的时候,经常是根据大致明确定义了的规则,以大致明确定义了的方式来使用它们。到了现在,在二十一世纪,我们会反思那些被我们想当然地认为与某个陈述(特别是数学陈述)有关的实际规则。经再三思量,我们终于认识到,我们当中没有人用经验证据支持或反对 2+2=4 的真理性(见我们对下一条反对意见的回应,那里,我们更为准确地说明了数学中的不可消灭性)。接着,我们可能会认为,2+2=4 这一陈述在认识上的地位和它若一开始经由一个明确的、不可消灭的规定引入时所具有的地位在本质上是一样的。事实上,正如在我们对 TD 的讨论中呈现的那样,蒯因似乎也愿意接受我们所建议的这种对明确规定之形成过程的说明。(参见 Quinea,97,引文见 3.9 节)。

接下来,一旦某个概念已经被引入语言,而且它的规则也得到了某个共同体明确的定义和理解,那么,我们似乎就可以说 2+2=4 是没有争议的。如果有人打算向我们要求一个证成,我们会说,"这正是我们意指'2'的一部分,等等"——尽管对这一要求所做的回应可能会很复杂而且和他人的哲学背景无关。无论如何,有关我们信持 2+2=4 的知识或对这一信念的证成可能会类似于有关我们信持"单身汉是未婚的"的知识或对其证成。无论是否有人在一开始是通过某个明确的、不可消灭的规定引入了"单身汉"一词,否认单身汉是未婚的也看起来相当的古怪、违背直觉。也就是说,一旦一个词为人们所熟知,而且它被理解为关联于特定的概念(或该词有其特定的用法),那么,以不同于它惯常的用法来使用这个已被理解的词就不再是任意的了。基于分析性*我们可以给出这样的说明:涉及那些众所周知、已经得到广泛使用的概念(以及约定性地关联于这些概念的词汇)的数学陈述不是任意的,准确地说,在这个意义上,即涉及其他概念的陈述(甚至那些不可消灭的陈述)不是任意的,上述说明成立。这倒不是说我们无法以其他某种方式来使用"单身汉是未婚的"(例如,"单身汉"一词可被用来表达另一个概念),而是说,考虑到我们事实上使用"单身汉"一词的方式,我们实际是在遵守这一规则,即"单身汉是未婚的"这一语句为真且不可消灭。同样,根据分析性 * 的解释,"2 + 2 = 4"或"2"也不是不可以用做他途。它们当然可以。但是,我们实际上所使用并想当然地接受下来的那些规则要求我们将这种语句视为是真的。在生活中,我们轻而易举就能习得这些规则,这部分地解释了为什么否定这类陈述会显得不可理解。我们似乎可以认为这些概念本身形而上学地附着在数字符号(the numerals)上面,这恰使我们不可能去否认像 2 + 2 = 4 这类基本算术陈述的真理性。同样,在这里我们没有理由认为蒯因主义者不会接受这一大概的说明,因为蒯因本人也支持一个类似的建议,他说,约定(包括那些逻辑约定和数学约定)之所以成为约定:

> 是通过行为,而不是首先用语言表达出来的;而且,以后我们还可以在口头上再现并制订我们的约定,如果我们选择……必须承认,这一解释很好地符合了我们的实际行为。(1966a, 98)

然而更为复杂的是,数学记号是典型的"语言超越物"(language transcendent),即,在现如今,无论一个人在通常意义上说什么样的语言——英语也好,汉语也罢——我们所有人都得用通用的记号来做数学。我们应该把这一点也纳入到如下考量当中,即数学记号多少是有特权的,而且用标准的阿拉伯十进制记号所表示的数字符号以一种非任意的方式附着于它们的指称对象。但是,这种在表达式和其指称对象之间的形而上的附着关系是一种虚假的观念。

反对意见 2:数学陈述并非如分析性 * 解释所要求的那样在经验上不可消灭。例如,假使我们在某本书的"定理"一词后边看到一个陈述,那么这就已经为该陈述之真提供了经验证据。同样,如果某个大牌数学教授说"我认为 p 是真的",特别是,数学陈述 p 还是其专业领域中的某个陈述,那么,这也就为 p 之真提供了可消灭的经验证据。此外,机器计算和证明可以输出在打印纸或电脑屏幕上。这些呈现于不同设备上的图案也为支持或反对各种数学陈述之真提供了经验证据。因此,数学陈述在经验上不可消灭这一说法是错误的,而且显然是错误的。

确实如此,在某种意义上,数学陈述就如这些例子所表明的那样在经验上是可消灭的。但是,让我们来细致地考察这是在什么样的一种意义上。分析性*解释会说,数学陈述在它们同经验证据的关系方面是独特的,它们以一种独特的、有别于"标准"经验描述的方式关联于经验证据。他们不应该说这类陈述在任何情况下都没有将经验资料关联于对认知施事(epistemic agent)的证成。

根据我们早前的告诫(见6.5节),当我们说分析*陈述之真在经验上不可消灭时,我们已经不再考虑那些有关意义或语言使用的证据,所以,反对意见 2 中给出的例子,即经验证据对数学陈述有影响的那些例子并不是合适的。一个才华横溢的数学家,比方说安德鲁·怀尔斯(Andrew Wiles)[怀尔斯爵士(1953 –):英国数学家、牛津大学皇家学会研究教授,其专攻领域为数论,以证明了费曼大定理而著称。——译者注],发现 p 能够合理地作为 p 之真理性的证据——即便每一个人都已经全然同意我们对这些表达式在通常意义上的理解。要接受这类经验证据,就要我们对这种独特的、关联于数学的方式加以详述。

为了看清这种独特的关联方式,即经验证据对数学陈述之真有影响,让我们为数学陈述引入一个一阶证成(或曰"典范式"证成)的概念。数学陈述的一阶/典范式证成需要某种逻辑推导,它要么来自已证成的数学陈述,要么来自公理。① 我们将把这样一种推导或"证明"(包括某个可接受的、作为特例的计算方法)称作对数学陈述的"典范式证成"。重要的是,数学陈述的一阶证成不允许包含有任何由经验陈述证成的前提。② 而数学陈述的二阶证成则是对可能存在某个数学主张之一阶证成这一主张的证成。

现在,我们就可以更为准确地描述在什么样的独特意义上数学陈述是经验上不可消灭的。经验证据惟有在二阶证成的情况下才可以支持或削弱数学陈述(当然,要排除那些同语言上的用法相关的经验证据,见我们在 6.5 节的告诫)。也就是说,任何对诉诸经验证据的数学陈述的证成都是二阶证成,它是对存在一个对该数学陈述的证成这一断言的证成。对于某个数学主张的经验反例而言情况也是类似的,它是对存在一个对那个数学主张之虚假性的一阶证明这一断言的证成的一部分。这一观点充分体现了当我们声称数学在经验上不可消灭时我们(本书的作者)的真实意图。③

反对意见 3:我们不能对存在性主张做出规定。人们不能将某物事定义成存在的。比方说独角兽。人们确实可以规定,独角兽是种长得像马一样的生物,其额头上有一只角。但是,从这一规定推不出独角兽之存在。允许我们规定独角兽之存在是一种糟糕的做法,因为事实上它们并不存在。同样,我们

---

① 这里我们暂且不考虑规定以及公理是否是被证成了的,因为无论分析*陈述(及其延伸概念 t-分析陈述)是否有某个支持它们的证成,我们的解释都是中立的。

② 缺乏经验前提是数学陈述的"典范式"证成的本质特征。因此,就连哥德尔定理也没有表明,在我们所说的"典范"的意义上存在着数学陈述的非典范式证成。

③ "素性测定"(primality testing)是一个非常有趣的"经验"案例,表面上看它是一个反例,但更为切近的考察表明,即便在此类案例中,我们也认为经验证据是存在有素性或非素性之一阶证明的证据。尽管这一点只是一个经验事实,但人类了解某数之素性的唯一途径正是通过这种"经验"资料。书后的术语表为利用随机过程而进行的素性测定给了一个简要的描述,并说明了这一测定如何牵涉经验前提。

可以规定：如果某人是生活在北极的圣诞老人，那他就会给乖孩子礼物，给顽皮的孩子煤块等等。但是，我们还是不能规定圣诞老人之存在——无论小朋友们会有什么样的期待。通过某种类似于定义的东西，人们曾认为上帝是可知的。但是，这种安瑟尔谟式的推理很早之前就被认为是荒谬的。简言之，我们不能允许存在性规定。但就数学而论，集合论、算术以及其他理论的基本原则设定了种种抽象物的存在，比方说，空集、零、后继函数等等。因此，这类实体不可能是通过规定引入的，理由如上。

该异议大概是最难回应的。因为除了它所给出的那种论证以外，人们还根深蒂固地认为分析性＊作为对存在性数学陈述之证成的解释是行不通的——即便我们认为它对那些无存在性蕴涵的陈述是合理的。

使一个陈述成为分析＊陈述的根本特征是：作为共识，它被当作是真的、在经验上不可消灭的。反对意见3所担忧的一个问题是，我们不能创造出某物，也不能借由做规定这种行为使某物存在，除了一些特殊的情况，比如某规定作为做规定这一行为的结果而存在。该想法（即我们把某个陈述看作是一项不可消灭的规定或视之为分析的＊是原因，而结果便是该陈述为真）需要和我们在这里所捍卫的观点加以区分。因为，谈论这种所谓的因果关系是误导的且没有必要。考虑我们一开始就给出的规定"Frenchelors是法国单身汉"。假设人们承认该陈述是分析的，而且在某个想象的情形中，它被理解为一项明确的规定（同时也是真的、不可消灭的）。难道我们必须说，由该陈述所表达的命题直到我们做出规定时才是真的？很难看出我们为什么要这么说。而当我们说frenchelors是法国单身汉且仅仅是法国单身汉的时候，我们似乎总是对的。结果很清楚：frenchelors并不总是存在的，他们只有当法国单身汉存在时才存在。

他们的存在取决于法国单身汉的存在,而并非取决于任何做规定的行为。该想法[即命题之真起因于做规定的行为(或"'约定'的采用")]对某种可能的观点而言也不过是画蛇添足,而且它更可能是思维混乱的结果。我们不认为做规定这一行为通常会产生实体、引起命题为真,尽管在一些特殊的情形,即"非纯规定物"的情形中,我们可能会说这种规定行为产生了实体、引起命题为真等等。对此,我们将在下文予以讨论。

现在,让我们转向数学规定。假设某数学家写下了一条"公理"(亦即一项规定),它同某些新颖的、还尚未被研究过的数学实体(这不是说这些实体从来没有存在过)有关。再假设,这一规定蕴涵了某些数学实体的存在,即,它蕴涵了某个具有存在性主张之逻辑形式的陈述。出于上述类似的理由,我们没必要认为做出数学规定这一行为创造了实体,或使存在性主张成真。

即便这一问题可以通过数学的分析性*解释化解掉,我们仍然会面临这样一个反驳:既然存在性陈述在直觉上的真假与规定行为无关,那么,在这种情况下去规定一个存在性主张似乎是不正当的。例如,我们可以设法规定圣诞老人或独角兽是存在的,但我们不会成功——至少就不会产生一个真断言而言,我们是不成功的。在给出我们的回应之前,我们必须清理掉一个可能的混淆。回想下 frenchelor 这个例子。所有 frenchelor 是否都是法国人事关事实,它独立于任何人所做的任何规定。如果没有看到这一点,那可能是因为我们将两种东西混为一谈了:

1 我们注意到,我们语言中的某个特定的语句表达了这样一个事实,即 frenchelor 是法国人而且我们语言中的某个词表达了 frenchelorhood 这一概念,另一方面,

2 我们注意到,frenchelor 是法国单身汉。

后者是我们过去从未"注意到"的某种东西。Frenchelor 是法国单身汉这个句子总是成立的,至少这里我们所支持的观点如此认

为。这一规定所引起的事实与语句表达了什么样的命题有关,而不是同所表达之物的真假有关。

让我们带着该区分回过头来看看这一反对意见,即某些存在性陈述是虚假的(无论我们有朝一日是否有兴趣知道它们是虚假的)。某一实体是否存在事关事实,反对者说,因此在规定存在性主张时,我们会冒险做出一个受两个相互冲突的限制条件所约的陈述:其一是一项规则,即 s 被视为真的,而另一个是基于某些经验事实(比如在圣诞老人和独角兽这两个例子中)给出的限制,即 s 被视为假的。所以,这一反对意见是在说,允许存在性规定会给我们的全部语言实践带来不一致的风险。

对此,我们的回应是,即便我们像规定圣诞老人或独角兽存在那样规定数学陈述(规定、公理),它们也根本不会在我们的全部语言实践中导致不一致。这就是说,数学陈述表达了一种任何经验命题都无法支持或反对的"免疫型"命题。数、集合以及其他所有数学实体与圣诞老人不同,可以有证据表明圣诞老人事实上并没有生活在北极,但是,对于数、集合以及类似的概念,我们不可能有任何经验证据支持或反对它们的实例。引入经验上不可消灭的规定,特别是引入那种"超验型"数学主张的做法恰恰就是考虑到,这些陈述的引入不会给其真理性或它们所表达的命题带来任何经验或实验否证的风险。

可能是会有一些比较棘手的案例,它们至少要比圣诞老人这种例子难处理,比如,上帝和因果孤立的"普遍物"。对此,我们只能提供一些提示性的评论。[①] 上帝被认为是经验世界中潜在的因果来源(active),因此祂是那种有可能被某些经验证据支持或反对的实体。这一事实妨碍上帝成为一个其存在能够被一致规定的实体。当我们接受一些可以让我们接受某个经验证据反对某陈述之真理性的

---

① 进一步的讨论见 Juhl(即将出版)。

规则时,我们就不能再接受一个致使任何经验证据都无法反对该陈述之真理性的规则。上帝通常被认为还具有意识状态这一特征。只要上帝的经验状态的存在可以作为证据来表明上帝之存在,那这一事实就提供了另一条路径来区分上帝和那种可被一致规定为存在着的实体,并因此避免了我们对某个分析*陈述所做的规定蕴涵着上帝的存在。

根据分析性*概念来处理数学陈述这一做法面临着一些最为棘手的案例,它们是因果孤立的普遍物或这种普遍物的一部分。但是,我们认为这类实体并无损于我们的计划,尽管它们确实引出了一些不易回答的问题。① 首先,我们将指出,因果孤立的"具体物"[比如,物质组块(chunks of matter)]和数学"抽象物"之间的不相类(disanalogies)之处(我们之所给"具体物"和"抽象物"加上双引号是因为我们打算在这两者之间给出一个新的区分,用以替代之前的标准区分。见6.9节关于"规定物"的讨论)。其一:对于任何物质组块(简称"组块"),有可能有经验证据可以支持或反对其存在。我们认为,这种组块恰恰就是那种经验证据能够支持或反对的东西。数或其他数学对象正是在这一方面与之非常不同。准确地说,

(CH)对于任何物质组块,存在着某个可能世界w,其中,有可能有经验不利于组块在该世界的存在。

CH又可重述如下:给定任何这类组块,虽然我们认为它事实上(实际上)处于某个因果孤立的宇宙中,但在另一个可能世界中,正是这一组块会和,或许本该和某些经验发生联系。我们甚至可以认为,这种虚拟句的真理性构成了一个物质组块这一概念的一部分。

---

① 对于可能世界作为因果孤立的宇宙这一观点,读者可参见Lewis(2001)的经典讨论。

只要某个类似于 CH 的原则在表面上是合理的,那么一个稍强一点的主张也似乎是合理的:

>(CH∗)对于任何物质组块,存在着一个可能世界,我们不妨称之为"EI"。到目前为止,我们无法在经验上区分这一可能世界和我们真实的世界,而且,在未来某一天会有经验证据支持或反对 EI 中组块的存在。

让我们通过考察两个物理时空流形 M1、M2 来思考 CH∗ 的模型:M1 的过去和现在同真实世界别无二致,而且它们一开始在时空上(特别在因果上)是分离的。在某个时刻 t,一个"虫洞"将这两个宇宙因果地连接在了一起,这就使得经验证据有可能支持组块之存在。如果这样的情形是可能的,那么对于任何物质组块,我们也许最终都会获得支持或反对其存在的证据。

如果 CH∗ 这种原则是合理的,那么它就有助于解释我们为什么不愿意让规定蕴涵有物质组块的存在。理由是,我们担心若不这么做的话可能会在以下方面引起不一致。一方面,对于任何物质组块,CH∗ 表明,我们将会如我们所知的那样获得支持或反对组块之存在的证据。另一方面,那种我们所关心的规定(即分析∗陈述)是一些规则,而这些规则恰恰排除了那些支持或反对它们之为真假的可能性。因此,若我们允许组块可经由规定而存在,那么就没有任何经验证据将会支持或反对组块之存在,然而,若再考虑到 CH∗ 的真假,那么,某些经验证据会如我们所知的那样支持或反对组块之存在。

就纯粹的可能性(包括可能的物质组块)而言,事情似乎还有两说。因为,在某些人看来,任何这种仅仅是可能的(非真实的)物质组块可以通过形而上的必然性与真实的物质组块在因果上分离。但只要这种关于纯粹可能性的观点是一致的,它就敞开了规定实践的可能性,使得规定可以蕴涵仅仅是可能的、非真实的物质组块。大多数读者也许知道大卫·刘易斯的可能世界理论,根据他的这一理论,这些东西是"具体的"时空流形(在某种意义上,也包括时空流形当中的物质),但它们仅仅是可能的而不是真实的。许多哲学家发现刘易斯对这种世界的假设是有问题的,但他们却说不出为什么。不过,如果最终证明一项一致的规定实践和那些被广泛接受的、有关纯粹可能性的诸多规定是相容的,那么我们就能清楚地显示出刘易斯在设定这么一大堆仅仅是可能的、具体的世界时究竟犯了什么错。遗憾的是,目前对模态概念和规定实践之间的关系所做的解释还付之阙如。眼下,我们不得不对这些有意思的问题不了了之。

其他某些规定会对分析性*概念造成麻烦吗?对此,我们只能说,我们还没有看到任何我们无法做出回应的案例。我们所设想的这种规定面临一个一般的问题,即我们应该允许什么类型的规定,或者说,在要能保证规定实践一致性的情形中,我们应该允许什么类型的规定。这是一个非常困难的问题,我们目前还回答不了。我们希望我们说得已经足够多了,至少可以激发进一步的工作来回应这一问题。眼下,我们旨在表明,那些认为数学的分析性*进路无望成功的种种异议不仅是可以给出回应的,而且这一计划理应走得更远。我们认为,在历经几十年来多多少少的忽视之后,为了清楚地表明我们有必要对数学做更深入的哲学反思,我们需要诉诸规定和某个版本的分析性。

6.9 深层应用:纯规定物和非纯规定物

最后,我们猜想我们的分析性*和 t-分析性概念可能会有其他一些应用。众所周知,确定的本体论争议很难解决,而确定实体也极难归类,但分析性*有助于清楚地显示出其中的难点。考虑非纯集合这样的例子,它的成员都是"具体的"。特别让我们假设集合 Imp = {a,b} 中的元素之存在通过经验观察是可知的。现在,Imp 是具体的还是抽象的?这一问题可不易回答。一个很自然的答案是,集合都是抽象的,所以 Imp 是抽象的。如果这一答案是对的,那么我们就会面临更深层次的困难:我们关于 Imp 之真实存在的知识似乎来自(部分来自)那些支持 a 和 b 之存在的经验证据。我们怎么能通过经验证据就知道一个抽象物的存在呢?当然,在某些语境中我们可以说,"福尔摩斯这一虚构人物是柯南道尔爵士创造的"。这样一种主张是否意味着其为真,是否意味着其真理性让我们承认了虚构人物的存在,以及是否意味着我们对其他那些问题给出了一系列颇有益趣的回答。不过,眼下我们将只是表明,某个虚构人物之存在也许能够通过这样一项条件句规定(即其前件是一项经验陈述而后件则是一个并非逻辑地来自前件的存在性主张)来自那些关于某位作者种种活动的事实。也就是说,我们可以一致地将这种形式的主张用作规定:"每当……吧啦吧啦……,那么该虚构人物就如此这般地存在"。这种规定的形式看起来和我们用来从 a、b 之存在推出含 a、b 的集合 Imp 之存在的条件句是类似。

只要存在性规定是一致的,我们似乎就也应该接受这种条件句或"非纯"规定[其前件在经验上是可知的,而后件蕴涵着存在性主张,这些存在性主张涉及一些非经验对象(在难以详述的意义上)]。该建议有助于阐明一系列相关争论,比如,关于命题之存在的那些争论、关于各种"怪异的"部分之和之存在的争论等等。一旦我们有了一个关于可能的或真实的规定实践之一致性更清楚的图景,一系列相关问题就会得到澄清。对此,我们很看好。对该图景更进一步的详细阐发也可以就如何区分"理论实体"(比如,电子)和数学抽象物(比如,希尔伯特空间矢量)提供一幅更清楚的画面,即便诉诸这两者可能会使经验理论的应用在某种意义上变得"在逻辑上不可或缺",不过,这一深层次的阐发超出了我们目前工作的范围。

6.10　方法论上的若干评论

　　分析性之争在很多圈子里被认为已经平息了。在这些圈子里头,蒯因相当明确地认为,分析性要么是不可理解、没有任何实例且无法解释的,要么是成问题的。但是,这种看法的影响依然很有限,因为许多哲学家还在谈论"概念之真"(conceptual truth),而且"概念之真"这一概念的某些应用同先前分析性概念的应用至少是无法区分的。卡尔纳普就似乎没有领会蒯因在这些方面的反驳。出现这种情况有很多原因(见第3章),其中最重要的原因是,卡尔纳普的立场很难同蒯因所假设的那种替代立场区分开来。在讨论的最后几节,我们将简要表明,在我们看来,蒯因和卡尔纳普这两人,甚至那些批评他们的"日常语言派哲学家"在哲学方法论方面所持的全部观点在最好的情况下倒是可以听一听,而在最坏的情况下,它们会让人上错路,甚至会让哲学进展适得其反。

　　我们知道,卡尔纳普对消解哲学争论很感兴趣。他曾认为,实现此举的最佳方式是要坚持将问题框定在某个精确详述的语言之内,而该语言对什么算作什么的证据、什么由什么蕴涵、何时一个语句是可断言的等等问题有着种种明确的规则。他认为,一旦某个语言的诸多规则得到了精确详述,那么,那些哲学家们感兴趣的重大哲学争议就都烟消云散了。因此,在我们问,比方说,"数存在吗?"之前,我们就被叮嘱要采用某个精确的人工语言,并在接下来问问自己的问题是"内部"问题还是"外部"实务问题。后者也许很难得到确切的解答,但它仅仅"在实务上"是不确定的,对于这种情况,卡尔纳普本人似乎是接受的。在第4章,我们提出了一系列的理由来说明卡尔纳普在这些方面的建议难以令人满意。其中一个基本的哲学不满是,即便人们接受了某个精确的人工语言,并用之确切地解决该语言中的某个语句是否为真这样的问题,我们还是不知道这样一种语句的真性或假性和我们感兴趣的问题(比如,数是否真的存在)有什么关系。

我们可以认为蒯因的观点采用了卡尔纳普式的框架,但是,他还坚持认为,所有描述语的背景语言,包括语言框架本身的背景语言,只能采用物理学谓词,或其他那些可被恰当地在经验上"证明"于我们最好的总体经验理论(蒯因视之为物理学)内部发挥着解释性作用的谓词。选用物理学这一做法就其本身而言在结构上对蒯因的立场并不是至关重要的。① 在我们看来,他的主要变动是将哲学家和语言本身视作经验领域内的诸项——它们被视作某种人们应该尝试在经验上予以解释的东西,或者说,人们应该把它们归入某个其全部谓词和本体已经有了经验证成的总体理论。这就是我们在第 2 章发展出的蒯因的观点。于是,证成被归于某个经验概念、因果概念,而且最终被同化为"实务证成"。此外,蒯因还坚持一种特殊的对经验证成的解释,粗略地说,它是一种假说-演绎模型。因此,我们不妨说,蒯因采纳了卡尔纳普的语言工程计划,并选择了某个特征来优化其工程(经验假说-演绎最优性),他还加入了这样一个限制,即所有可接受的谓词应该根据物理学谓词加以改述。该限制应该在对所有现象,甚至语言现象的解释中严格执行。但是,该限制并非与有待优化的特征(即因果性、解释性或预测性优点)的选用无关。只要物理学是能最好地展现这些经验优点的理论,那么我们就会相当自然地在深层次的工程中为其指派一个特别的角色。

这些议题非常之复杂,因此,在这里我们实在不想声称我们确定无疑地解决了它们(甚至如我们在第 4、5 章所见,卡尔纳普式的规定也似乎无助于解决这些问题)。我们愿意说,卡尔纳普式的图景以及蒯因对其在经验上的彻底化都是非强制的,但是,若我们采

---

① 尽管我们可以论证,蒯因对物理学的利用就其为翻译的不确定性所做的辩护而言是最要的;见 4.5 节。

用蒯因主义视角将所有有益趣的问题视作在根本上都是经验问题，那就会使我们错误地用经验资料来解决哲学问题。

让我们用以下类比来说明为什么这些视角是"非强制的"。设想某个共同体有一堆合法的政治规则，而这一"习惯法"传统可以追溯到任何有文字记载的历史。设想没有人知道这些规则是如何产生的，但是，每个人都将习惯法用于指引合法的政治活动，包括什么样的活动算作合法的或在政治上"合法的"。习惯法的不少内容记录在一个石板上。在这些规则中有一些关于新的合法性归因（attribution of legitimacy）规则，它们或许可以添加到当前记录在石板上的规则集。甚至这里还可以将人们决定加入什么样的新规则作为规则添加进来。该传统中的许多法律和规则似乎有着相当明显的经济考量。但是，其中某些只是貌似正确，因为它们的效用在政治上似乎是合法的，尽管它们的合法性和经济利益没有明显的关系。举个例子，设想只是看起来警察要穿蓝色制服。事实上，有文字记载的历史中的每个人似乎也认同蓝色是警察制服的唯一合法颜色。然而，没有人知道采用这样一个规则在经济上有什么影响——无论是积极的还是消极的。更为神秘的是，某些特殊的合法化仪式似乎有着大量无法识别出经济影响（无论是积极的还是消极的）的特征。这类在经济上似乎没有正当理由的规则引发了种种有关其合法性知识的困惑。其中一些好思考的成员对蓝色如何就成了警察制服唯一正确或合法的颜色深感困惑。他们当中的一些讨人烦的激进分子开始琢磨，蓝色是不是真的就是警察制服唯一的合法颜色。极个别人甚至根本就不承认蓝色是警察制服的合法颜色。于是，关于其他方面的类似争论也出现了，例如，驾车走哪一边才是正确或合法的、交通标识和法官的长袍该用什么样的颜色、各种事项应该安排在一天当中的哪些时候、为什么非得把从一个桶里取出的水用在合法的结婚仪式上……诸如此类。

此时，某位深陷其中的卡尔纳普主义者对这些争论倍感厌倦。

他注意到,如果人们只是加入某些深层次的规则,或启用一块新的石板(石板*)来确切地处理这些争执,那么理性争论就没有任何空间了,至少我们该采用什么样的石板*就已成定论。他建议所有未来的争论应该用同样的方式来处理,即通过构造一块新的石板*来确切地处理任何有可能出现的争执。这位卡尔纳普主义者坚称,一个"现实中"的行为是否合法这一问题是个伪问题。我们所能做的一切就是从诸多精确的人工石板*中挑选出一个来,接着再来考虑将这一石板当作宪法会带来什么样的后果。遗憾的是,这位卡尔纳普主义者还是不清楚什么样的实务优点可以让我们决定采用哪一块石板*。但经济方面的影响,即公共生产总值或产出(GCP)的最大化作为采用一块石板*的优点可以明确地计算出来。然而,这位卡尔纳普主义者坚持认为,在这种可构造的石板*中有一些陈述,人们可以知道它们就是制约一个行为之合法性的正确规则,而这一点同人们知晓该行为在经济方面的影响并无关联。一个人怎么才能辨别哪些规则是这种特殊的、具有超经济(economics-transcendent)地位的规则呢?——它们用红墨水而不是黑墨水写在石板*上,或它们被标上了句法标记。

现在,一位蒯因主义者出现了,他质疑在红法律和黑法律之间所做的区分。他认同这位卡尔纳普主义者:我们可以接受某些经济上可刻画的行为模式,从而在实务上得益。但这位蒯因主义者强调,我们将某些东西有正当理由地或合法地写在石板上只是因为它们带来了经济上的利好,也就是说,它们使GCP最大化了。在"合法但仅仅是规定性的法律"或"根据约定而采用的法律"与使GCP最大化的行为法之间根本就没有任何区分。在某个特定的时刻,人们可以将那些有关一个行为是否会促进或阻碍GCP增长的假说加入到当前石板的规则集中。起初,此类出现在石板上的建议也许并没有基于什么东西,在这个意义上,它们在一开始是根据约定而被采纳的。但是,这仅仅是一个"临时特性"(passing trait),长期看来,它和其他那些经济学假说一样,要将其加入石板上的规则集当且仅当它是我们努力实现GCP最大化的一个结果。在给定其他规则的情况下,如果某一规则对于总体经济的成功必不可少,那么它就应该留在石板上,否则,它就该被抹去。

我们不应忘了这里还有少量的"日常石板解释者"。他们坚持认为,唯有通过是精心分析石板在过去是如何被使用的,我们才能发现某个有争议的案例是否确实合法。而其中一些更具雄心的解释者甚至声称,所有那些争议终归来自对石板之实际应用的混淆。

最后,该共同体中一小波直言不讳的"非强制主义者"(optionalist)给出了另外一条途径。他们认同日常石板解释者:通过考察石板在日常无争议的情景中的使用,我们确实可以收获不少东西。但是,他们对这种哲学上的乌托邦理想——如果人们单就实际的应用实践加以分析,那么所有问题都将消散,而且我们也回避了种种争议——提出了异议。他们接受卡尔纳普主义者的看法,即我们可以构造出一大堆在实务上有着不同优缺点的石板,而且我们应该宽容地接受各种建议或其他的石板实践,只要它们是一致的。但是,他们在若干方面也不同意卡尔纳普主义者的看法。比如,非强制主义者并不假装已经解决或规避了所有的合法性问题,也不以此为目标。他们认为,存在着一些真实的、令人困惑的难题,它们并不能简单地通过采用某个准确定义了的实践就被化解掉。他们同样拒斥这一想法,即所有那些被推荐的石板仅仅是因为某些经济目的才被引入的。例如,通过探索那些与实际问题无关的、可能或可理解的问题空间,我们还是可以获得一些理论上的洞见。非强制主义者相信,将我们的实际实践和其他那些可能的、可理解的实践加以对照就可以为我们实际上的实践带来启发。此外,认识诸种可能的实践(它们当中有一些同我们实际上的实践很接近,而另有一些则非常不同)于我们的实务而言也是有好处的。但这些哲学家认为,自我理解在哲学上的益处本身就是有价值的,它独立于任何因我们选用某块石板而产生出的经济利益。

非强制主义者同样也赞成蒯因主义者对卡尔纳普主义者的反驳:当人们来考察实际的实践时,他们发现,当前石板上的内容要比先前设想的多得多,它们有了一种在经济上可修改的状态,也就是说,它们正如蒯因主义者声称的那样,在面对经济上的资料时是可修改的。就此而论,卡尔纳普主义者的这一看法,即石板上的所有内容类似于经济上不可消灭的规定,作为事实描述是错误的。但是,非强制主义者并不赞同蒯因主义者的其他观点。首先,他们认为,虽然一个实践中的记录在一个可能或实际的石板上的某些规则在经济上是不可修改的,但我们还是可以搞清该实践的意义所在。而且他们还指出,某些有关合法性的规则在经济上是不可消灭的,因为它们所涉及的事项与经济上的成功并无瓜葛。例如,什么样的手示信号用来指示什么样的动作、各种官员要穿什么颜色的制服,什么样的颜色和图案可以出现在法币上等等规则在面对经济上的资料时能免遭修改,部分原因在于它们本就不是用来产生经济影响的。或许更为重要的是,非强制主义者认为,由一个单一的准则(比如,在经济上的最优化)来评估所有的法律这一做法充其量也只能是非强制的。虽然他们承认,为着论证起来方便人们可以采用这样一种实践,但他们不认为一个人必须采用这种实践,此外,他们还坚持认为,就算有人决意参与到这样一种实践当中,那也无损于我们将其理解为非强制的。

我们还可为这一类比引入更深入的内容。设想蒯因主义者说,该石板或隐含或应该明确包括以下陈述:"石板上记录的东西唯有根据经济上的优点——GCP 最优化或诸如此类——才能获得其合法性"。非强制主义者对这一选项可以做出让步,毋宁说,该选项至少表面上是一个选择,因为非强制主义者注意到,在我们的全部实践活动中可能还有一些不一致的地方尚未被注意到。蒯因主义者声称,这一原则正是实现 GCP 最大化的理想原则,因此它必须被包含进来,而且这一原则也不是非强制的。非强制主义者显然可以如此回应:蒯因主义者借他们所谓的原则来证成该原则本身是一种循环论证。除此之外,非强制主义者还提请蒯因主义者注意,他们将坚持不懈地反对这一想法,即对石板所做的哲学分析的终极目标必定是产生出一批在经济上最理想的合法实践。

我们希望我们在语言和石板这一思想实验之间给出的种种类比是清楚的,对这些类比的深入思考是有启发的。这里,经济上的影响是对可经验预测这一优点的类比;合法性是对证成的类比。正因为我们制定规则来约束陈述,从而避免了总体经济实践中出现不一致,所以陈述之间的差异类似于我们所建议的那种容许有明确规定(也许是数学陈述,甚至也有可能是形而上学陈述)的实践。因为这些规则用来防止出现不一致的经济实践,所以,我们为引入这些特殊陈述而设定的规则可以避免这些陈述与经验事项发生关联。正如产生经济上公正的政治、法律安排是一个有价值的目标,所以经验上不偏不倚的理论也值得追求。但是,即便我们将语言工程作为我们的目标可以激发出对其他某些工程目标的探索,以及那些能够实现人们所能想出的任何目标的可理解的途径,能满足这些目标的工程方案进程也不应该和我们对实际方案的更好理解(该理解部分地由某个仅为可能的,但却是可理解的方案空间内的布局所构成)混为一谈。我们认为,有一些理论优点在很大程度上和语言工程无关。因为新的可能性以及纯智性地引导我们的那些无法预料的模式本身就是可取的。

小 结

在这一章我们引入了一个概念,分析性*。分析*陈述类似于象棋中的棋子,因为它们被理解为语句或被用作语句。分析*陈述的主要特点是,这些语句为视为真的、在经验上不可消灭。为了试图对这一概念加以澄清,我们首先排除那些有关语言使用的经验证据,接着在数学情形中,我们又排除了那些涉及非经验证成之存在的"二阶"经验证据。要视某个语句为真且在经验上不可消灭,就需要对这个被理解为分析 * 语句的其他一些特征加以限制。特别是,它们绝对不能蕴涵证据,甚至也不能为任何有关经验特性的经验命题提供证据。

我们引入分析性 * 这一概念的目的在于阐明那些与分析性家族概念有关的争议,特别是,我们突出强调了分析陈述在认识论上的特殊性。我们有理由认为,一个一致的或可理解的语言实践可以容许将分析 * 陈述引入语言。接着我们论证到,只要我们借助分析 * 陈述和其他陈述之间的一个区分,并且表明人们可以像逻辑经验主义者对待分析性那样做出这一区分,那么,由蒯因和哈曼提出的所有反对分析性的主要意见(他们两人的反驳最具说服力)就都是可以回应的。在展开回应的过程中,我们厘清了一些相关议题。例如,我们认为没必要诉诸同一性来捍卫分析性 * ,并因此转向了一个复杂的论证,该论证意在反对这一看法,即意义和同义性对于在诸陈述之间做出有原则的、与认知相关的区分而言是无关紧要的。不过,我们也借助了一个蒯因们必定会提到的概念:好的翻译方案。我们观点中的另一个重要的举措是各种各样的"解释反转"。我们不认为经由分析 * 陈述所定义的语词的意义解释了陈述之真。相反,我们认为,我们将某个特定的陈述视为真的、在经验上不可消灭是一个事实,正是这一事实赋予了所定义语词的意义(或者说,我们的解释无需诉诸意义——它限制着各种可接受的翻译方案)。

虽然大多数蒯因主义者坚持不解地认为这种规定仅仅是"假说",是那种在经验上可被否证的东西,但许多哲学家都认为语言规定或规定性定义是被给定的。我们较为细致地审视了语言规定,而且把它同那种特定的语言规则联系在了一起。这就使得我们能更好地理解人们为何可以前后一致地接受经验上不可消灭的规定,以及这些规定如何区别于理论假说。它同样有助于澄清另一个通常都是含混的问题,即分析*规定之真和采用一个约定或规则之间的关系。简单说来,该关系大致是这样:我们可以为我们的语言加入规则,这么做取决于一个语句(它通常都含有一些新词项)被当作是真的、在经验上不可消灭。不过,陈述的内容并不因此就变成了某种对社会行为的描述,它也更不会成为经验假说。分析*陈述本身有其特有的认识上的特征。

我们还引入了一个分析性*的子范畴——"T分析性"。T分析陈述是这样一种分析陈述,它们受制于更深层次的规则,即,由陈述所表达的命题本身在经验上就是不可消灭的。我们引入这一概念是为了给数学陈述及其特有的认识上的特征(在许多非蒯因主义者看来,这种特征是非经验的)提供一个大致的进路。克里普克曾使那些至少在表面上看来是不可消灭的规定变得非常有名,例如"朱利亚斯是拉链的发明者,如果有这么一个人的话",人们可以认为这句话表达了一个关于某个体以及该个体在经验上可理解的诸多特征的命题。T分析性区分了数学陈述和这种"先天偶然"陈述。对于我们把数学看作是分析的这一计划,一开始就有一些有时被认为对该计划具有毁灭性打击的反对意见。我们考察了其中三个反对意见:(1)数学陈述和任意的语言规定不同,它们似乎不是任意的;(2)数学命题并非在经验上不可消灭[个体证据(testimonial evidence)、纸上的墨迹或计算机的输出都能提供经验证据支持或反对数学命题之真];(3)我们不能规定一个存在性主张(就此,我们讨论了上帝、圣诞老人以及因果孤立的、刘易斯式的可能世界)。对于反对意见1我们的回应是,一个由规定引入的词项最终可以变得为人们所熟知,由此各种有关这一词项的真理(包括规定性的真理)也变得显而易见,这就解释了我们为什么会把"2 + 2 = 4"当作明显为真。对于反对意见2,我们改进了"经验上不可消灭"这一概念,排除了我们称之为"二阶"经验证据的东西。最后一个反对意见是最根本的。对此,我们解释了一些实体(例如圣诞老人)如何在事实上并不接受那些反对其存在的经验证据,同样的道理,我们也考察了上帝以及(实际的)因果孤立的物质组块。我们认为,我们对数学实体的理解与之不同,无论是存在性主张还是其他什么主张,经验证据根本就不能反对数学陈述之真理性。

接着,我们简要叙述了分析性*可能的深层次应用,即,将其用于其他一些事关部分整体原则、虚构实体以及非纯集合的本体论论争。我们尝试着解释了"条件句"分析*陈述为什么可以容许从经验事实中推出"非纯规定物"的存在。例如,当一个作家笔下的某些虚构人物进入到存在之域时,其存在可能就是规定性或分析的*。这些实体(如其存在)并不像某些物理过程引起某物存在那样与作家的活动有关,因为前者和后者不同,它们在经验上是不可消灭的。虚构人物似乎类似于规定实体,但是它们有别与"纯"规定物(例如纯集合),因为我们认为其存在(在我们所刻画的规定性的意义上)"取决于"经验事实。

接下来,我们解释了我们在本书中的进路和其他那些颇具影响力的进路之间的差别。其中,一个分析性进路声称,分析陈述正是这样一些陈述:其否定式表明,我们无法理解它所含的词项。虽然我们也颇为同情这一路向,但我们拒绝其中的缺陷,理由如下:首先,什么算作"有能力"理解某个词项或某个由词项所表达的概念是模糊的。其次,这一进路明显无法解释为什么这类陈述应该是先天的或经验上不可消灭的。另一个进路来自吉莉安·拉塞尔(2008),在她看来,分析性的典范应该是"我现在在这里"。我们与其进路的主要差别是,她着眼于阐发"根据意义真"(对此,她认为是解释性的)这一概念。粗略地说,她认为分析陈述是这样一种陈述,它使得语句所含词项的有关"指称决定"的事实在所有可能的话语语境中蕴涵了语句之真。虽然她所说的我们大部分都同意,但我们的兴趣点在于把捉这样一个概念,即它维系着某种认识上的独特性,特别是某种在经验上的不可消灭性。拉塞尔的概念似乎并不能帮助我们解释那种显而易见的认识上的独特性或某些规定和数学陈述的"非经验性"。在我们看来,分析陈述之非经验的本质是其最重要、最具特点的特征,而且这一点对于理解蒯因和逻辑经验主义者(包括卡尔纳普)历史上的种种论争也至关重要。另外,拉塞尔还想当然地把赋义规定(meaning-conferring stipulation)接受了下来,她没有认真对待蒯因主义者对意义或规定性定义的特殊地位所做的反驳,而我们则试着深入地阐明规定性定义,并在这一问题上同蒯因们展开直接交锋。

在最后一节,我们给出一个类比:我们设想了一个共同体,他们有一块"石板",石板上的内容决定了什么样的政治行为是合法的。我们考察了卡尔纳普主义者、蒯因主义者以及其他人对石板内容的态度,由此给出了我们对石板内容的总体辩证观点,包括石板上是否有某些陈述与众不同等等。我们希望对这一类比的深入反思能够产生出一些关于分析性之争的洞见,比如,分析陈述似乎对非谬套论结式的解决方案是免疫的,此外,我们也希望借此可以洞悉有关我们语言内部的陈述的种种哲学论争。

拓展阅读

最近有一本与主流"分析"哲学有关的元哲学著作:蒂莫西·威廉姆森(Timothy Williamson)的《哲学的哲学》(*The Philosophy of Philosophy* 2007)。有关分析性的论述可参阅该书的第3、4章。吉莉安·拉塞尔的《根据意义真》(2008)专注于处理分析性议题,但其路径和我们的路径非常不同。虽然我们在6.7节已经讨论过我们之间的差别,但我们还是向那些对分析性感兴趣的读者推荐此书。汉斯·约翰·格洛克(Hans-Johann Glock)有两部著作同分析性议题、蒯因的诸多哲学见解以及这些问题与哲学中其他问题的勾连高度相关。其一是他的《蒯因和戴维森论思想、语言和实在》(2003)，另一部是《分析哲学何为?》(*What is Analytic Philosophy?* 2008)。哈克的《维特根斯坦在二十世纪分析哲学中的位置》(1996)，特别是其中论及蒯因的章节给出了他对蒯因和分析哲学之间的关系的看法。哈克还有其他不少优秀的论著(恕不一一列举)，它们详尽细致地阐发了一位维特根斯坦主义者有关分析哲学当代传人之误入歧途的看法。奥斯瓦尔德·汉夫宁(Oswald Hanfling)的 *Philosophy and Ordinary Language*: *The Bent and Genius of Our Tongue*(2000)是一部关于日常语言哲学的综述，它讨论了与蒯因以及其他一些新进展相关的内容。至于蒯因在数学哲学方面的进路，我们推荐 *Mathematics as a Science of Patterns*(Resnik 1997)以及 *The Indispensability of Mathematics*(Colyvan 2003)。我们在第4章引用了一些有关元本体论(meta‐ontology)的参考文献，这些文献同样涉及卡尔纳普主义者、蒯因主义者以及其他那些还在激战于当代舞台上的人们之间进行的那种较为宽泛的方法论上的争议。

术 语 表

抽象、抽象物(abstract/abstractum/abstracta)：虽然"抽象"一词并没有一个被普遍接受的定义，但我们还是用抽象物指称抽象对象。对于抽象物，绝少争议的例子是数和其他一些数学对象，比如纯集合。抽象对象的关键特征通常被认为是不占据空间位置。例如，无论是 17 这个数还是一米长这个性质，它们似乎都不占据空间位置。还有一些解释将抽象对象定义为那些不处在因果关系中的东西。有时，人们也会将无时间性视为抽象性的本质特征，但这一点比较有争议，因为，(比方说)数可以被认为是一直存在着的。

分析的、分析性(analytic/analyticity)：分析性被认为是语句、命题、判断或陈述的性质。就其当代用法而言，一个句子或陈述是分析的当且仅当它仅根据其构成词项的意义为真(请注意，在本书不同的地方会有不同的定义)。分析陈述被认为有着一个或多个不同的性质，包括：必然为真、先天可知、确定可知、空洞无意义、无认知内容、同语反复的、在任何解释下都为真、"无论如何"都会到确证以及在经验上不可检测。据称，分析真理还有其他一些性质，比如，其主词包含于谓词；其否定式违反了非矛盾律；以及，否认分析真理就会表现出语言能力上的不足，无法理解其构成词项。

分析的 *(analytic *)：分析 * 陈述是被用作语句的陈述。分析 * 陈述被语言共同体以以下方式理解为语句：语句 s 表达了一个真命题 p，而且该命题(指"s 表达了一个真命题 p"这一命题，不是指由语句 s 所表达的命题)在经验上不可消灭。本书引入分析性 * 概念是将其作为一种方法用以把捉规定的一般形式的本质所在，同时,它作为一种方法,呈现了一批独特的陈述,它们与分析真理共有许多特征,特别是,这两者都被认为在经验上不可消灭。

后天判断、命题(a posteriori judgment/proposition):这种命题可通过感觉经验知晓或证成,但不能仅仅通过反思、理性或直觉知晓。

先天判断、命题(a priori judgment/proposition):其真性或假性无需借助感觉经验,通过反思、理性或直觉就可被知晓。

亚里士多德的(直言)逻辑[Aristotle's(categorical) logic]:西方最早的逻辑理论,它构成了西方两千多年以来的逻辑核心。一些哲学家,比如康德和博尔扎诺也曾采用了亚里士多德的逻辑,而该逻辑仅限于少量形式相对简单的直言命题(比如,"所有F是G"或"一些F不是G")。亚里士多德的逻辑在很大程度上被弗雷格的逻辑所取代。

原子,部分整体论的原子(atoms, mereological):指无法被分解为(或不具有)真部分(proper part)的实体。

二价,二价原理(bivalence, principle of):指这样一种观点,即所有命题拥有两个可能的真值——真或假。

色域互斥原理(color-exclusion principle):该原理是说一物不可能同时为两种不同的颜色。这一原理似乎表现了某种先天可知的东西,而且它明显无法被还原为逻辑规律,因此,我们不能将其纳入涉及颜色词或由这些颜色词所表达的概念的任意规定当中。

概念 vs. 语言词项(concept vs. linguage term):语言词项是语词或来自某个语言当中的表达式。概念可以为语词所表达。例如,语言词项或语词"红"表达了红这一概念。我们可以用不同的词来表达同一个概念。比如,德语单词"rot"也能表达红这个概念。

具体、具体物(concret/concretum/concreta):具体对象或具体物占据空间位置、有因果影响力,甚或兼具这两点。"具体"通常与"抽象"相对。

确证、否证(confirmation/disconfirmation):支持假说 h 的证据确

证 h，而反对 h 的证据否证 h。"Infirmation"和"confirmation"是同义的。

确证的、蒯因式的整体主义（confirmational/Quinean holism）：该观点认为，单个陈述或语句并非由证据分别予以确证。毋宁说，理论体系、甚或全部的"信念之网"是作为一个整体而得到确证或否证的。庞加莱、迪昂、卡尔纳普以及蒯因等人所持的这一观点各有不同的形式。

构成性系统（constitutional system）：在卡尔纳普的著作中，构成性系统是指基础概念系统，它包括某个给定领域（比如，几何学或经济学）的基础概念，以及基于这些基础概念对其他概念所做的明确定义。

偶然命题、实体（contingent proposition/entity）：一个命题为真，但不必然为真，这个命题就是偶然的。一个实体存在但并不必然存在，这个实体就是偶然实体。

约定主义（conventionalism）：某个真理领域（无论是语句、命题，还是事实）的约定主义者会认为，它们的真性或假性在某个有趣的意义上事关语言或表征方案的选择。庞加莱曾令人满意地论证道，无论我们的空间是否弯曲，它都只是和我们用以表征空间的约定性选择有关。爱因斯坦也认为，无论光速是否在任何方向上都一样，它都仅是表述的约定性选择。一些哲学家认为，伦理真理也是多多少少有些任意的社会约定的结果。

T 约定（Convention T）：即塔尔斯基为一个语言中的任何可接受的真理定义所给的"充分性条件"。根据这一条件，某语言 L 中的任何合理的真理定义必定蕴涵所有具有"语句 s 为真当且仅当 p"这种形式的双条件式，这里 p 是 L 的元语言中的语句，它是 L 中的语句 s 在元语言中的正确翻译。

待定义项（definiendum）：有待定义的词项。

定义项（definiens）：用以定义待定义项的词项。

限定描述语(definite description):指具有"the so and so"这种形式的表达式,比如"那个生活在街拐角的面包师"或"第七大行星"。

定义,明确定义(definition, explicit):指具有 S = the so and so(当 S 是一个个体时)或 Fx iff φ(x)这种形式(这里 φ 详细说明了 F 成立的定义条件)的定义。这是对"定义"最常见且不会引起争议的理解。对比隐含定义。

定义,隐含定义(definition, implicit):指仅仅根据陈述的详述(它们可以是公理或定律)对某词项所做的定义。例如,我们有时会说,几何公理通过声明点、线、面之间关系的基础真理隐含地定义了它们。对比明确定义。

量化辖域(domain of quantification):指当有人说出一个带有全称量词("对于所有的……")或存在性量词["存在(有)……"]的陈述时,那些被认为被谈及的对象之集合。比方说,如果我们和一帮朋友聚会,会上有人说"有人买酒去了",那么,这句话的量化辖域就被认为是参加聚会的所有人。同样,如果一个管弦乐团的指挥说,"每个人都拿起自己的乐器",那么,这句话隐含的量化辖域就仅包含乐团中人。在算术中,隐含的量化辖域是自然数。

信念的保守主义(doxastic conservatism):根据这一观点,当有人在新的证据面前对某人的信念产生质疑时,他应该在某个有益趣的意义上使"信念的改变减到最小"。不同的哲学家可能会为该原则的不同版本做出辩护,而且他们对"最低程度地改变信念"的定义也有所不同。

情感主义(emotivism):该观点将某类似乎有真值的陈述解释为情感表达式。例如,关于伦理陈述,情感主义可能会说,"帮助那个女人是对的"这句话表达了一个积极的、针对帮助那个女人这一行为的情感,而不是断言了一个真(或假)陈述。

经验主义,温和经验主义(empiricism, moderate):逻辑经验主义者捍卫这种形式的经验主义,根据其说,所有真正的、实质性的知识通过感觉经验得以证成,但是,它却诉诸某种类似于分析性的概念来解释我们有关非经验陈述的知识,比如逻辑真理和数学真理。因此,温和经验主义者承认,在某种意义上存在着先天知识,但他们主张,这种知识并不是实质性的,也不是事实上的,在某种程度上它们是一些无关紧要的重言式。

经验主义,彻底经验主义(empiricism, radical):经验主义的另一版本。根据这一版本的经验主义,所有知识和证成必定涉及感觉经验。作为一种可能的选择,人们可以把彻底的经验主义解释为这样一种观点,即没有什么东西是纯粹先天可知或可证成的,但是,我们可以后天地知道不少东西。

认识论(epistemology):有关知识的哲学研究。认识论包括对知识这一概念的分析、获得知识或可获得知识的条件以及对与之密切相关的概念(比如证成和证据)的分析。

证据特征(evidence profile):本书引入该术语来表示陈述的一项特征。证据特征刻画了何种证据或资料能够确证或否证一个陈述。我们认为,分析*陈述拥有特别的证据特征,因为经验及其内容既不能确证也不能否证这类陈述。与此形成鲜明对照的是,经验假说多多少少可以直接通过感觉经验得到确证或否证。

待阐释项(explicandum):有待阐释的语词或概念。

阐释项(explicans):在阐释一个概念时给出的说明;用以阐释概念或语词的条目。

阐释(explication):一种形式的概念澄清。它用比较清楚或更为精确的替代概念来置换那些不清楚或不精确的概念。在某些形式的阐释中(比如,卡尔纳普的阐释),替代概念通常是在一个形式系统的语境中引入的。和解释不同,阐释是用一个与待阐释概念全然不同但是有联系的概念来做置换。

外延(extension):一个概念或语言表达式的外延是指那些可正确应用该概念或语言表达式的东西之集合。例如,"是红的"这一谓词的外延是红色东西的集合。"小于 10 的素数"的外延是{2,3,5,7}这个集合。

外延概念(extensional notion):外延概念是指这样一种概念,其意义完全通过一套真实对象的外延所获得。

易谬主义(fallibilism):事实或命题领域的易谬主义者相信,我们无法确定地知道事实是否成立,命题是否为真。例如,关于伦理判断,易谬主义者会认为,我们总是无法确定我们关于这些判断的看法是否正确。关于知识,易谬主义者认为,人们可以知晓一个陈述,而用不着通过推理或逻辑地蕴涵该陈述之真的证成。一个人可能在某一领域(比如,经验科学)是易谬主义者,而在其他领域(比如,数学或天启神学)是非易谬主义者。

虚构主义(fictionalism):该观点将某些领域的陈述视为虚构故事中的陈述。因此,关于算术,虚构主义者会说,对于所谓"数"有一个主流的、广为人知的故事,当我们说一加一等于二时,我们真正的意思大概是,"根据这个主流的有关数的故事,一加一等于二"。此外,虚构主义还盛行于伦理陈述、模态陈述、有关心灵内容的陈述以及其他领域的陈述。

一阶逻辑(first-order logic):一阶逻辑的量词辖域仅仅分布于个体。与此形成鲜明对照的是,二阶逻辑容许对任意的对象集或性质加以量化。某些逻辑系统甚至允许对命题量化。

形式主义(formalism):一种数学观点,它把数学陈述看作是无解释的、根据"形式"转换规则来安排的符号串。在一种直截了当的形式主义看来,说一加一等于二实际上就是说在一个标准的形式算术系统中,"1+1=2"这个符号串是某个符号串序列的最后一步,而该序列符合所谓的"证明"规则。

形式系统(formal system):形式系统是一个有着明确转换规则的符号系统。通常,这些规则决定了什么样的符号序列被算作"语法的"或"符合规则的",同样,它们也决定了什么样的符合规则的符号序列被视为该形式系统内部的"证明"。

弗雷格分析性(frege - analyticity):弗(雷格)分析陈述是一种可通过同义替换而转换为逻辑真理的陈述。例如,如果"单身汉"与"未婚男子"是同义的,那么"所有单身汉都是未婚的"这一陈述就是弗分析的,因为我们可以通过同义替换将该陈述转换为"所有未婚男子都是未婚的"。

哥德尔语句(Gödel sentence):算术形式系统中的"哥德尔语句"指这样一种语句,它在该系统中既不是可证的也不是可否证的。事实上,我们可以表明,哥德尔语句只有在该系统中不是可证的情况下它才为真,就此而论,"它自己表明"它不是可证的。因此,只有在它不是可证的情况下,它才为真。如果该系统是一致的,那么它就不是可证的,并因此为真。不过,我们无法证明这一点。

哥德尔不完备性定理(Gödel's incompleteness theorem):库尔特·哥德尔证明了该定理。粗略地说,这一结论表明,在任何一致的、可以表达或表征算术的形式系统中存在着一些算术陈述,它们既不是可证明的也不是可否证的。该定理有时也被称作哥德尔第一不完备性定理,以区别于与之相关的第二不完备性定理。

整体主义,确证的、蒯因式的(holism, conformational/Quinean):见确证的、蒯因式的整体主义。

谐音翻译(homophonic translation):指将一个表达式翻译为另一个在句法上同一的表达式。通常,一个英语说话者会谐音地翻译其他英语说话者所说的话。但是,如果一个貌似英语说话者在"谐音翻译"时说出了某些相当奇怪、陌生的东西,那么根据最小切除原理,人们就可以非谐音地翻译他们所说的话。

休谟之叉(Hume's Fork):大卫·休谟将人类知识的所有对象分成了两类:观念关系和事实。该区分和后来的分析-综合之分颇多相似之处。

实体化(hypostasize):假定或推断某个或某种类型的实体。实体化的实体是一种假设或猜想，但它们经常被具体化为（或错误地视为）真实或具体的东西。

假说－演绎（hypothetico－deductivism）：一种有关确证的方法论的观点，根据这一观点，假说 H 要能由已观察到的资料 E 所确证，仅当 E 可逻辑地从 H 和其他那些已确证的理论或经验陈述中推导出来。

同一性条件（identity conditions）：用于集合或某种类型的对象，它们是一些满足那个对象集合中的个体成员的条件或特征。例如，集合以其外延加以区别，就此而论，集合 x 和 y 要为同一，仅当它们有相同的外延。蒯因拒绝承认可能物（possibilia，即可能但非真实的对象）以及其他诸如意义、命题这类实体，部分是因为在他看来，我们并不清楚在什么样的条件下任意两个可能的实体、命题或意义是相同或不同的。

指称的不确定性（indeterminacy of reference）：见指称的不可测知性。

翻译的不确定性（indeterminacy of translation）：蒯因所持的一种论点。据其说，任给定两个语言 L1 和 L2，一般而言不存在这样一个事实，即 L1 中的语句正确地翻译了 L2 中任意给定的语句。不确定性有别于翻译的非充分决定性，也不同于资料永远无法让我们知道哪个翻译是正确的这一主张。出人意料的是，即便 L1 和 L2 是同样的语言（就其拥有同样的语句而言），蒯因也认为其中存在着翻译的不确定性。

个体化，个体化准则（indivduation, criteria of）：该准则规定了什么算作同样的对象或对象类型。例如，有关一个个体，比方说，一匹马的个体化准则也许包括这匹马在时空中的位置，而某种马的个体化准则则可能包括这种马特有的生理特征。又见同一性条件。

推理性关系（inferential relations）：指可以从一个东西逻辑地推出另一个东西这种关系。例如，在标准逻辑中，语句 A 可以从集合

{A, A→B}中正确地推出,这就是在 A 和该集合之间成立的推理关系。

无限可表达的(infinitarily expressible):如果一个概念可以藉由无限长的表达式表达,那么该概念就是无限可表达的。如果一个概念或陈述仅仅是无限可表达的,那么就不存在任何有限长的表达式能表达该概念或陈述。例如,一些实数仅能通过无限长的小数位得到详述。

否证(infirmation):蒯因将其用作"disconfirmation"的同义词;见确证/否证。

指称的不可测知性(inscrutability of reference):蒯因的一个论点。该论点认为,任何用作指称的词项都没有一个确定的指称对象。

工具主义(instrumnetalism):一种关于科学理论的观点,根据这一观点,我们最好不要认为理论是真的或假的,毋宁说,它们只是一种用以推断关于可观察事实或资料的谓词是否正确的工具。工具主义者有时并不只是不可知论者,他们还否认科学实在论,或者说,他们不接受这种观点,即科学理论真实地或虚假地描述了实在。

内涵(intension):这是一个不太明确的概念,就其最宽泛的意义而言,它指的是那些无法通过外延加以刻画的意义特征。举个例子:如果"红"的外延是所有红色东西组成的集合,那么"红"的内涵就是那种要能产生、确认该集合或赋予该集合以个体特性的东西。为了使这一概念能够更加严格,有一种常见的做法,它将"是红的"这一谓词的外延看成是实际上所有红色东西的集合,并进一步为"是红的"分配一个从诸多可能世界映射到这些世界中的诸多外延的函式。根据这一解释,"是红的"在每个可能世界 w 中都有一个外延,那个从诸世界 w 映射到诸外延的函式便是其内涵。相应地,我们就将一个真值可评估的语句实际上的真值作为其外延,将从诸世界映射到诸真值的某个函式或可能世界的某个集合(在这些世界中该语句为真)作为其内涵。

意向概念/实体(intentional concepts/entities):一些论者更倾向于使用"内涵的",而不是"意向的"。实体或概念与一个内涵理论有关。这种实体或概念包括命题、意义或其他那些无法仅通过外延,也就是说,无法诉诸对象之集合来把握其本性的实体或概念。

内部问题 vs. 外部问题(internal vs. external questions):卡尔纳普所做的一个区分。其一,指那些诉诸决定某个语言系统是否得到了正确应用的规则就能回答的问题(内部问题);另一个指那些诉诸这种"语言内部"的规则无法得到回答的问题,但是,如果这些规则是完全一致的,那我们就来考虑是否要将该语言系统看成一个整体。

直觉(intuition):在哲学语境中,直觉指领会诸如对象、命题或事实这类特定现象的方式,它不依赖于感觉经验或推理。直觉经常被视为一种直接的领会方式(比如在康德那里),就此而论它不依赖于符号或概念。通常,理性主义者会声称,直觉可以是某些命题(比方说,数学或逻辑真理)的知识来源,而经验主义者一般会对这一点予以否认。

直觉主义(intuitionism):数学哲学中的一种观点,根据这一观点数学对象被看作一些心智构造物。以往那些直觉主义者曾认为,该观点会导致不同的(非经典的和"直觉主义的")逻辑规则和数学证明。

说谎者悖论(liar paradox):该悖论涉及一族陈述,它们具有这样的形式:"这句话是假。"——如果其为真,那这句话就是假的,但如其为假,这就话就是真的。然而,只有当我们假定任何语句都不能既为真又为假时,这种悖论才成立。塔尔斯基就曾建议,我们不应该用一个语言内部陈述的真性或假性来处理这种悖论性的陈述。

逻辑(logic):虽然我们对逻辑并没有一个无争议的刻画,但一般而言,逻辑是指有关推理和形式系统的研究。逻辑可以宽泛地分成两块研究:其一涉及演绎,另则关乎归纳。在当代,逻辑研究的开展通常借助对形式系统的详述,包括对"逻辑词汇表"以及各种形式的语句[内含逻辑词汇表中的词汇,例如"和"、"或"以及诸如"所有"、"存在(有)"这类量词]进行正确推理的规则的详述。

逻辑实证主义(logical positivism):有时被称作"逻辑经验主义",近些年来,也有人称其为"温和经验主义"。该观点和维也纳学圈关系密切,但就本书的目的而言,它旨在声言存在着分析陈述和综合陈述之分。此外,逻辑实证主义者的论点还包括以下主张:所有实质性知识或综合知识是经验的或基于经验的,而分析陈述虽不通过经验就可知,但它们是非实质性的。

逻辑主义(logicism):由弗雷格最早提出的一种有关算术的理论,根据这种理论,所有的算术陈述,比如"存在着比一百万大的素数",在特定的定义下,可以被译为或被表明来自于某些逻辑真理。罗素、怀特海以及其他一些人则提出了逻辑主义的改进版。

最小切除原理(maxim of minimum mutiation):蒯因为信念的保守主义原理所加的标签。

部分整体论(mereology):一种有关"部分"关系以及类似概念的理论。一个部分整体理论在其整体原则之外还可能包含这样一种原则,即"对于任何两个互有区别的对象 a 和 b,存在这一个部分之和(mereological sum)a ∗ b,它有别于 a + b"。

元语言(meta-language):用以谈论我们所感兴趣的语言(L)的语言(ML),这里,L 指那个被谈论的对象语言。

元本体论(meta-ontology):近些年来,这一术语变得甚是流行。它是指那种有关本体论的正当的方法论的哲学理论,包括存在性主张的本性等等。例如,一个元本体论问题可能会是这样:是否有这样一个事实,它关乎形形色色的本体论主张,比如,是否存在着数或任意组合而成的部分之和。

模态(modality):按其当代用法,模态与可能性、必然性有关。

例如,一个陈述的模态特征就是指其偶然为真或必然为假。有时候,考虑到其他一些"模态"已在讨论之中,人们也会将"真势模态"用于这一概念。

自然主义(naturalism):自然主义指这样一种哲学观,即所有现象都可利用实体、规律以及经验科学的方法论加以解释、获得有关它们的知识。自然主义有诸多形态。所以,本体论自然主义者可能会声称,所有且仅仅这些现象之为真实的存在是通过某些或全部的经验科学才被认识到的。认识论自然主义者很可能认为,只有这些以经验科学的方式进行的探究和证成才可能是知识的来源。方法论自然主义会坚持说,唯有科学才为知识的探究提供了正当的标准。各个形态的自然主义都有形形色色更为深入的亚变种。

必然真理(necessary truth):指为真且必不为假的命题。

纽拉特之船(Neurath's boat):奥托·纽拉特的隐喻。该隐喻将科学家、哲学家的处境比作海上奋力航行的水手们的困境。科学家和哲学家一开始必定是借助已有的、传承下来的理论和信念来解释、预测世界,正如水手们必须依靠他们的船才能在海上航行。理论的修正和改进必定始于这一智性传承,正如水手们只能修补、改造他们所在的那艘船。纽拉特的这一隐喻意在同那种更加"基础主义"(foundationalism)的观点相比较,而根据后者,我们可以从手头上的第一原理出发建立起全部知识。

虚无主义、(部分整体论的)普遍主义[nihilism, universalism (mereological)]:部分整体论的"虚无主义者"认为,唯一真实或终极存在的对象是那些无法被分解为真部分的"原子"。而部分整体论的普遍主义者认为,对于任何有区别的对象(原子,或其他什么东西)集合都存在一个更为深入的真实对象,即它们的部分之和。

非矛盾,非矛盾原理(noncontradiction, principle of):根据该原理,对于任何一个命题p,同为p和-p是假的(在其大多数的表述中应为必然为假)。该原理有时也用于某个语言中的语句,而不仅仅用于命题。

对象语言(object-language):被描述、被谈论的语言;我们用元语言谈论对象语言。

对象化解释(objectual interpretation):量词(比如,"对于所有")的对象化解释一般会同"替代性"解释相对照。考虑"对于任何数 n,2n 是偶数"这样一个陈述。对此,对象化解释会说,该陈述意味着对于任何一个数,将其乘以二结果将得到一个偶数。而替代性解释会为该陈述分配这样一个意义,即对于任何一个你可以将其代入"2n 是偶数"一式的数(数字词),你都会得到一个真语句。该区分被认为与抽象对象是否存在这一论争有关,因为,如果人们能够表明有量词限定的算术陈述最好是替代性地加以解释,那么,承认这种陈述之真理性的人就不能再承认数的存在,他们只能承认语句或替代范例。

观察语句(observation sentence):指这样一种语句,它们的证实或彻底证成直接来自经验或观察。在蒯因的理论中,观察语句关联于特定的感觉刺激模式下的同意倾向和其他模式下的不同意倾向,此外,如果说话者已经习得这些同意或不同意的倾向,那观察语句也同说话者是否习得该观察语句有关。

本体论承诺(ontological commitments):只要某人接受了某一理论或信从了某些陈述,那么,他就必须承认某些实体是存在的。例如,若有人相信二加二等于四,那么在一些观点看来,他就在本体论上承诺了二和四这两个数的存在,同样,他也承诺了加法函数甚至同一性关系(相等关系)。

超协调逻辑(paraconsistent logic):一种规则系统,其规则类似于逻辑规则,但其逻辑词汇表中包含着这样一个逻辑词,而用以制约该词的规则类似于我们用以制约否定记号的规则,它使得某些"矛盾式"(比如"既为 p 又为 -p")可以为真或既为真又为假。因此,超协调逻辑系统可以被认为是一种"允许矛盾式"的逻辑系统。

范例论证(paradigm case argument)：一种论证形式。为了能够表明一个概念具有非空外延,此种论证借用了该概念的"范例"。一些概念,比如"是朱红色的",就可被认为意味着"同这块斑点的颜色类似(同时指着一个朱红色的'范例')"。任何借助某一范例而得到正确定义的概念必定有一个非空外延,即该范例本身。不过,哈曼认为,(比方说)指向"女巫"这一概念的一个范例也不能使我们确认有真正的女巫存在。

皮亚诺公理体系(Peano axioms)：指一些基础原理或"公理",它们逻辑地推导自普通算术的真理。意大利数学家朱塞佩·皮亚诺首次发现/发明了这一公理体系。

现象主义(感觉与料理论)[phenomenalism(sense-data theory)]：根据这一观点,对日常对象(比如桌椅板凳,甚至行星)的谈论是"真实的",可以被翻译为有关感觉经验的复杂陈述。换句话说,现象主义者将有关日常对象的谈论还原或翻译成了实际或可能的有关感觉经验的谈论。

物理主义(physicalism)：一种形式的自然主义,但它有更进一步的主张,即物理学是最基础的,或者说,它是基础性科学,而且所有真理都可被还原为用物理学语言可表达的真理,或所有现象原则上仅利用物理学的理论、方法、语言就可以得到解释。

命题的图像理论(Picture Theory of Propostition)：路德维希·维特根斯坦在其《逻辑哲学论》中提出的命题理论。根据这一理论,命题是一种图像。就像图像那样,命题藉由其构成性元素(这些元素共同地描画了一个事实)描画或没有描画事物所是(相应于真命题、假命题)之方式。命题的图像理论深刻影响了维也纳学圈对语言和逻辑的看法。

认知上的可能性 vs. 形而上的可能性(possibility, epistemic vs. metaphysical)：一个命题之真在认知上要是可能的,仅当它就我们所知的一切而言为真。因此,认知上的可能性与我们的所知具有某种联系。与此形成鲜明对照的是,形而上的可能性被认为无需诉诸我们的所知就能得到把握。例如,假使数学真理是形而上必然的,那么,若哥德巴赫猜想(GC)为真,那它就是形而上必然的,如其为假,那么它就是形而上可能的。不过,由于我们当下并不知道该猜想是真还是假,所以,GC 之为真在认知上是可能的(这取决于我们当前的知识状态),同样,其为假在认知上也是可能的。

谓词(predicate):这一术语用于当代哲学和逻辑学。语句的谓词指系词+性质或关系表达式。

谓词逻辑(predicate logic):见一阶逻辑。

素性测定,准经验的(primality testing, quasi-empirical):在一些情况下,人们用这种准经验的方法来测定某个非常非常大的自然数 N 是否为素数。这种方法先随机选定一些小于 N 的数,看看它们是否有某个特定的性质,如果 N 是合数,那么这些被随机选定的数中就有过半数的数共有这一性质。而如果这些被随机选定的数中的大多数都不具有这一性质,那 N 为素数的可能性就极高。

二价原理(Principle of Bivalence):指对于任何陈述有且仅有两个真值,要么为真或要么为假。直觉主义并不接受二价原理。

排中律(Principle of the Excluded Middle):逻辑原理,即"p 或非非 p"恒为真。

宽容原则(Principle of Tolerance):卡尔纳普主张"逻辑中没有道德"。卡尔纳普用宽容原则表达他的这一立场,即根本就没有任何事实关乎某个给定的逻辑系统是否"正确",有的只是为了实现某个特定目的而采用一个逻辑系统所要解决的实务问题。

命题(proposition):命题被认为是由有意义的语句所表达的东西。从直观上讲,"雪是白的"这句汉语与"Der Schnee ist weiss"这句德语表达了同一个命题。

代理函式(proxy function):将一个对象集映射到另一个对象集的函式。

量词(quantifier):一种数量表达式,对其较为宽泛的解释也将一些不确指的词(比如,"一些"和"所有")包括了进来。标准一阶逻辑中所用到的主要"量词"是全称量词,用英语来表示的话就是"for all"或"for any",以及存在性量词"for some"或"there exist/are"。数理逻辑学家也曾为其他逻辑运算引入过一些更为一般的概念,比如"大多数"、"许多"等等,不过本书并不涉及这些概念。

蒯因-迪昂论题(Quine-Duhem Thesis):见确证的、蒯因式的整体主义。

彻底翻译(radical translation):蒯因的术语,指将一个完全陌生的语言译为我们自己的语言。

理性主义(rationalism):根据该观点,理性直觉是证成或知识的一个来源。

还原论(蒯因式的)[reductionism(Quinean)]:就蒯因的用法而言,还原论是这样一种观点,即经验科学语言内部的每一条陈述都有一套观察(或观察陈述),它们能够证实或确证该陈述,而且另有一套观察可证伪或否证该陈述。根据蒯因的确证的整体主义,还原论是错误的,因为陈述不能单通过总体背景理论中的局部证据得到确证或否证。

罗素悖论(Russell's paradox):用弗雷格的逻辑理论中的一个原理构造出的悖论,根据这一悖论,对于用弗雷格语言可表达的任何概念,存在着该概念可应用其上的某一集合。罗素悖论产生自"不是其自身成员的集合的集合"这一概念,而该概念在弗雷格语言中是可表达的。设想有一集合对应于这一概念。那么,它是其自身的成员吗?如果是的话,那么它就不是其自身的成员,如果不是的话,它又是其自身的成员。由于任一可能性均导致矛盾,所以弗雷格的逻辑系统是不一致的。

保真替换,可替换的(salva vertitate, substitutable):在某些语句中,两个词项是可保真替换的仅当它们是相互可替换的,而且替换后该句的真值保持不变。

满足(satisfaction):塔尔斯基在为某些形式语言发展"真理理论"时引入的一个概念。就本书的主旨而言,"真"通过"满足"这一术语得到定义,也就是说,真理通过塔尔斯基的"满足"概念得到定义。

语义学(semantics):有关语言表达式意义的理论。

语句(sentence):语词序列,或字母和空格组成的序列,它符合特定的句法或语法构造规则。本书主要着意于对比语句和制约语句之使用的规则。因此,这里所说的语句需要对照我们通常如何理解、使用语句或它们所意味的东西。

陈述(statement):按本书的用法,陈述是指那种被理解为语句的东西。语句之于陈述正如一个小物件之于象棋中的象。后者被理解为或被用作象棋中的棋子。这个小物件就好比语句,它可以用作多种用途,这取决于使用者的意向,但通常它被理解为或被设定为棋子,正如我们将语句用作语言行为的载体。

刺激-分析的(stimulus-analytic):蒯因的术语。指任给一个具有促进作用的刺激,一个语句都会得到同意,那该语句就是刺激-分析的。按其解释,"这里有一些猫"就是刺激-分析的。

规定(stipulation):"规定"在本书中有两种用法。其一,指做规定这种行为;另则,指被规定的陈述。在第二种意义上,规定就是以某种特定方式使用的语句,至少它要能部分地解决语词的意义问题。而规定行为则关联于我们的分析的*这一概念,它作为一个规则被引入我们语言以便使某个特定的语句型可被认为是真的(即表达了一个真命题)、其真理性在经验上是不可消灭的。

规定物(sitpulatum):在本书中,规定物指一种对象,而某些分析*陈述蕴涵了它们的存在。规定物有别于理论实体(比如电子),因为规定或分析*陈述并不蕴涵后者之存在,但是,我们可以从经验证据和各种非规定性的假说中推出(也许仅仅是归纳性地,而非逻辑地)理论实体。

替代性解释(substitutional interpretation):一种对逻辑量词的解释。根据这一解释,在有量词限定的逻辑公式中,约束变量以词项或表达式而非以对象作为其替代实例。见对象化解释。

综合的(synthetic):当一个命题或判断不单是分析陈述的逻辑后承时,它便是综合的。综合陈述曾被认为有着额外的性质。这些性质包括(但不限于):综合陈述据有"认知内容"、具有"扩展性"或"扩充性"(当其被知晓后可以扩展我们的知识)、无法全然确定地可知、是偶然的、仅能先天地知道以及其真性或假性部分地由独立于语言之外的事实所决定。

句法(syntax):照当代用法,句法是指那些与语言字符、符号的顺序和形状有关的语言特征,它并不涉及意义(尽管句法特征可能同语义特征有关联)。

先天综合的(synthetic a priori):根据康德,先天综合判断的谓词概念并不包含于它们的主词概念(依康德的定义,它们不是分析的),但它们是先天可知的,并且有关它们的知识是"扩充性的",即,它们可以扩充我们的知识。相比之下,分析判断不具有扩展性。康德认为,算术或几何学上的真判断以及某些形而上学判断是先天综合的。他还认为,先天综合真理不仅存在而且其存在需要哲学上的说明,因为它们的存在意味着那种实质性的知识可以独立于经验而存在。

重言式(tautology):若一个陈述为真但它无关紧要或"空洞无物",那它就是重言式。更为技术性的当代定义将"重言式"这一概念定义为一种复合陈述——无论其子陈述的真值如何该复合陈述始终为真。

描述语理论(Theory of Descriptions):由罗素发展出的有关形如"The so and so"这类表达式的理论。该理论提供了一个模型,以此表明那种看似在逻辑和认识论上的地位成问题的陈述也可以服从逻辑分析。

非充分决定(资料对理论的)[underdetermination(of theory by data)]:指这样一种现象,即,一般而言,任何有限数量的经验资料(无论它们有多么庞大、细节有多么丰富)都可同多个理论(甚至是无限多个的理论)在逻辑上相容。

普遍物(universal):一种抽象对象,用以解释两个在数量上有别的个体如何可以是一个类型。例如,盗骊(Black Beauty)和白义(Silver)之所以同为马这种东西(或这两者之所以可被断定为"马"),是因为它们都多少联系于或"参与"马这种普遍物。

证实主义/意义的证实性准则(verificationsim/verifiability criterion of meaning):许多逻辑经验主义者(包括蒯因)共持的一种观点,根据这一观点,一个陈述或语句要有意义,仅当该陈述在某些明确的条件下会通过经验或观察得到证实或证伪(若按蒯因的版本,应得到确证或否证)。

维也纳学圈(Vienna Circle):指1928至1936年间相聚于维也纳的哲学家、数学家和科学家团体。除别的一些观点外,维也纳学圈所捍卫的观点实际上与某种版本的逻辑实证主义并无二致。

信念之网(web of belief):蒯因就我们在某个给定时间内的信念整体所做的隐喻。我们的信念被认为是相互联系的,像蜘蛛网那样,某一信念的改变就好比蛛网上某些部分的改变或断离,从而引起网络上其他部分的改变。

参考文献

Atchinstein, Peter. 2007. "Atom's Empirical Eve: Methodological Disputes and How to Evaluate Them," *Perspectives on Science* 15, 3, pp. 359 - 390.

Awody, S. and Carus, A. W. 2001. "Carnap, Completeness, and Categoricity," *Erkenntnis* 54, pp. 145 - 172.

Ayer, Alfred J., ed. 1959. *Logical Positivism*. New York: Free Press.

——. 1946. *Language, Truth and Logic*. New York: Dover Publications.

Azzouni, Jody. 2004. *Deflating Existential Consequence: A Case for Nominalism*. Oxford: Oxford University Press.

——. 2000. *Knowledge and Reference in Empirical Science*. New York: Routledge.

——. 1994. *Metaphysical Myths, Mathematical Practice: The Ontology and Epistemology of the Exact Sciences*. Cambridge: Cambridge University Press.

Baker, Gordon P. 1988. *Wittgenstein, Frege and the Vienna Circle*. Oxford: Basil Blackwell.

Baker, G. P. and Hacker, P. M. S. 1985. *Wittgenstein: Rules, Grammar and Necessity. Volume 2 of an Analytical Commentary on the Philosophical Investigations*. Oxford: Basil Blackwell.

Balaguer, Mark. 1998. *Platonism and Anti - Platonism in Mathematics. New York: Oxford University Press.

Bealer, George. 1999. "A Priori Knowledge and the Scope of Philosophy," in Albert Casullo, ed., *A Priori Knowledge*, Aldershot: Ashgate, pp. 123 - 145.

Berström, Lars. 1993. "Quine on Underdetermination," in R. Bartlett and R. Gibson, eds., *Perspectives on Quine*. Oxford: Blackwell, pp. 38 - 52.

Berström, Lars and Føllesdall, Dagfinn. 1994. "Interview with Willard Van Orman Quine in November 1993," *Theoria* 60, pp. 226 - 231.

Beth, E. W. 1963. "Carnap's Views on the Advantages of Constructed Systems over Natural Languages in the Philosophy of Science," in P. A. Schilpp, ed., *The Philosophy of Rudolph Carnap*. La Salle, IL: Open Court, pp. 469 - 502.

Bishop, Michael A. and Trout, J. D. 2004. *Epistemology and the Psychology of Human Judgment*. New York: Oxford.

Boghossian, Paul. 1996. "Analyticity Reconsidered," *Nous* 30, 3, pp. 360 - 391.

Bohnert, H. G. 1986. "Quine on Analyticity," in L. E. Hahn and P. A. Schilpp, eds., *The Philosophy of W. V. Quine*. La Salle, IL: Open Court, pp. 77 - 95.

BonJour, Laurence. 1998. *In Defense of Pure Reason*. Cambridge: Cambridge University Press.

Bolzano, Bernard. 1973. *Theory of Science*, translated from the German by B. Terrell. Dordrecht: D. Reidel.

Burge, Tyler. 1992. "Philosophy of Language and Mind 1950 - 90," *Philosophical Review* 101, 1, pp. 3 - 51.

Carnap, Rudolf. 1995. *The Unity of Science*, translated by Max

Black. London: Thoemmes Press.

——. 1987. "On Protocol Sentences," translated by Richard Creath, *Nous* 21, 4, pp. 457 – 470.

——. 1967. *The Logical Structure of the World and Pseudoproblems in Philosophy*. Second edition, translated by Rolf A. George. Berkeley: University of California Press.

——. 1964. "The Logicist Foundations of Mathematics," in *Philosophy of Mathematics: Selected Readings*, edited by P. Benacerraf and H. Putnam. Englewood Cliffs, NJ: Prentice Hall, pp. 31 – 41.

——. 1963. *The Philosophy of Rudolph Carnap*, edited by Paul Arthur Schilpp. La Salle, IL: Open Court.

——. 1963a. "E. W. Beth on Constructed Language Systems," in P. A. Schilpp, ed., *The Philosophy of Rudolph Carnap*. La Salle, IL: Open Court, pp. 927 – 933.

——. 1963b. "Intellectual Autobiography," in P. A. Schilpp, ed., *The Philosophy of Rudolph Carnap*. La Salle, IL: Open Court, pp. 3 – 84.

——. 1963c. "Quine on Logical Truth," in P. A. Schilpp, ed., *The Philosophy of Rudolph Carnap*. La Salle, IL: Open Court, pp. 915 – 922.

——. 1959. "The Elimination of Metaphysics through the Logical Analysis of Language," in *Logical Positivism*, edited by A. J. Ayer, translated by A. Pap. New York: Free Press, pp. 60 – 81.

——. 1956. *Meaning and Necessity, A Study in Semantics and Modal Logic*. Enlarged edition, Chicago: University of Chicago Press.

——. 1956a "Empiricism, Semantics, and Ontology," in *Meaning and Necessity, A Study in Semantics and Modal Logic*. Enlarged edition, pp. 205 – 221.

——. 1956b. "Meaning and Synonymy in Natural Languages," in *Meaning and Necessity, A Study in Semantics and Modal Logic*. Enlarged edition, pp. 233 - 247.

——. 1950. *Logical Foundations of Probability*. Chicago: University of Chicago Press.

——. 1949. "Truth and Confi rmation," in H. Feigl and W. Sellars, eds., *Readings in Philosophical Analysis*. New York: Appleton - Century - Crofts, pp. 119 - 227.

——. 1942. *Introduction to Semantics and Formalization of Logic*. Cambridge, MA: Harvard University Press.

——. 1938. "Foundations of Logic and Mathematics," in *International Encyclopedia of Unified Science*, edited by Otto Neurath, Rudolf Carnap, and Charles Morris. Chicago, IL: University of Chicago Press, pp. 42 - 61.

——. 1937. *The Logical Syntax of Language*. London: Routledge and Kegan Paul.

——. 1930. "Die Mathematik als Zweig der Logik," *Blätter für deutsche Philosophie: Zeitschrift der Deutschen Philosophischen Gesellschaft* 4, pp. 298 - 310.

——. 1927. "Eigentliche und Uneigentliche Begriffe," *Symposion* 1, pp. 355 - 374.

Carnap, R. and Quine, W. V. 1990. *Dear Carnap, Dear Van: The Quine - Carnap Correspondence and Related Work*, edited by Richard Creath. Berkeley: University of California Press.

Carus, A. W. 1999. "Carnap, Syntax, and Truth," in J. Peregrin, ed., *Truth and Its Nature (If Any)*. Dordrecht: Kluwer Academic Publishers, pp. 15 - 35.

Casullo, Albert. 2003. *A Priori Justification*. Oxford: Oxford University Press.

———. ed. 1999. *A Priori Knowledge*. Aldershot: Ashgate.

Chalmers, David. 2008. "From the Aufbau to the Canberra Plan," available at < consc. net/papers/aufbau. ppt >.

———. 2007. "Ontological Anti - Realism," in David Chalmers, David Manley, and Ryan Wasserman, eds. , *Metametaphysics*: *New Essays on the Foundations of Ontology*. Oxford: Oxford University Press, 77 - 129.

———. 2006. "Two - Dimensional Semantics," in Ernie Lepore and Barry Smith, eds. , *The Oxford Handbook of Philosophy of Language*. New York: Oxford University Press, 574 - 606.

Chomsky, Noam. 1975. "Quine's Empirical Assumptions," in D. Davidson and J. Hintikka, eds. , *Words and Objections*: *Essays on the Work of W. V. Quine*. Boston, MA: D. Reidel.

Coffa, Alberto. 1991. *The Semantic Tradition from Kant to Carnap*: *To the Vienna Station*, edited by L. Wessels. Cambridge: Cambridge University Press.

———. 1987. "Carnap, Tarski and the Search for Truth," *Nous* 21, pp. 547 - 572.

Colyvan, Mark. 2003. *The Indispensability of Mathematics*. Oxford: Oxford University Press.

Crane, Tim. 2003. "Review of In Defense of Pure Reason: A Rationalist Account of A Priori Justification," Mind 112, 447.

Creath, Richard. 2004. "Quine on the Intelligibility and Relevance of Analyticity," in Roger Gibson, ed. , *The Cambridge Companion to Quine*. Cambridge: Cambridge University Press, pp. 4 - 199.

———. 1996. "Languages without Logic," in R. N. Giere and A. W. Richardson, eds. , *Origins of Logical Empiricism*. Minneapolis: University of Minnesota Press, pp. 251 - 265.

——. 1992. "Carnap's Conventionalism," *Synthese* 93, pp. 141 - 165.

——. 1991. "Every Dogma Has Its Day," *Erkenntnis* 35, pp. 347 - 389.

——. 1990. "The Unimportance of Semantics," in PSA 1990, volume 2, edited by A. Fine, M. Forbes, and L. Wessels. East Lansing, MI: *Philosophy of Science Association*, pp. 405 - 415.

David, Marian. 1994. *Correspondence and Disquotation: An Essay on the Nature of Truth.* Oxford: Oxford University Press.

Davidson, Donald. 1984. *Inquiries into Truth and Interpretation.* Oxford: Clarendon Press.

Davidson, Donald and Hintikka, Jaakko, eds. 1975. *Words and Objections: Essays on the Work of W. V. Quine.* Boston, MA: D. Reidel.

DeJong, Willem R. 1995. "Kant's Analytic Judgments and the Traditional Theory of Con - cepts," *Journal of History of Philosophy* 33, 4, pp. 613 - 641.

De Rosa, Raffaella and Lepore, Ernest. 2004. "Quine's Meaning Holisms," in Roger Gibson, ed., *The Cambridge Companion to Quine.* Cambridge: Cambridge University Press, pp. 181 - 199.

Dicker, Georges. 1998. *Hume's Epistemology and Metaphysics.* London: Routledge.

Duhem, Pierre. 1954. *The Aim and Structure of Physical Theory*, translated by Philip P. Wiener. Princeton, NJ: Princeton University Press.

Dummett, Michael. 1991. *The Logical Basis of Metaphysics.* Cambridge, MA: Harvard University Press.

——. 1981. *Frege: Philosophy of Language*. Second edition. Cambridge, MA: Harvard University Press.

Ebbs, Gary. 1997. *Rule - Following and Realism*. Cambridge, MA: Harvard University Press.

Evans, Gareth. 1985. *Collected Papers*. Oxford: Oxford University Press.

Fogelin, Robert J. 2004. "Aspects of Quine's Naturalized Epistemology," in Roger Gibson, ed., *The Cambridge Companion to Quine*, Cambridge: Cambridge University Press, pp. 19 - 46.

Foley, R. 1994. "Quine and Naturalized Epistemology," in *Midwest Studies in Philosophy* Vol. XIX. Notre Dame, IN: University of Notre Dame Press, pp. 243 - 260.

Follesdal, D. 1986. "Essentialism and Reference," in L. E. Hahn and P. A. Schilpp, eds., *The Philosophy of W. V. Quine*. La Salle, IL: Open Court, pp. 93 - 95.

Franzen, Torkel. 2005. *Gödel's Theorem: An Incomplete Guide to Its Use and Abuse*. Wellesley, MA: A. K. Peters.

Frege, Gottlob. 1974. *The Foundations of Arithmetic: A Logico - Mathematical Inquiry into the Concept of Number*, translated from the German by J. L. Austin. Oxford: Blackwell.

——. 1972. *On Conceptual Notation and Related Articles*, translated by T. W. Bynum. Oxford: Clarendon Press.

——. 1971. *On the Foundations of Geometry and Formal Theories of Arithmetic*, translated from the German by E. H. W. Kluge. London: Yale University Press.

——. 1964. *The Basic Laws of Arithmetic*, translated by M. Furth. Berkeley: University of California Press.

Friedman, Michael, ed. 1999. *Reconsidering Logical Positivism*.

Cambridge: Cambridge University Press.

——. 1992. "Epistemology in the Aufbau," *Synthese* 93, pp. 15 – 57.

——. 1992a. *Kant and the Exact Sciences*. Cambridge, MA: Harvard University Press.

——. 1987. "Carnap's Aufbau Reconsidered," *Nous* 21, pp. 521 – 545.

Geach, Peter. 1951. "Symposium: On What There Is, Part I," *Proceedings of the Aristotelian Society* 25, pp. 125 – 136.

Gemes, Kenneth. 1991. "The Indeterminacy Thesis Reformulated," *Journal of Philosophy* 91, pp. 91 – 108.

Gentzen, Gerhard. 1969. *The Collected Papers of Gerhard Gentzen*. Amsterdam: North – Holland.

George, Alexander. 2000. "On Washing the Fur without Wetting It: Quine, Carnap, and Analyticity," *Mind* 109, 433, pp. 1 – 24.

Gibson, Roger F., ed. 2004. *The Cambridge Companion to Quine*. Cambridge: Cambridge University Press.

——. 2004a. "Quine's Behaviorism cum Empiricism," in Gibson, ed., *The Cambridge Companion to Quine*, pp. 181 – 199.

——. 1988. *Enlightened Empiricism: An Examination of W. V. Quine's Theory of Knowledge*. Gainesville: University Press of Florida.

Glock, H. J. 2008. *What is Analytic Philosophy?* Cambridge: Cambridge University Press.

——. 2003. *Quine and Davidson on Thought, Language and Reality*. Cambridge: Cambridge University Press.

——. 1992. "Wittgenstein vs. Quine on Logical Necessity," in S. Teghrarian, ed., *Wittgenstein and Contemporary Philosophy*. Bristol, Thoemmes Press, pp. 154 – 186.

Gödel, Kurt. 1967. "On Formally Undecidable Propositions of Principia Mathematica and Related Systems," in Jean van Heijenoort, ed., *From Frege to Gödel: A Source Book in Mathematical Logic*, 1897 – 1931, Cambridge, MA: Harvard University Press, pp. 592 – 619.

Goldfarb, Warren. 1996. "The Philosophy of Mathematics in Early Postivism," in R. N. Giere and A. W. Richardson, eds., *Origins of Logical Empiricism*. Minneapolis: University of Minnesota Press, pp. 213 – 230.

———. 1995. "Introductory Note to *1953/9," in Kurt Gödel: *Collected Works*, volume III, edited by Solomon Feferman. Oxford: Oxford University Press, pp. 324 – 334.

———. 1979. "Logic in the Twenties: The Nature of the Quantifier," *Journal of Symbolic Logic* 44, 3, pp. 351 – 368.

Goldman, A. 1994. "Naturalistic Epistemology and Reliabilism," in *Midwest Studies in Philosophy* XIX, edited by Peter A. French et al. Notre Dame, IN: University of Notre Dame Press, pp. 1 – 20.

Gregory, Paul A. 2003. "'Two Dogmas' – All Bark and No Bite? Carnap and Quine on Analyticity," *Philosophy and Phenomenological Research* 68, 3, pp. 633 – 648.

Grice, H. Paul and Strawson, Peter F. 1956. "In Defense of a Dogma," *The Philosophical Review* 65, pp. 141 – 158.

Gupta, Anil. 2006. *Empiricism and Experience*. Oxford: Oxford University Press.

Guyer, Paul, ed. 1992. *The Cambridge Companion to Kant*. Cambridge: Cambridge University Press.

Haack, Susan. 1977. "Carnap's Aufbau: Some Kantian Refiections," *Ratio* 19, pp. 170 – 175.

Hacker, P. M. S. 1996. *Wittgenstein's Place in Twentieth – Cen-*

tury Analytic Philosophy. Oxford: Black‐well.

Hahn, L. E. and Schilpp, P. A., eds. 1986. *The Philosophy of W. V. Quine*. La Salle, IL: Open Court.

Hale, Bob. 1987. *Abstract Objects*. Oxford: Blackwell.

Hanfling, Oswald. 2000. *Philosophy and Ordinary Language: The Bent and Genius of Our Tongue*. London: Routledge.

Harman, Gilbert. 1999. "(Nonsolipsistic) Conceptual Role Semantics," in *Reasoning, Meaning, and Mind*. New York: Oxford, pp. 206 - 234.

——. 1996. "Analyticity Regained?" *Nous* 30, 3, pp. 392 - 400.

——. 1976. "Katz' Credo," *Synthese* 32, pp. 387 - 394.

——. 1973. *Thought*. Princeton, NJ: Princeton University Press.

——. 1972. *Semantics of Natural Language*. Dordrecht: D. Reidel.

——. 1967. "Quine on Meaning and Existence I," *Review of Metaphysics* 21, pp. 124 - 151.

——. 1967a. "Quine on Meaning and Existence II," *Review of Metaphysics* 21, pp. 343 - 367.

Hilbert, David. 1971. "Hilbert's Reply to Frege," in *On the Foundations of Geometry and Formal Theories of Arithmetic*, edited by E. H. W. Kluge. New Haven, CT: Yale University Press, pp. 10 - 14.

——. 1927. "The Foundations of Mathematics," in Jean van Heijenoort, ed., *From Frege to Gödel: A Source Book in Mathematical Logic*, 1897 - 1931, Cambridge, MA: Harvard University Press, pp. 464 - 479.

Hintikka, Jaakko. 1974. *Knowledge and the Known: Historical*

Perspectives in Epistemology. Dordrecht: D. Reidel.

Hirsch, Eli. 2005. "Physical – Object Ontology, Verbal Disputes, and Common Sense," *Phil – osophy and Phenomenological Research*, 70, 1, pp. 67 – 97.

Hofweber, Thomas. 2005. "A Puzzle about Ontology," *Nous* 39, pp. 256 – 283.

Hookway, Christopher. 1994. "Naturalized Epistemology and Epistemic Evaluation," Inquiry 37, pp. 465 – 485.

——. 1988. Quine: *Language, Experience and Reality*. Stanford, CA: Stanford University Press.

Hudson, Robert G. 1994. "Empirical Constraints in the Aufbau," *History of Philosophy Quarterly* 11, pp. 237 – 251.

Hume, David. 1988. *An Inquiry Concerning Human Understanding and Concerning the Principles of Morals*. Oxford: Clarendon Press.

Hylton, Peter. 2007. *Quine*. New York: Routledge.

——. 1993. "Quine's Naturalism," in *Midwest Studies in Philosophy* XIX. Notre Dame, IN: Notre Dame University Press, pp. 261 – 282.

——. 1990. Russell, *Idealism and the Emergence of Analytic Philosophy*. Oxford: Clarendon Press.

Jackson, Frank. 1998. *From Metaphysics to Ethics*. Oxford: Oxford University Press.

Juhl, Cory F. Forthcoming. "Pure and Impure Stipulata," *Philosophy and Phenomenological Research*. Vol. 79, no. 3.

Juhl, Cory F. and Loomis, Eric J. 2006. "Conventionalism," in S. Sarkar and J. Pfeifer, eds. , *The Routledge Encyclopedia of the Philosophy of Science*. New York: Routledge, 168 – 177.

Kahneman, D. , Tversky, A. , and Slovic, Paul, eds. 1982.

Judgment under Uncertainty: Heuristics and Biases. Cambridge: Cambridge University Press.

Kant, Immanuel. 1974. *Logic*, translated from the German by R. S. Harriman and W. Schwartz. Indianapolis: Bobbs - Merrill.

———. 1965. *Critique of Pure Reason*, translated from the German by N. K. Smith. New York: St. Martin's Press.

Katz, Jerrold. 1974. "Where Things now Stand with the Analytic - Synthetic Distinction," *Synthese* 28, 3/4, p. 283.

Kim, J. 1988. "What is 'Naturalized Epistemology'?" in J. E. Tomberlin, ed., *Philosophical Perspectives*, vol. 2. Atascadero, CA: Ridgeview, pp. 381 - 405.

Kirk, Robert. 1986. *Translation Determined.* Oxford: Oxford University Press.

Kitcher, Philip. 1992. "The Naturalists Return," *The Philosophical Review* 101, 1, pp. 53 - 115.

———. 1983. *The Nature of Mathematical Knowledge.* Oxford: Oxford University Press.

Kneale, Stephen. 2000. "On a Milestone of Empiricism," in *Knowledge, Language and Logic*, edited by A. Orenstine and P. Kotatke, London: Academic Publishers, pp. 237 - 344.

Kornblith, Hilary. 2005. *Knowledge and Its Place in Nature*, Oxford.

———. 1994. *Naturalizing Epistemology.* Second edition. Cambridge, MA: MIT Press.

Kripke, Saul. 1980. *Naming and Necessity.* Cambridge, MA: Harvard University Press.

Lavers, Gregory. 2004. "Carnap, Semantics and Ontology," *Erkenntnis* 60, pp. 295 - 316.

Leibniz, Gottfried W. F. 1981. *New Essays Concerning Human Understanding*, translated from the German by P. Remnant and J. Bennett. New York: Cambridge University Press.

Lewis, David. 2006. "Empirical Equivalence in the Quine – Carnap Debate," *Pacific Philosophical Quarterly* 87, pp. 499 – 508.

——. 2001. *On the Plurality of Worlds*. Oxford: Blackwell.

——. 1969. *Convention: A Philosophical Study*. Oxford: Blackwell.

Loomis, Eric J. 2006. "Empirical Equivalence in the Quine – Carnap Debate," *Pacific Philosophical Quarterly* 87, pp. 499 – 508.

——. 1999. "Necessity, the A Priori and the Standard Meter," *Synthese* 121, 3, pp. 291 – 307.

Lycan, William. 1991. "Definition in a Quinean World," in J. Fetzer, D. Shatz, and G. Schlesinger, eds., *Definitions and Definability: Philosophical Perspectives*. Dordrecht: Kluwer Academic Publishers, pp. 111 – 131.

Martin, R. M. 1963. "On Carnap's Conception of Semantics," in P. A. Schilpp, ed., *The Philosophy of Rudolf Carnap*. La Salle, IL: Open Court, pp. 351 – 384.

——. 1952. "On 'Analytic'." *Philosophical Studies* 3, pp. 65 – 73.

Martin, R. M. and Woodruff, P. 1975. "On Representing 'True – in – L' in L," *Philosophia* 5, pp. 217 – 221.

Mates, Benson. 1951. "Analytic Sentences," *Philosophical Review* 60, pp. 525 – 534.

Meeker, Kevin. 2007. "Hume on Knowledge, Certainty, and Probability: Anticipating the Disintegration of the Analytic – Synthetic Divide?" *Pacific Philosophical Quarterly* 88, pp. 226 – 242.

Mellor, D. H. 1995. *The Facts of Causation*. London: Routledge.

Millikan, Ruth. G. 1984. *Language, Thought, and Other Biological Categories*. Cambridge, MA: MIT Press.

Nagel, Ernest. 1961. *The Structure of Science: Problems in the Logic of Scientific Explanation*. New York: Harcourt, Brace and World.

Nagel, Ernest and Newman, James R. 2001. *Gödel's Proof*. Revised edition. New York: NYU Press.

Neurath, Otto. 1983. *Philosophical Papers* 1913 – 1946, edited by R. S. Cohen and M. Neurath. Dordrecht: D. Reidel.

O'Grady, Paul. 1999. "Carnap and Two Dogmas of Empiricism," *Philosophy and Phenomenological Research* 59, 4, pp. 1015 – 1027.

Oberdan, Thomas. 1992. "The Concept of Truth in Carnap's Logical Syntax of Language," *Synthese* 93, pp. 239 – 260.

Orenstein, Alex. 2002. *W. V. Quine*. Princeton, NJ: Princeton University Press.

Pap, Arthur. 1958. *Semantics and Necessary Truth: An Inquiry into the Foundations of Analytic Philosophy*. New Haven, CT: Yale University Press.

Perry, J. 1979. "The Problem of the Essential Indexical," *Nous* 13, pp. 3 – 21.

Priest, Graham. 2008. *Doubt Truth to be a Liar*. Oxford: Oxford University Press.

———. 2006. *In Contradiction: A Study of the Transconsistent*. Oxford: Oxford University Press.

Proops, Ian. 2005. "Kant's Conception of Analytic Judgment,"

Philosophy and Phenomenological Research 70, 3, pp. 588 - 612.

Proust, Joelle. 1989. *Questions of Form: Logic and the Analytic Proposition from Kant to Carnap*, translated by Anastasios A. Brenner. Minneapolis: University of Minnesota Press.

Psillos, S. 2000. "Rudolf Carnap's 'Theoretical Concepts in Science'," *Studies in the History and Philosophy of Science* 31, 1, pp. 151 - 172.

Pust, Joel. 2000. *Intuitions as Evidence*. London: Routledge.

Putnam, Hilary. 1988. *Representation and Reality*. Cambridge, MA: MIT Press.

——. 1983. "'Two Dogmas' Revisited," in *Philosophical Papers III: Realism and Reason*. Cambridge: Cambridge University Press, pp. 87 - 97.

——. 1981. *Reason, Truth and History*. Cambridge: Cambridge University Press.

——. 1979. *Philosophical Papers I: Mathematics, Matter and Method*. Cambridge University Press.

——. 1975. *Philosophical Papers II: Mind, Language, and Reality*. Cambridge: Cambridge University Press.

Quine, Willard Van Orman. 1998. *From Stimulus to Science*. Cambridge, MA: Harvard University Press.

——. 1994. "Response to Dreben," *Inquiry* 37, pp. 500 - 501.

——. 1993. "In Praise of Observation Sentences," *Journal of Philosophy* 90, pp. 107 - 116.

——. 1991. "'Two Dogmas' in Retrospect," *Canadian Journal of Philosophy* 21, 3, pp. 265 - 274.

——. 1990. *Pursuit of Truth*. Cambridge, MA: Harvard University Press.

——. 1986. "Autobiography of W. V. Quine" in L. E. Hahn and P. A. Schilpp, eds. , *The Philosophy of W. V. Quine*. La Salle, IL: Open Court, pp. 3 – 46.

——. 1986a. "Reply to Herbert G. Bohnhert," in L. E. Hahn and P. A. Schilpp, eds. , *The Philosophy of W. V. Quine*. La Salle, IL: Open Court, pp. 93 – 95.

——. 1986b. *Philosophy of Logic*. Second edition. Cambridge, MA: Harvard University Press.

——. 1986c. "Reply to Geoffrey Hellman" in L. E. Hahn and P. A. Schilpp, eds. , *The Philosophy of W. V. Quine*. La Salle, IL: Open Court, pp. 206 – 208.

——. 1981. *Theories and Things*. Cambridge, MA: Belknap Press of Harvard University Press.

——. 1980. *From a Logical Point of View*. Second edition, revised with a new Foreword by the author. Cambridge, MA: Harvard University Press.

——. 1975. "To Chomsky," in D. Davidson and J. Hintikka, eds. , *Words and Objections*: *Essays on the Work of W. V. Quine*. Boston, MA: D. Reidel, pp. 302 – 311.

——. 1973. *The Roots of Reference*. La Salle, IL: Open Court.

——. 1970. "On the Reasons for the Indeterminacy of Translation," *Journal of Philosophy* 67, 6, pp. 178 – 183.

——. 1970a. " Philosophical Progress in Language Theory," *Metaphilosophy* 1, 1, pp. 2 – 19.

——. 1969. *Ontological Relativity and Other Essays*. New York: Columbia University Press.

——. 1969a. "Epistemology Naturalized," in *Ontological Rela-*

tivity and Other Essays. New York: Columbia University Press, pp. 69 - 90.

———. 1969b. "Ontological Relativity" in *Ontological Relativity and Other Essays*. New York: Columbia University Press, pp. 26 - 68.

———. 1966. *Ways of Paradox and Other Essays*. New York: Random House.

———. 1966a. "Truth by Convention," in *Ways of Paradox and Other Essays*, pp. 70 - 99.

———. 1963. "Carnap and Logical Truth," in P. A. Schilpp, ed. , *The Philosophy of Rudolph Carnap*. La Salle, IL: Open Court, pp. 385 - 406.

———. 1960. *Word and Object*. Cambridge, MA: MIT Press.

———. 1953. *From a Logical Point of View*. Cambridge, MA: Harvard University Press.

———. 1953. "Two Dogmas of Empiricism," in *From a Logical Point of View*. Cambridge, MA: Har - vard University Press, pp. 21 - 46.

———. 1953a. "On What There Is," in *From a Logical Point of View*. Cambridge, MA: Harvard University Press, pp. 1 - 19.

———. 1953b "Reference and Modality," in *From a Logical Point of View*. Cambridge, MA: Harvard University Press, pp. 139 - 159.

Quine, W. V. and Ullian, J. S. 1978. *The Web of Belief*. New York: Random House.

Resnik, M. 1997. *Mathematics as a Science of Patterns*. New York: Oxford University Press.

Richardson, Alan. 1998. *Carnap's Construction of the World: The Aufbau and the Emergence of Logical Empiricism*. Cambridge: Cambridge University Press.

———. 1996. "From Epistemology to the Logic of Science: Carnap's Philosophy of Empirical Knowledge in the 1930s," in Ronald N. Giere and Alan W. Richardson, eds., *Origins of Logical Empiricism*. Minneapolis: University of Minnesota Press, pp. 309 - 332.

Ricketts, Thomas. 1996. "Carnap: From Logical Syntax to Semantics," in Ronald N. Giere and Alan W. Richardson, eds., *Origins of Logical Empiricism*. Minneapolis: University of Minnesota Press, pp. 231 - 250.

———. 1996a. "Pictures, Logic, and the Limits of Sense in Wittgenstein's Tractatus," in H. Sluga and D. Stern, eds., *The Cambridge Companion to Wittgenstein*. Cambridge: Cambridge University Press, pp. 59 - 99.

———. 1994. "Carnap's Principle of Tolerance, Empiricism, and Conventionalism," in P. Clark and B. Hale, eds., *Reading Putnam*. Cambridge, MA: Basil Blackwell, pp. 176 - 200.

———. 1982. "Rationality, Translation, and Epistemology Naturalized," *Journal of Philosophy* 79, pp. 117 - 136.

Rosenberg, A. 1999. "Naturalistic Epistemology for Eliminative Materialists," *Philosophy and Phenomenological Research* 59, 2, pp. 335 - 358.

Russell, Bertrand. 1959. *The Problems of Philosophy*. Oxford: Oxford University Press.

———. 1956. "On Denoting." Reprinted in *Logic and Knowledge*, edited by R. Marsh. London: Allen and Unwin, pp. 39 - 55.

———. 1956a. "On the Nature of Acquaintance." Reprinted in *Logic and Knowledge*, edited by R. Marsh. London: Allen and Unwin, pp. 125 - 174.

——. 1937. *Principles of Mathematics*. Second edition. New York: Norton and Co.

——. 1937a. *The Philosophy of Leibniz*. Second edition. London: Routledge.

——. 1932. "The Relation of Sense – Data to Physics." Reprinted in *Mysticism and Logic*. New York: Norton, pp. 145 – 179.

——. 1932a. "Knowledge by Acquaintance and Knowledge by Description." Reprinted in *Mysticism and Logic*. New York: Norton, pp. 209 – 232.

——. 1932b. "On Scientific Method in Philosophy." Reprinted in *Mysticism and Logic*. New York: Norton, pp. 97 – 124.

——. 1919. *Introduction to Mathematical Philosophy*. New York: Macmillan.

Russell, B. and Whitehead, A. N. 1997. *Principia Mathematica to* ∗ 56. Cambridge: Cambridge University Press.

Russell, Gillian. 2008. *Truth in Virtue of Meaning*. Oxford: Oxford University Press.

Salmon, Nathan. 2005. *Reference and Essence*. Second edition. Amherst, NY: Prometheus Books.

——. 1993. "Analyticity and Apriority," *Philosophical Perspectives* 7, Language and Logic, pp. 125 – 133.

Sarkar, Sahotra. 1996. *The Legacy of The Vienna Circle: Modern Reappraisals*. New York: Garland.

——. 1992. "'The Boundless Ocean of Unlimited Possibilities': Logic in Carnap's Logical Syntax of Language," *Synthese* 93, pp. 191 – 237.

Schiffer, Stephen. 2005. "Pleonastic Propositions," in Bradley Armour – Garb et al., eds., *Deflationary Truth*. La Salle, IL: Open

Court, 353 - 381.

———. 2003. *The Things We Mean*. Oxford: Oxford University Press.

Schilpp, Paul A., ed. 1963. *The Philosophy of Rudolph Carnap*. La Salle, IL: Open Court.

Schlick, Moritz 1985. *General Theory of Knowledge*, translated by A. E. Blumberg. La Salle, IL: Open Court.

Schuldenfrei, Richard. 1972. "Quine in Perspective," *Journal of Philosophy* 69, 1, pp. 5 - 16.

Searle, John. 1987. "Indeterminacy, Empiricism, and the First - Person," *Journal of Philosophy* 84, pp. 123 - 146.

Shabel, Lisa. 2003. *Mathematics in Kant's Critical Philosophy: Reflections on Mathematical Practice*. New York: Routledge.

Sider, Ted. 2003. *Four - Dimensionalism: An Ontology of Persistence and Time*. Oxford: Oxford University Press.

Soames, Scott. 2005. *Philosophical Analysis in the Twentieth Century, Volume 1: The Dawn of Analysis*. Princeton, NJ: Princeton University Press.

———. 2005a. *Philosophical Analysis in the Twentieth Century, Volume 2: The Age of Meaning*. Princeton, NJ: Princeton University Press.

———. 2004. *Reference and Description: The Case against Two - Dimensionalism*. Princeton, NJ: Princeton University Press.

———. 2002. *Beyond Rigidity*, Oxford: Oxford University Press.

Sosa, Ernest. 1983 "Nature Unmirrored, Epistemology Naturalized," *Synthese* 55, pp. 49 - 72.

Stein, Howard. 1992. "Was Carnap Entirely Wrong, After All?" *Synthese* 93, pp. 275 - 295.

Strawson, Peter F. 1997. *Entity and Identity*. Oxford: Clarendon Press.

——. 1963. "Carnap's Views on Constructed Systems versus Natural Languages in Analytic Philosophy," in P. A. Schilpp, ed., *The Philosophy of Rudolph Carnap*. La Salle, IL: Open Court, pp. 503 - 518.

Stroll, Avrum. 2001. *Twentieth - Century Analytic Philosophy*. New York: Columbia University Press.

Tait, William, ed. 1997. *Early Analytic Philosophy: Frege, Russell, Wittgenstein*. La Salle: Open Court.

Tarski, Alfred. 1944. "The Semantic Conception of Truth," *Philosophy and Phenomenological Research* 4, 6, pp. 341 - 376.

Uebel, Thomas E. 1996. "Anti - Foundationalism and the Vienna Circle's Revolution in Philosophy," *British Journal for the Philosophy of Science* 47, pp. 415 - 440.

——. 1996a. "Conventions in the Aufbau," *British Journal for the History of Philosophy* 4, 2, pp. 381 - 397.

——. 1992. "Rational Reconstruction as Elucidation? Carnap in the Early Protocol Sentence Debate," *Synthese* 93, pp. 107 - 140.

van Heijenoort, Jean, ed. 1967. *From Frege to Gödel: A Source Book in Mathematical Logic*, 1897 - 1931. Cambridge, MA: Harvard University Press.

Vuillemin, Jules. 1986. "On Duhem's and Quine's Theses," in L. E. Hahn and P. A. Schilpp, eds., *The Philosophy of W. V. Quine*. La Salle, IL: Open Court, pp. 595 - 618.

Wang, Hao. 1987. *Reflections on Kurt Gödel*. Cambridge, MA: MIT Press.

White, Morton. 1951. "The Analytic and the Synthetic: An Untenable Dualism," in Sidney Hook, ed., *John Dewey: Philosopher of Science and Freedom*. New York: Dial, pp. 316 - 330.

Williamson, Timothy. 2007. *The Philosophy of Philosophy*. Oxford: Blackwell.

Winnie, John. 1975. "Theoretical Analyticity," in Jaakko Hintikka, ed., *Rudolph Carnap, Logical Empiricist*. Dordrecht: D. Reidel, pp. 149 - 159.

Wittgenstein, Ludwig. 1994. *Remarks on the Foundations of Mathematics*. Revised edition, edited by G. H. von Wright, R. Rhees, and G. E. M. Anscombe. Cambridge, MA: MIT Press.

———. 1986. *Tractatus Logico - Philosophicus*, translated by C. K. Ogden. London: Routledge and Kegan Paul.

Wright, Crispin. 1980. *Wittgenstein on the Foundations of Mathematics*. London: Duckworth.

Yablo, Stephen. 1998. "Does Ontology Rest on a Mistake?" *Proceedings of the Aristotelian Society Supplementary* Volume 72, pp. 229 - 261.

图书在版编目（CIP）数据

分析性/(美)祖尔，(美)卢米斯著；徐韬译. --北京：华夏出版社，2016.6
书名原文: Analyticity
ISBN 978-7-5080-8822-8

Ⅰ.①分… Ⅱ.①祖… ②卢… ③徐… Ⅲ.①哲学分析 Ⅳ.①B025.4

中国版本图书馆 CIP 数据核字(2016)第 104690 号

Analyticity/ by Cory Juhl anb Eric Loomis/ ISBN:978-0-415-77333-1
Copyright© 2010 by Routledge.
Authorised translation from the English language edition published by Routledge, a member of the Taylor & Francis Group. Copies of this book sold without a Taylor & Francis sticker on the cover are unauthorized and illegal.
本书中文简体翻译版授权由华夏出版社独家出版并限在中国大陆地区销售。未经出版者书面许可，不得以任何方式复制或发行本书的任何部分。
本书封面贴有 Taylor & Francis 公司防伪标签，无标签者不得销售。

版权所有 翻印必究
北京市版权局著作权合同登记号：图字 01-2011-0905 号

分析性

作　者	［美］科里·祖尔　［美］埃里克·卢米斯
译　者	徐　韬
责任编辑	罗　庆
出版发行	华夏出版社
经　销	新华书店
印　装	三河市少明印务有限公司
版　次	2016 年 6 月北京第 1 版 2016 年 8 月北京第 1 次印刷
开　本	880×1230　1/32 开
印　张	12
字　数	312 千字
定　价	49.00 元

华夏出版社　地址：北京市东直门外香河园北里 4 号　邮编：100028
网址：www.hxph.com.cn　电话：（010）64663331（转）
若发现本版图书有印装质量问题，请与我社营销中心联系调换。